COLLECTION
DES CHRONIQUES
NATIONALES FRANÇAISES.
TOME XLIV.

IMPRIMERIE D'HIPPOLYTE TILLIARD,
RUE DE LA HARPE, N° 78.

CHRONIQUES

DE

JEAN MOLINET,

PUBLIÉES POUR LA PREMIÈRE FOIS,

D'APRÈS LES MANUSCRITS DE LA BIBLIOTHÈQUE DU ROI,

PAR J.-A. BUCHON.

PARIS.

VERDIÈRE, LIBRAIRE, QUAI DES AUGUSTINS, N° 25.

M. DCCC XXVIII.

CHRONIQUES

DE

JEAN MOLINET.

CHAPITRE XXXVII.

La diligence que fit le roy Loys de France, après la desconfiture de Nancy, pour soi mettre au-dessus de la comté et ducé de Bourgogne.

Le roy Loys de France, voyant le faict du duc de Bourgogne bransler et tourner en décadence, soi désirant venger de lui, comme il avoit faict de plusieurs grands personnages qui, lui furent contre à la journée de Mont-le-Heri, envoya messire Georges de la Trémouille, comte de Ligny et seigneur de Craon, bien accompagné de gens de guerre, pour costoyer ledit duc de Bourgogne, séant devant Nancey, afin de besongner selon l'appartenir du cas. Et de faict, quand le duc fut expiré, il manda hastivement au roi la malheureuse fortune qui cheut sur les Bourguignons, ensemble la victoire que le duc Regnier et les Suisses avoient obtenu en ce conflit, et que pour certain le duc y estoit demouré mort ou prisonnier. Le roi de France, en moins de trois ou quatre jours après la bataille, en fut adverti, et rescrivit audit seigneur de la Trémouille, ses lettres dont la copie s'ensuit :

« Monseigneur le comte, mon ami, j'ai reçu
» vos lettres et ouy les bonnes nouvelles que m'a-
» vez faict savoir, dont vous remercie tant comme
» je puis. Maintenant est temps d'employer tous
» vos cinq sens de nature et mettre la ducé et
» comté de Bourgogne en mes mains; et pour
» tant avec vostre bande et le gouverneur de Cham-
» paigne, s'ainsi est que le duc de Bourgogne soit
» mort, mettez-vous dedens ledit pays, et gardez,
» si cher que vous m'aimez, que vous y faictes tenir
» aux gens de guerre le meilleur ordre que si
» vous estiez dedans Paris. Et leur remonstrez que
» je les veux mieux traicter et garder que nul
» de mon royaulme; et que au regard de nostre
» filloelle, j'ai intention de parachever le ma-
» riage que j'ai pieça faict traicter de monsei-
» seigneur le daulphin et d'elle. Monseigneur le
» comte, je n'entends que vous n'entrez èsdits
» pays, ne que ne faictes mention de ce que dessus
» est, sinon que le duc de Bourgogne soit mort;
» et pour tant je vous prie que me serviez, ainsi que
» j'en ai en vous la fiance. Adieu. Escript à Plexis du
» parc, le neuvième de janvier, signé Loys; et
» au bas, de Chaumont. »

Peu de jours après, le roi envoya en Bourgogne l'évesque et duc de Langres, messire Georges de la Trimouille dessusdit, atout quatre cents lances, et Charles d'Amboise, gouverneur de Champaigne, seigneur de Chaumont et lieutenant du roi, accompagné de trois cents lances, lesquels entrèrent en Digeon en simple estat; mais la gendarmerie demoura ès villages à l'environ. Et s'adressèrent iceux seigneurs dessusdits et capitaines, au président de Bourgogne, nommé maistre Jehan Joart, aux gens du conseil et des comptes, illec assemblés pour les ouyr; auxquels ils affirmèrent pour vérité le duc Charles estre vaincu et mort en bataille contre les Lorrains et Suisses, et, à ceste cause, ils demandoient au nom du roi la possession de la ducé et comté. Messeigneurs du conseil ne vouloient croire la mort de leur prince et seigneur naturel; et quant ainsi seroit qu'il auroit terminé ses jours, le roi n'avoit cause de rien y quereller, considéré qu'il avoit laissé sa fille, unique héritière, suffisante pour avoir la possession du pays; et se fussent bien desportés d'amener avec eux telle multitude de gens d'armes, qui fort endommageoient et fouloient les paysans. A quoi respondirent les ambassadeurs et capitaines françois : que le roi l'avoit fait par bonne intention, car il entendoit que les Allemans prétendoient avoir la ducé et comté par force, ce qui porteroit grand préjudice à sa filloelle. Messire Jehan de Clèves estoit en ce temps pendant à Poligny, sous la conduite de messire Jehan de Traizegnies, seigneur d'Erchouwes, lequel, pour conforter ceux de Digeon, escrivoit souvent qu'ils se gardassent des cautelles des François, lesquels finablement

1.

contendoient les avoir par beau parler et par force. Pareillement escrivoit messire Jehan de Clèves, aux trois estats de la comté de Bourgogne assemblés à Dole, et au seigneur bailli de Laval, chastelain du chasteau de Grisemont, pour la tuition du trésor du duc Charles estant illec. Après plusieurs conseils tenus sur ceste matière, les François, fort munis de sens, d'argent et de gens d'armes, mirent tant de couleurs avant, que la ducé fut en branle de soi rendre; et ce qui plus l'inclina à ce faire, fut que le duc n'avoit laissé que une seule héritière, qui n'estoit, comme ils disoient, capable de succéder à ladicte ducé, vu qu'elle venoit de l'appainage de la courone de France. Et finablement l'appoinctement fut faict de la ducé de Bourgogne sans cop férir, par telle manière, que les trois estats d'icelle firent plusieurs obéissances au roi de France. Si le recogneurent et tindrent pour leur souverain droicturier et naturel seigneur, ce que firent volontiers les gouverneurs et officiers; mais la communauté d'icelle ne le vouloit assentir. Les trois estats de la comté, assemblés à Dôle, sachant la ducé estre françoise, et avoir changé la croix Saint-Andrieu à la croix droicte, estoient en souci, pour sçavoir comment elle cheviroit son faict; et les François s'efforcèrent journellement d'entrer ens. Le seigneur de Craon, et le gouverneur de Champaigne, faisoient leur amasse de gens d'armes à Sainct-Aubin; et mandèrent quatre mille archers estans en la ducé, et les bannières de Lyonnois, Beaujolois, Nivernois et Daulphiné. En ceste assemblée des trois estats fut Jehan de Chaslons, prince d'Orange, et aulcuns grands personnages de la comté, députés pour aller audit Saint-Aubin, vers les François, pour sçavoir qu'ils demandoient, et pour demander délai, afin d'envoyer vers mademoiselle de Bourgogne, et trouver façon de faire reculer la gendarmerie. Et sommairement firent trois demandes aux gens du roi; la première fut? qui les mouvoit d'entrer en la comté; la seconde, pourquoi ils y sont entrés en armes? la tierce, pourquoi souffroient leurs gens d'armes passer la rivière du Doubs? A la première demande, respondirent François, qu'ils vouloient entrer en la comté pour le prouffit du roi, à l'honneur de mademoiselle. et pour le bien du pays. A la seconde demande respondirent, qu'ils ne tendoient poinct estre à la comté, mais au viscomté, lequel est de la dépendance de la ducé, appartenant au roi. A la tierce demande respondirent, que voulontiers feroient reculer leurs gendarmes. Ces trois poincts furent rapportés aux trois estats, lesquels derechef y renvoyèrent pour demander délai; à quoi ils donnèrent conte que le roi ne l'entendoit point ainsi, et qu'il ne vouloit escorcher les pays, sinon les préserver à mademoiselle; et vouloient consentir les députés que le roy auroit la garde du pays seulement, sans y entrer à puissance, et que les officiers se feroient au nom de mademoiselle.

Après toute ambassade, toute replique et toute dispute, l'appoinctement de ladite comté fut faicte aux François, par la manière qui s'ensuit :

CHAPITRE XXXVIII.

L'appoinctement de la comté de Bourgogne faict aux François.

Les gens des trois estats de la Bourgogne, assemblés en la ville de Dôle, sur ce que révérend père en Dieu, monseigneur l'évesque, nobles et puissants seigneurs Georges de la Tremouille, comte de Ligney, seigneur de Craon, et Charles d'Amboise, comte de Brienne, seigneur de Chaulmont, lieutenant du roi, tous commis de par lui en ceste partie, avoient quis et demandé que ladite comté de Bourgogne fust mise en la main et obéissance du roi, duquel pays vouloit prendre la charge pour le bien de lui, et de très haute et très noble princesse, mademoiselle Marie de Bourgogne, sa prochaine parente et filloelle, le droict de laquelle il vouloit garder, et mesmement en faveur et contemplation du mariage pourparlé et indubitablement espéré, de très hault et excellent prince, monseigneur Charles, daulphin de Viennois, et de mademoiselle de Bourgogne, comme ils disoient, après plusieurs remonstrances faictes auxdits seigneurs par lesdits estats, tant du droict et héritage de madicte damoiselle, de la nature et condition de ladite comté, comme d'avoir temps de délai suffisant pour envoyer vers madicte damoiselle, afin de sçavoir son bon plaisir, a esté dict et declaré : que différer ne pouvoient l'exécution dont ils avoient charge et ordonnance, disans qu'ils se donnoient merveille de la longue contradiction et résistance faite par ledit pays, touchant ce que dessus, veu la très grande armée et puissance de gens d'armes que le roi avoit présentement audit pays; à laquelle puissance, ledit pays ne pourroit résister, veu aussi que plusieurs ennemis de ladite comté, journellement se parforçoient d'y entreprendre, par quoi estoit besoin d'y pourveoir à main forte; ce que le roi, à bonne et honneste intention désiroit faire, et non à aultre fin; dont lesdits seigneurs d'Albi, de Craon et de Chaulmont se disoient bien informés, et ainsi l'affirmoient en leurs honneurs et conscience, offrans de la part du roi, appaiser tous les ennemis dudict pays, quels qu'ils soient, et que icelui pays soit entretenu en tous et singuliers ses priviléges, franchises et libertés, sans ce qu'il fut jamais travaillé d'aulcunes effouages, gabelles, emprunts, ne aultres quelconques prestations ou charges extraordinaires. Et de tout ce que dict est, promettoient iceulx seigneurs de livrer lettres-patentes de roi, en bonne et ample forme auxdits estats, pour lesdites causes et aultres plusieurs, mesmement afin de conserver ladite comté, soulager le povre peuple, et eschever effusion de sang humain, avec aultres innumérables maux, inconvénients et esclandres apparans. Iceulx estats, sous le très noble plaisir du roy et de madicte damoiselle, pour autant qu'en eux est, et que faire le peuvent, saulf leurs honneurs et léautés eu tout et partout, ont consenti et consentent que ledit pays soit tenu sous la main et protection du roi et de madicte damoiselle, moyennant toutefois qu'ils facent, par voie de paix finale asseurer lesdits pays de tous les ennemis d'icelui, quels qu'ils soient; et incontinent que aultres desdits ennemis qui y sont entrés, vuident sans le piller, ne endommager aulcunement. Et au regard des gens de guerre qui y sont du roy, ils se départiront dès à présent, et point n'y retourneront pour tenir garnison ne aultrement, sinon qu'il fust nécessité à la défense dudit pays, et par l'advis desdits commis du roi et des notables desdits trois estats; auquel cas, lesdits gens de guerre seront tenus de payer raisonnablement leur despence, sans faire quelconcques pilleries, oppression ou violence. Au surplus, est entendu que les offices et officiers dudit pays, demoureront tous en leurs estats, entièrement aux anciens gages, droits et proufits, comme du vivant de très noble mémoire, Philippe de Bourgogne, que Dieu absolve! Aussi seront entretenues les pensions de tous les pensionnaires, tant présents comme absents. En oultre les sels de toutes les saulneries de Salins, auront leurs plains cours, et tels qu'ils avoient au temps de monseigneur le duc Philippe; lequel pays demourera deschargé à tousjours mais, tant pour le temps passé, que pour le temps à venir, de tous affouaiges, gabelles, aides, subsides, emprunts et autres prestations et charges extraordinaires quelconques, sans ce que jamais les manans des pays, habitans et ayans domicile audit pays, y soient aulcunement abstraints et contraints, sans ce aussi qu'aucune chose de nouvel soit entreprise sur leurs terres, seigneuries, juridictions ou chevances, ne qu'ils soient tirés hors dudit par quelconque cause que ce soit, en ensuivant les priviléges, franchises, libertés et anciennes coustumes dudit pays. Et se, à l'occasion des exploits des guerres ou divisions passées, aulcunes terres, seigneuries ou héritaiges desdits manans et habitans et ayans domicile audit pays, tant présents que absents, avoient esté empeschées ou données, ceux dudit pays qui les souloient tenir, y retourneront de plain droict, et recouvreront leurs possessions et ce qu'ils trouveront en nature de choses, sans difficulté quelconque, nonobstant les donations, confiscations ou commises qui en pourroient estre faictes par le roi ou aultres quels qu'ils soient. Toutes lesquelles choses ont esté commentées par lesdits estats sous les moyens et considérations que dessus, et tout sans préjudice des droicts de toutes les parties. Et supplient humblement iceux estats, qu'il plaise au roi conserver madicte damoiselle en tous ses droicts, haulteurs et prééminnces. En tesmoing de ce, lesdits estats ont faict sceller ces présentes du scel du parlement dudit duché, armoyé aux armes de ladicté comté, et faict signer par le greffier, le dix-huitième jour du mois de febvrier, l'an mil quatre cent soixante-seize. Ainsi signé, P. Varnier.

CHAPITRE XXXIX.

Les exploicts de guerre que firent sur les François en la comté de Bourgogne messire Claude et Guillaume de Vauldrey.

Les François eurent la possession de la ducé de Bourgoigne sans nulle réserve, et la comté eut son appoinctement, qui guères ne tint, car la gendarmerie ne voulut vuider. Les Allemans s'y fourèrent, disans qu'ils ne vouloient avoir le roy de France à voisin, et entendoient eux mettre sus pour les deschasser. Le roy leur envoya trente mille escus pour les rompre. Les communes estoient Bourguignons parfaicts; mais les gouverneurs des villes et les nobles firent tous serment au roy, sinon messire Claude de Vauldrey et Guillaume son cousin. Le prince d'Orange avoit espérance d'estre gouverneur de Bourgoigne, de par le roy de France qui lui avoit proumis, afin qu'il laborast à la réduction du pays. Et quant le roy eut ce qu'il désiroit avoir, il le mit en oubli, et fit son gouverneur du seigneur de Craon. Parquoi ledit prince d'Orange s'efforça de recouvrer la comté, et disoit avoir auctorité de mademoiselle de recueillir les revenus de ses domaines. Messire Claude de Vauldrey se joindit avec lui qui regaigna Rochefort et Montmiré, et tint puissament la ville d'Aussonne. Guillaume de Vauldrey, nouvellement retourné de prison, print Allemans à son aide et fist grande diligence de garder la ville et chasteau de Vesou, dont il estoit fort menacé de Jehan de Neufchastel, seigneur de Montagu, et de son fils, le seigneur de Fontenoy. Advint, environ dix-sept jours au mois de mars, que le seigneur de Craon venoit pour mettre le siége devant Vesou, et avoit logé plusieurs compagnies de gendarmes par les villages à l'entour de Vesou, entre lesquelles la plus forte et la plus à craindre estoit la bande des Escoçois. Guillaume de Vauldrey, homme sans peur et sans reproche, espris de grande hardiesse, pour le grand zèle qu'il avoit à la bonne querelle de madamoiselle de Bourgoigne, sa naturelle princesse, sachant la venue dudit seigneur de Craon, et des logis de ses gens, imagina la manière comment il s'en despescheroit, ains qu'ils eussent faict leurs approches ; et de faict donna charge à aulcuns trompettes, avec petit nombre de gens, pour secrètement de nuict se bouter dedans un village où estoient lesdits François, afin de sonner dedans, et ce quand temps seroit ; et autant envoya de ses gens en trois aultres villages faire pareil effroi. Et quand vint sur le point du jour, il issit de Vesou, accompagné de trente chevaux et de deux cens piétons Allemans, qui estoient à ses gaiges ; puis il donna signe aux trompettes estans en divers quartiers, de faire leur debvoir tout à une fois. Les François, qui de rien ne se doubtoient, escoutans ce terrible resveil à trois ou quatre villaiges, furent tant esperdus, qu'ils cuidoient que les Bourguignons fussent en nombre d'autant de milliers qu'ils estoient de quarterons; par quoi facilement ils tournèrent en fuite, et furent deslogés et surpris en desroy, abandonnans trésors et bagues. La malle adventure de ceste entreprinse cheut sur les Escocois qui estoient logés en un village nommé Gratery, qui totalement furent rompus, morts ou prisonniers, et leurs bagues butinées. Ils perdirent joyaux, chaînes, vaisselles et cent chevaux de cent escus la pièce, et ceux de Vesou perdirent un seul cheval. De cet exploict de guerre, subtilement achevé, furent les François tellement étonnés, parmi ce que les communes du pays leur donnoient à souffrir, qu'à peine s'ils osoient mettre testes à creteau. Ce temps pendant se tenoit à Besançon messire Jehan de Cleves prochain parent à madamoiselle, lequel, par lettres consolatoires, entretenoit à son possible messire Claude de Vauldrey, ledit Guillaume et aultres, desirants l'honneur et proufit de la très noble princesse, orpheline de père et de mère, despouillée à force de son propre héritage; et fit ledit Jehan de Cleves, rescrire par messire Jehan de Trasegnies à ladite damoiselle, des nouvelles telles que lors estoient en Bourgoingne, dont la copie est ici insérée.

« Ma très redoublée et souveraine dame et

» princesse, plaise vous scavoir qu'il n'y a pour
» ceste heure nul François en vostre comté de
» Bourgoigne, que les communes n'ayent tous
» rués et prins, réservé Grey, où est monsei-
» gneur de Craon; et sont par de-là la Sonne
» auprès dudit Grey, et n'osent entrer en ladite
» comté, pour les Allemans. Monseigneur le
» prince se dict avoir par vous la charge du gou-
» vernement de Bourgoigne, et à ceste cause
» lieve tous les desniers que possible lui est, tant
» de vostre domaine comme aultres. Messire
» Claude se tient à Auxonne; il a regaigné Ro-
» chefort et Montmiré; et Guillaume de Vaul-
» drey tient tousjours Vesou. Et en effect, qui
» eust eu argent et congé de vous de prendre
» des Allemans à gaige, les François ne se fus-
» sent tant avancés. Escrit à Besançon le pénul-
» tième de mars. »

CHAPITRE XL.

La descente du roi Loys en Picardie, Arthois et Boullenois, pour recouvrer aulcunes villes et places que tenoit en son vivant le duc
Charles, que Dieu absolve!

Le roy Loys de France, espérant estre certain de la mort du duc Charles, se partit de Tours,
vint à Paris, et fit un très gros amas de gendarmes pour réduire à son obéissance plusieurs villes

et terres que tenoit le duc Charles en son vivant; et pour achever son emprinse, se deslogea dudit Paris, et vint à Senlis, Compiengne et à Noyon; et fit par ses francs archers assiéger une place nommée le Tronquoy, et tant battre par ses engins, qu'il en vint au-dessus; car les édifices cheurent sur les défenseurs. Illec estoit un capitaine nommé Honoré, accompagné de mauvais garnemens, qui, durant les trèves, avoient couru à tous costés, et faict amas de prisonniers. Et jaçoit-ce-que se défendoient vigoureusement, tellement qu'ils domagèrent l'ost du roy de cent à six vingt François, si furent-ils prins et pendus la pluspart sur la place; aultres livrés au tranchant des espées; et aultres qui furent respités pour en rapporter les nouvelles dedans la ville de Mondidier. Estoient pour madamoiselle de Bourgoingne, messire Jan de Lannoy, seigneur de Mingoval, le Bon de Rely, le bastard de Saveuse et autres compagnons de guerre, qui furent avironnés de plusieurs François, entre lesquels estoit le bastard de Reubenpré, lequel fit sçavoir au seigneur de Mingoval que, se le roy deschargeoit illec son artillerie, il n'eschapperoit homme qui ne fut mis en tel poinct que furent mis ceux du Tronquoy; et lui conseilloit que lui et les siens se tirassent avec leurs bagues. Le bastard de Saveuse ne povoit croire que le roy feut en personne en la compagnie desdits François; et le roy lui fit sçavoir par une lettre que si estoit. Et soubdainement le seigneur de Mingoval et les aultres, mandèrent au comte de Romont, capitaine d'Arras, que s'ils povoient avoir secours, ils se tiendroient bien quinze jours. Ledit comte leur manda que possible n'estoit d'avoir secours hastif contre si grosse puissance; et par ainsi fut la ville de Montdidier rendue au roy, qui la fit démolir; et ceux qui firent ceste reddition, vuidèrent par saulf-conduit à tous leurs bagues, espérant entrer en personne; mais les portes leur furent fermées; parquoy tirèrent en Arras, où ils furent receus. Roye fut avironnée du roy et de son armée, et horriblement menacée. Les seigneurs de Cohen et de Landas, se rendirent par appoinctement tel que Montdidier; puis le roy fit desroyer et dilapider la ville de Roye. Mareul fut pareillement réduicte à la main du roy. Aulcuns compagnons qui en firent la reddition, entrèrent en Peronne pour estre à saulveté de leurs corps; mais le seigneur de Clare en feist pendre jusques au nombre de dix. Dorlens n'osa attendre la puissance des François, et se rendit comme les aultres. Le seigneur de Crevecoeur, qui l'avoit en garde, après la reddition faicte, se cuida bouter dedans la ville de Saint-Pol. Ceux qui dedans estoient ne le voulurent recepvoir. Puis il envoya son messager à Hesdin pour estre recueilli, et on lui feit responce que, se son maistre y estoit, il n'en videroit point quant il voudroit; et finablement il s'en alla à Aire. Corbye fust desmolie, mais l'abbaye demoura en ron entier ; et après qu'elle fut rendue, le roy fit mener en Amiens l'abbé de Saint-Pierre, et aulcuns moines prisonniers. Vervins fut abandonnée. Saint-Goban fut prinse; les Bourguignons s'en allèrent saulf leurs corps et bagues. Pareillement Marles et Beaurevoir; si se fourèrent ens les gens du prévost de Paris. Bapasme se rendit, puis fut brulée. Braye-sur-Somme fut Françoise, et depuis devint Bourguignonne. Avesnes fut sommée par trois fois par le roy, et angoisseusement menacée. Le seigneur de Lens, fils du seigneur d'Aymeries, grand bailli de Haynaut, qui, chevaleureusement se porta, prit dilation de dix jours pour respondre. Pendant lequel temps le prevost de Paris, le seigneur de Moy et Jacques de Moy, son fils, se trouvèrent devant ladicte ville, la cuidant emporter, une fois par menaces, l'aultre fois par suasions et promesses. Mais ledit seigneur de Lens ne les amiroit guères, et pour monstrer le bon courage qu'il avoit de soi tenir ferme, il manda à son frère, ledit seigneur d'Aymeries, qu'il lui fit avoir certains engins pour la tuition de son fort; et ceux de Vallenchiennes et de Mons le secoururent en sa nécessité. Landrechies avoit pour garnison Quentin-à-Gambe, ensemble aulcuns routiers de guerre, avec les manans et habitans de la ville, qui se vantoient de bien garder leur fort; mais quand ils sentirent l'approche du roy, le bruict de son armée, les sons de ses engins et la reddition des villes voisines, ils furent tant estonnés, qu'ils abandonnèrent la ville et le chasteau, et les François y entrèrent sans nul obstacle. Si la trouvèrent bien garnie de bleds, de chairs et d'aultres vivres; et se logèrent pour la nuict le prévost de Paris et le maire de Bayonne, accompagnés de douze cens chevaliers. Deux jours après, environ le quatorzième de mai, un archer de corps au conte de Chimay, nommé Hacquinet de Vaux, demourant audit Landrechies avant ladite prinse, sachant sa maison pleine de biens ès mains des François, s'appensa comment il s'en pourroit venger; et regrettant sa doleance, dit au seigneur de Boussu, nommé Pierre de Hennin, estant au Quesnoy, que s'il lui plaisoit lui bailler aulcuns compagnons pour faire une venue aux François de Landrechies, il lui sambloit bien qu'il rescourroit partie de ses biens possessés des ennemis. Le seigneur de Boussu lui remonstra le grand danger où il se metteroit, et que le temps n'estoit encoires convenable à faire telles emprinses, et de faict lui desconseilla. Nonobstant, il usa de son propre sens, pour achever de sa fantaisie. Il cueillit environ cent compagnons, paysans et aultres, de Englefontaine et là entour; si les mena devant Landrechies, et ordonna les cinquante pour faire exploict en la ville, et cinquante pour garder la porte du chasteau, afin que ceux qui là estoient logés ne descendissent pour venir à l'effroi. Ledit Hacquinet trouva sacon d'entrer de nuict dedans ladite ville, ensemble cinquante aultres de sa sorte, qui se fourèrent ès maisons, et mesmes en la sienne, et chargèrent sur les François, prins en desroy, de si grand courage et hardement, que, sans ceux qui furent navrés, ils en occirent quarante ou plus. L'effroi s'esleva en la ville grand et horrible; l'on crioit alarme à tout aler. Ceulx du chasteau s'esveillèrent et préparèrent pour venir à la rescousse. Les cinquante paysans jeunes gens qui gardoient la porte du chasteau, et qui jamais n'avoient esté au marché à horions, furent tellement espouvantés qu'ils abandonnèrent leur garde; si retournèrent avec leurs compagnons. De ceste brisure furent les François tant desplaisans, que le lendemain ils mirent en feu tant la ville que le chasteau.

Eu fut Françoise, puis Bourguignone, puis de rechef Françoise; et ne fut en puissance de nulle des parties de y bouter le feu, à cause, disent les habitans, que l'on y adore le Sainct-Esprit. Le Crotoy fut François, et le chasteau Bourguignon. Sainct-Riquier, en l'obéissance du roy, et Monstreuil pareillement. Péronne, chambre du roy, fut sommée trois fois par Sainct-Pol le hérault. Le seigneur de Clari, qui lors en estoit le gouverneur, respondit que si les François y venoient, ils seroient bien galés. Toutesfois, quelque bon courage qu'il monstrast, quand il vit l'armée de France devant la ville, il mist le roy dedans, et lui fit serment, ensemble vingt-et-un nobles hommes de Picardie; de quoy les Bourguignons furent grandement esbahis, et trop plus du seigneur de Clari que de nul aultre, considérant qu'il avoit esté nourri en la maison de Bourgoigne, notablement entretenu et honnorablement essours en grans offices, utiles et proufitables. Les Valenchiennois le prindrent en grand desdaing; car lors estoit en la ville madame sa femme, et grande partie de leurs bonnes bagues et vaisselles, en grand danger d'estre perdues. Plusieurs héraults furent envoyés pour ravoir lesdites bagues de par le roy. Si fut ordonné, par mademoiselle, que madame de Clary et ses enfans se partiroient, et iroient où bon leur sambleroit, et leurs bonnes bagues, comme vaisselles et joyaux demoureroient à monseigneur le comte de Romont. Arras avoit pour principal capitaine messire Adolfe de Cleves, seigneur de Ravestain, qui se tira vers mademoiselle, sachant la mort du duc Charles; et la ville d'Arras, voyant qu'elle n'avoit nul chef, requist au seigneur des Querdes qu'il la vousist prendre en sa garde, ce qu'il accepta, et proumist soulemnellement vivre et mourir avec les habitans. La cité avoit trois ou quatre cens compagnons aretournés de la journée de Nancy, soubs la conduite de.........[1] de la Viefville. Le roy manda le seigneur des Querdes, qui, du gré et consentement de ceux de la ville,

---

1. Lacune.

y alla, promettant retourner comme il fit. Le roy fit sommer la cité, afin de la saisir par tel si qu'il ne demanderoit rien à la ville. Le conseil dudit des Querdes porta qu'il le povoit bien faire, et par ce moyen entra le roy en la cité. Quant le roy se trouva au-dessus d'icelle, il s'efforcea de vouloir avoir la ville, qui ouvroit et clooit contre ladite cité, et de faict la fit guerroier. Trèves furent prinses qui durèrent onze jours; pendant lequel temps la cité fut fortifiée de trenchis, boluwers et bastillons, aussi forte ou plus que la ville; et firent ceulx de la cité bonne guerre à ceulx d'Arras; et abbatoient plusieurs murailles de leurs engeins; et en ce faisant, le seigneur des Querdes alla tant parlementer avec le roy, que finablement se tourna de son parti. Puis le roy se tira vers Boulougne, et laissa pour régir la cité le bastard de Bourbon, et le maressal de Goy; et Arras demoura sans capitaine, mais elle fit un appoinctement avec le roy, par tel si qu'il auroit la souveraineté de la ville jusques à ce que madamoiselle auroit relevé en personne ou par procureur, et ne soufriroit le roy d'y laisser entrer gens d'armes à main armée. Lens, en Arthois, fut saisie par le roy; puis entra en Béthune le lundi de la saincte sepmaine, par tel convenant qu'il ne feroit nul travail à la ville. Il entretint son mot et coucha illec; et les François contentèrent suffisamment leurs hostes; et ceux de Bethune se confirmèrent au traicté d'Arras. Puis le roy se mist au-dessus de Terreouane, qui se rendit voluntairement, où il fit ses pasques. Madamoiselle de Bourgoigne, seule fille et héritière de monseigneur le duc Charles, se tenoit lors en Gant, en grande tribulation, et estoit accompagnée de ses prochains parens, comme le seigneur de Ravestain, l'évesque de Liège et aultres, qui lui donnèrent conseil d'envoyer une ambassade vers le roy de France, pour trouver quelque bon moyen pacifique. Si entreprindrent ceste charge Hugonnet, chancellier de Bourgoigne, maistre Ferry de Cligny, évesque de Tournay, le seigneur de la Gruythuise, l'administrateur de l'évesché de Terreouane, et aultres qui guères ne proufitèrent touchant le salut du pays. Le roy demandoit impossibilités et choses inestimables; et se madamoiselle eusist prins en mariage le dauphin, estant en l'eage de sept à huit ans, il se fust condescendu à bon accord et pacifique; mais les Flamans ne s'y voulurent assentir, et commencèrent à murmurer sur lesdits ambassadeurs, desquels aulcuns furent décapités par un beau jour de jeudi absolu, à Gand, comme il apperra cy-après plus au long.

Hesdin fut réduicte au roy par la suasion du seigneur des Querdes, mais le chasteau se tint pour madamoiselle, et fut assiégé du costé devers la ville, et le fit battre trois ou quatre heures continuellement. Maistre Raoul de Lannoy, qui dedans estoit, print seureté pour parlementer; il rendit la place au roy par composition, tellement que lui et ceux de sa bande se partiroient, leurs corps et biens saulfs. L'appoinctement faict, ledit maistre Raoul compleut tant au roy, qu'il le retint en son service.

Esurène, une grosse bourgade de trois à quatre cents maisons, séant en la fosse de Boullenois, avironnée de l'armée des François, soustint de prime face, et les habitants deffendirent leur chasteau un jour ou deux. Il y avoit en icelle bourgade une vielle matronne, nommée Mynon du Moulin, tant obstinée en la querelle des Bourguignons que riens plus, et hayoit les François à mort. Aulcuns d'iceulx en furent advertis ; se s'abordèrent à elle les espées desgaignées, et lui dirent pour le contrarier : « Vieille damnée, criez « vive le roy »! Celle dict que rien n'en feroit ; et iceulx satellites feirent signe de lui couper la gorge. Et quand vint au fort, elle dit : « Puisque fault qu'il « soit, vive le roy, de par le diable! » Boulongne sur la mer merveilleusement forte de murailles et de fossés couverts, fut sommée, et le chasteau pareillement, de faire obéissance au roy, à quoy ne voulurent entendre les capitaines et habitants d'icelle. Le roy y fist mettre le siége, et affuster son artillerie, tellement qu'ils lui rendirent tant la ville que le chasteau. Le roy entra ens et déclara publiquement que jà-soit ce que la ville de Boulongne fuist appartenant à messire Bertrand de la Thour, comte d'Auvergne, toutesfois il la vouloit avoir en ses mains pour la seureté du royaulme, parmi rendant audict seigneur de la Thour suffisante récompense. Ladite comté de Boulongne, estoit par avant tenue en fief de la comté d'Arthois; mais le roy, à ceste heure, s'en fist nouvel seigneur, et en fist hommage, deschaint et à genoux, à la glorieuse vierge mère, en l'église d'icelle, présent l'abbé, les religieux, mayeur, eschevins et habitants; et donna pour avoir ce droit devant l'image de ladite Vierge un cœur de fin or, pesant deux mille escus; et ordonna que tous ses successeurs roys de France tiendroient d'ores-en-avant ladite comté de la vierge Marie, et feroient oblation pareillement.

Pendant le temps de ce voyage, et que le roy fut obéi à Montreuil et à aulcunes places circonjacentes, ceux d'Arras ne se contentèrent de l'appointement qui estoit faict entre le roy et eux, car ils envoyèrent vers madamoiselle des plus notables personnages de la ville, dix-huict ou vingt, pour sçavoir qu'ils auroient à faire, et se ledict appointement lui plairoit. Aulcuns dirent qu'ils avoient saulf-conduict du roy, mais les François ne le voulurent congnoistre. Le roy, sachant leur partement pour tirer vers Gand, les feit arrester à Lens en Artois, les mener à Hesdin, les livrer au prévost des mareschaux et les descapiter. Entre les autres qui moururent en ceste exécution, fut despeschié un homme fort entendu et de grande estime, nommé maistre Oudart de Bussi, natif de Paris, et richement marié en la ville d'Arras; le-

quel, pour ce qu'il estoit fort subtil, le roy lui
avoit offert l'office de conseiller en parlement, et
ne le voulut accepter. Quant le roy fut retourné
à Hesdin, et lui souvint des prisonniers qu'il avoit
fait arrester à Lens, en Artois, se lui fut dist qu'ils
estoient décapités et boutés en terre. Et lors il commanda d'esfouir le chef dudit maistre Oudart, lui
affuler un chaperon d'escarlate, fourré de menu
voir, selon la mode des conseillers de parlement,
et cela faict, fist dresser un cheviron au milieu du
marché de Hesdin, où ceste teste fut mise en spectacle commun. Ceux d'Arras portèrent cest oultrage impatiemment, et furent plus animés que
devant sur les François, et sur le seigneur des
Querdes, leur capitaine, qui avoit fait serment
au roy. Si délibérèrent de rompre le traicté et
eux défendre à toute force; et pour ce qu'ils n'a-
voient en Arras aultre capitaine ne chef de guerre
que Pierchon du Chastel, de Faimpoux, ils choisirent de commun accord, le seigneur d'Arsi pour
leur capitaine, lequel estoit bon Bourguignon, fort
affecté à la querelle, fort humain, et de bonne
recommandation. Icellui, accompagné de plusieurs
nobles d'Artois, avec le petit Salezar, capitaine
de Douay, et vingt-six piétons harquebutiers et
picquenaires, proposa de faire son entrée en Arras,
qui estoit fort difficile à faire, considéré la proximité et subtil aguet de leurs ennemis. Quant ils
furent tous amassés avec ceux de Douay, et mis en
bataille pour achever leur faict, le maressal de

Goy et aultres conducteurs expérimentés des subtilités de guerre, avoient préparé leurs embusches pour les empescher à leur entrée; et se portèrent si vaillamment, qu'ils séparèrent les Bourguignons et donnèrent dedans à tout aller. Néantmoins le seigneur d'Arsy qui vigoureusement soustint le faict, entra dedans Arras, accompagné de six cents compagnons; mais le petit Salezar et aulcuns autres de sa route, furent rués jus, aulcuns morts et les aultres fuitifs; et ledit Salezar, après qu'il eust été bouté jus de son cheval par deux fois, se saulva en un bosquet, auprès du bois de Moflines. Et furent trouvés morts sur la place, tant de François que de Bourguignons, cent et cinquante; et avec ce furent de quatre à cinq cents prisonniers, entre lesquels furent trois nobles personnages, le seigneur de Bours, le seigneur d'Estreus et le seigneur d'Auby; iceulx prisonniers furent menés en la cité. Ceux qui avoient puissance de payer ranchon furent respités, et les aultres décapités sur un blocq, d'une doloire, cent et cinquante pour un jour. Le seigneur d'Arsy estant en Arras, ensemble plusieurs gentils compagnons, sachant que ledit Salezar avoit fourré les bois, attendant illec la grâce du seigneur Dieu, sortirent hors de la ville à heure de my-nuict, et ramenèrent ledit Salezar dedans Arras, qui feit illec bonne guerre contre le roy avec les aultres, puis se tint en garnison en la ville de Douay. Quant le roy, estant à Hesdin, entendit la mode de faire de ceux d'Arras, la fraction de son appoinctement, et comment le seigneur d'Arsy, aultres nobles et la communauté faisoient signe de tenir pied contre lui, il se partit de Hesdin, et amena son armée pour les subjuguer. Ceux de la ville sachants sa venue, firent enterrer la porte de Mioles, feirent brusler les faulxbourgs, desquels il povoit sembler que le roi se vouldroit aider, et à très grande diligence se préparèrent à leur défense. Le roy derechief fit affuter ses engiens et battre la ville, tellement que le chien d'Orléans abattit la porte de la cité en une seule nuict. Les capitaines qui la défendoient, montrèrent toujours bonne mine; mais la communauté qui n'avoit rien veu, se tourna en espouvantement, et les nobles parlèrent d'appoinctement, qui fut tel, que gens d'armes se partiroient corps et biens saulfs, et ceux de la ville demoureroient en leurs biens et feroient serment au roy. Et par ainsi, le roy partant de la cité, entra à cheval dedans Arras, non point par la porte, mais par dessus la muraille que la batterie de ses engins avoit cassée. Il se trouva au petit marché, où il dit à ceux d'Arras : « Vous » m'avez été fort rudes, je vous le pardonne. Se » vous m'estes bons subjets, je vous serai bon » seigneur. » Trois jours après son entrée, il s'enquist de ceux qui lui avoient esté les plus contraires en Arras, durant le siége. Pierchon du Chastel, fut accusé par aulcuns envieux, qui lui donnèrent le bast; se lui feist trancher la teste, ensemble à un arbalestrier de la ville, qui avoit prins sa visée pour le tirer et despescher, n'eusist esté un boucher qui l'empescha. Le roi séjournant illec un espace, fit reparer la muraille et changer l'ancienne fortification, car il fit la cité forte contre la ville; et ordonna fonder deux chasteaux, l'un par-dedans Arras, ayant issue sur les champs vers Douay, et l'autre devant la cité. Et pour ce que tout le peuple d'Arras estoit tant affecté à la querelle des Bourguignons que rien plus, pour éviter dissentions, monopoles et rebellions, il s'appensa d'y mettre remède; car il fit deschasser dehors tous les manans et les habitans de la ville, et la repopula de la nation de Normandie, estrangiers et aultres, qui illec s'amassèrent pour en user comme se ce fusist leur propre héritage. Et comme le roi fit changer les habitans d'icelle, pour changer les couraiges, il fist changer le nom d'Arras et la fist nommer Franchise.

Cambray tenant de l'empire, voyant ce merveilleux orage, afin d'en estre exempte, quéroit neutralité; mais elle eut autant et plus à faire que les autres, comme il apperra cy-après, en un chapitre à part soi.

CHAPITRE XLI.

La venue du roi de France et de son armée en la conté de Haynault.

Le mardi de Pasques, une grosse bande de François, où estoient le conte de Dampmartin et le seigneur d'Alébrecht, accompagnés de trois mille chevaux, firent une course devant Vallenchiennes. Les nobles qui lors y estoient, ensemble aulcuns gens de guerre, paysans et manans en la ville, issirent en très belle ordonnance, et furent en bataille, surattendants lesdits François, qui assez tost se retirèrent à Solempnes, dont ils estoient partis la journée. Et le jeudi ensuivant, Vallenchiennois, fort animés sur les François, levèrent étendart et guidon pour les combattre ; amassèrent picquenaires, archiers, arbalestriers, culeuvriniers et hacquebutiers, et se mirent de deux à trois mille combattans, soubs la conduite du seigneur d'Aymeries, grand bailly de Haynaut, des seigneurs de Bossu, de Ligne, de Barbenchon, de La Houerdrie et du petit Salezar, et marchèrent de grand courage devers Solempnes pour les desfaire ; mais les François, sachants leur venue, se deslogèrent. Bouchain avoit pour capitaine Christophe de Lannoi, et environ quatre vingts hommes de deffense.

Les sommations faictes, le roy vint en personne, qui le fist assiéger et battre de gros engiens seize heures continuellement. Nonobstant, les assiégés se deffendoient vigoreusement. Il y eut un hacquebutier de dedans qui apperceut le roy qui s'appuyoit sur un sien mignon, natif de Bretaigne, et portant l'ordre de sainct Michel, nommé Tanneguy du Chastel, et gouverneur de Castillon. Ledit hacquebutier print sa visée ou sur le roy ou sur ledit mignon; toutefois il besoigna tellement que le mignon fut navré à mort, dont le roy fut merveilleusement marry; et fit recueillir son corps, le mener et enterrer à Nostre-Dame de Clary, où lui-mesmes avoit choisi sa sépulture. Ceulx de Bouchain, voyants que nul secours ne leur venoit, se composèrent à six mille escus, et les gens de guerre se mirent à la voulonté du roy; se furent menés en prison à Cambray, dont ils eschappèrent.

Condé sur l'Escaut, voyant ses villes voisines en grande tribulation, persécutées de pestilence de guerre, estoit en grand souci comment elle s'eschapperoit. Le seigneur de Moy, ensemble aulcuns combattans du Tournésis et la garnison de Sainct-Amand, en nombre de quatorze à seize cents, se présentèrent devant ledit Condé. Ils se divisèrent en deux parties, sur intention de faire sortir hors ceux de la ville, et espier comment l'on y pourroit mettre le siège. Ledit seigneur de Moy se tenoit avec ses gens vers la maladrie, et ceux de Sainct-Amand de l'aultre costé.

L'on avoit donné à entendre audit seigneur de Moy que Condé n'estoit que pour un desjeuner; mais quand il eut bien regardé la force et situation du lieu, il respondit que c'estoit bien pour un bon disner. Toutesfois chacune partie et aultre se mirent en paine de faire leur emprinse; et de faict perchèrent les maisons hors de la ville, qui estoient environ de six vingt hommes de deffense. Et quant les Franchois eurent tiré les flesches de leurs arcqs, et leurs viretons de leurs arbalestres, le hérault du seigneur de Moy se descouvrit et s'avança pour parlementer. Se fut attainct d'un traict à main si vivement qu'il cheut mort sur la place. Aultres de leur sorte, au nombre de vingt, y laissèrent leurs vies. Ceux de Condé, pour estre quittes d'eux, commencèrent à crier : « voici Vallenchiennois! voici Vallenchien- » nois! » Les François oyants ce cry, recueillirent leurs morts, et après qu'ils eurent esté illec l'espace de heure et demie pour faire ce beau vasselage, se retirèrent en leurs garnisons, horriblement hués et degabés comme gens confus. Mais ceux de Condé l'achetèrent depuis fort chèrement, comme il apperra cy-après, tant par pestillence de guerre comme de feu. Un jour advint que les petits enfans de Condé se prindrent à vouloir escouvelier les arbres, comme font les grandes gens au behourdis. Se boutèrent le feu par meschef en une maison séante derrière le Chastel, assez près de l'hostel du seigneur, tellement qu'il y eut cinquante-six maisons bruslées en cendres, et autant d'entasmées, et mesme le beffroy de la ville fut entasmé, et la cloche de l'horloge cheut fondue sur le marché.

Tournay, qui tousjours a son retour en France, ne jamais à aultre quartier ne se voulut tourner; le vendredi devant la Penthecouste, receut forte garnison de deux cents lances, qui attourna mal aulcuns de ses voisins, comme il apperra cy-après.

Mortaigne avoit pour sa garde le seigneur de Bellamont, lequel, sentant les menaces des capitaines françois, voyant que guères ne povoit tenir, car il n'y avoit alors que seize hommes, habandonna la place; et furent iceux hommes si près hastés, qu'ils n'eurent loisir de jetter l'artillerie en l'Escault. Et ce mesme jour, lors mardi de la Pentecouste, y entra le seigneur de Saincte-Agathe.

Quesnoy-le-Conte, avoit pour sa garde et protection comme capitaine, le seigneur de Villers, messire Mile de Bourbon, Jehan de Maulde, et Bertelemot Patoul, avec cent hommes de défense. Une grosse compagnie de François se trouva devant la ville, le mercredi devant Penthecouste, pour gaigner Faulreux, qui est quasi le fauxbourg; mais ils furent vitement reboutés. Si retournèrent confus; parquoi le roy jura la Pasques Dieu qu'il y mettroit le siége. La nuit ensuivant, ou un jour après, vindrent François à grande puissance; et le lendemaint au matin vint le roy en personne, qui fist descharger son artillerie, affuter serpentines et aulcuns courtaux, desquels il livra un hideux et aspre assaut à la ville, et la batist si merveilleusement, que, après le siége fini, l'on trouva, de conte fait, neuf cents pièces de gros engiens. Ils abattirent un grand pan de muraille; puis l'assault fut donné; et les francs archers montèrent et combattirent main à main les assiégés, qui vaillament et d'un très bon courage se deffendirent.

Pendant cest assault, les chappelains et anciennes gens non puissans, se boutèrent en l'église, sentants l'éminent péril qui leur estoit apparent; et par grande dévotion, crians miséricorde vers le ciel, chantèrent une anthienne de Nostre-Dame, puis saluèrent madame saincte Barbe; et soubdainement une pluie cheut si grosse et merveilleuse, que les assaillans furent constraints de laisser leur emprinse; et n'estoit engien à pouldre d'un costé et d'aultre qui peusist ruer une seule pierre. Et le lendemain se rendirent, leurs corps et leurs biens saulfs, parmi amiable imposition qui fut de neuf cents escus, lesquels furent distribués par l'advis du roy aux francs-archers, pour récompense du butin de la ville, que le roy avoit abandonnée aus archiers, si l'eussissent prise d'assault. Et dura ledit assault depuis dix heures du matin jusques à neuf heures en la nuict. Ceux du Quesnoy y perdirent cinq hommes seulement, mais plusieurs y furent navrés; et le roy y perdit quatre ou cinq cents archers. Le roy de France ouyt messe en l'église du Quesnoy, la nuict de la Penthecouste, puis le lendemain fit assembler le clergé et ceux de la loi, et proposa devant eux que madamoiselle de Bourgoigne estoit sa cousine et fillioelle, et qu'il n'y vouloit que bien, et qu'elle estoit abusée de vouloir avoir en mariage le fils du duc de Clèves, qui n'estoit que un ivrongne, disant qu'il avoit un coup en la jambe, et lui briseroit sur la teste, après boire, dix ou douze coupettes le jour.

Aulcuns aultres, comme il disoit, la vouloient allier aux Anglès, ennemis de la couronne, gens de piètre affaire. Aultres contendoient à lui faire espouser le fils de l'empereur, fort avaricieux, qui emmeneroit ladite damoiselle en Allemaigne, arrière de toute consolation; et par ainsi la terre demoureroit sans seigneur. Mais s'elle estoit bien conseillée, comme il mettoit en avant, de soi allier avec monseigneur le daulphin, ce seroit grand bien pour le pays, à cause de la langue walonne; car le thiois n'estoit pas à sa touche; et sur toute nation prisoit le pays de Haynault, pour son ancienne nobilité, disant qu'il n'y avoit un si petit berger en Haynault qu'il ne vaulsit un grand gentilhomme; et à chascune fois qu'il nommoit le duc Philippe, il deffuloit son chappel pour allicier son audience, affirmant que le duc Charles estoit farsi de grand orgueil, par non vouloir croire bon conseil, parquoi il se trouvoit pugny du moindre duc de son royaulme. Ceste remonstrance finie, il monta à cheval et se tira en son armée.

Vallenchiennes, voyant le Quesnoy françois, estoit en grand doubte, car elle estoit fort mal sortie de gens de guerre; et comme s'elle deusist attendre le siége, fortifia la porte cambrésienne, par les festes de Panthecouste, d'un fort et puissant boullevert; brusla partie de ses fauxbourgs; encloït les moulins de la porte d'Anzain dedans la ville; fit venir d'Allemaigne et entretint à ses despens cent et cinquante hacquebutiers, et s'accoustra en tous endroits de si bonne sorte, faisant tant grande diligence de soi deffendre, que pendant ce terrible brouillis, elle demoura et demeure forte et entière sur ses pieds, combien que c'est moult grandement à ses grands cousts, frais et despens.

Lille se conduisit moult honorablement, pendant ceste pestilence. Elle avoit pour sa tuition le seigneur de Chantereine, chevalier de grande emprinse, moult subtil et bien docte au mestier de la guerre, et avoit pour gens de mesme vistes et expers hommes d'armes.

Saint-Omer avoit à capitaine le seigneur de Bevère, fils du grand bastard Anthoine de Bourgogne, lequel, avec plusieurs aultres gens de guerre, pensant que le roi lui feroit une venue, fortifia merveilleusement la ville tant de décharge, tranchés et bolluverts, comme d'une tour grande, espesse de dix-sept pieds. Le roi feist ses préparatoires pour le mettre en son obéissance; mais, deux jours devant son arrivée, y entrrent, pour subside de la ville, trois cent et cinquante hacquebutiers; et se estoit le seigneur de Chantereine accompagné de quatre cents chevaux.

Environ le jour Saint-Laurens fist venir son ost, pour y planter le siége; et estoit logé entre la ville et Arcques, appartenant à l'abbé de Sainct-Bertin. Le conducteur de son armée estoit le seigneur des Querdes, atout vingt-deux mille combattans. Le roy y fut un seul jour, qui commanda bouter le feu ès blés croissans aval les champs, qui ne se voulurent esprendre ne brusler. Il manda au seigneur de Bevère, que s'il ne se tournoit de sa bande, il feroit trancher la teste à son père, le grand bastard de Bourgogne, qui tenoit son parti, et lequel il avoit acheté aux Suisses, qui l'avoient prins à la journée de Nancey. Le seigneur de Bevère répondit au hérault, qu'il aimoit bien monseigneur son père, mais encoires aimoit-il mieux son honneur et le parti qu'il tenoit et tiendroit bien loyaument; et fesist de son père ce que bon lui sembleroit. Le seigneur de Chantereine, avec aulcuns Boulisiens, preux et vaillans et du tout addonnés à la guerre, feirent plusieurs saillies sur l'ost

3.

des François; et leur livrèrent de grosses escarmouches, dont ils issirent grandement à leur honneur; et quand l'armée du roy eust illec séjourné vingt et un jours, elle se partist et brusla la ville d'Arcques. Advint tantost après que trois cents hacquebutiers sortirent de Saint-Omer et coururent jusqu'au chastel de Thiembronne, auprès de Faucquemberg, lequel chastel fut par iceux mis à feu et à flammes; et retournèrent hourdés de grosses proyes et de bons prisonniers; mais ils furent agaités et poursuivis des François, en nombre de neuf cents bien à poinct, qui chargèrent sur eux à un village nommé Mecquène. Les hacquebutiers voyans leurs ennemis à leur queue, s'adossèrent d'un bois pour eux deffendre, et attendirent franchement les François qui les combattirent radement; et les Suisses se deffendirent puissamment; mais les archiers de France les servirent de flesches tant dru et menu, qu'ils furent rompus; et demourèrent morts sur la place quatre-vingts ou cent; et les aultres se sauvèrent qui mieux mieux, atout ce qu'ils peurent emmener de proie. Et les François saisirent les gros tambourins des Suissers illec despéchiés, ensemble leurs guidons; et au son desdits tambourins, rentrèrent joyeusement en la ville de Terrouanne.

CHAPITRE XLII.

Le siége d'Avesnes.

Alain d'Albrecht, comte de Peregort, seigneur de Roye et d'Avesnes, disoit que sa terre d'Avesnes avoit esté long-temps foullée du duc de Bourgogne, et doutoit que, se elle ne se tournoit du parti du roy, le roy la destruiroit, dont il seroit fort desplaisant; et à ceste cause ledit seigneur fist diligence de allécier et réduire par beau parler à traicté amyable, ceux d'Avesnes. Icellui seigneur d'Albrecht, estant assez près d'illec, à un villaige nommé Quartignies, avec le grant-maistre de France, le prévost de Paris et aultres, accompagnés de deux mille hommes, manda ceux de la ville, et leur envoya saulf-conduict pour venir gracieusement parler à lui, afin que sa terre fust préservée des inconvéniens qui estoient apparents. Les manans et habitans s'assemblèrent au son de la cloche, et délibérèrent d'envoyer vers leur seigneur naturel, le prévost, le mayeur, l'argentier, le clerck et aultres, jusques à douze, pour avoir appoinctement, auquel le commun se vouloit enuis assentir. Et quant ils furent devant la personne de leur seigneur, accompagné des capitaines dessus dicts, il requist d'avoir sa ville d'Avesnes en ses mains, pour la garantir et deffendre. Ceux qui voudroient vider, faire le pouvoient. Et se faisoit fort que le roy leur pardonneroit toutes injures, opprobres et malveillance faictes et proférées contre la personne dudict roy, par tel si que ses armes seroient mises aux portes de la ville, avec plusieurs articles contraires audict traicté, qui longs seroient à réciter. Et fut l'accord escript et scellé du grant-maistre de France, du prévost de Paris et du seigneur d'Albrecht. Puis retournèrent à Avesnes les députés, faisans ostentation dudict appoinctement, dont la communauté fut horriblement desplaisante.

Le seigneur de Mingoval, qui lors estoit capitaine de la ville, voyant Avesnes en branle d'estre perdue, leur fist plusieurs remonstrances. Pendant ceste variation, le messager du seigneur d'Aymeries, nommé Archon, entra en la ville avec trente-deux Bourguignons, criant à pleine voix: «Secours, »Secours! vive Bourgogne!» A la voix dudit Archon fut la communauté réveillée, à qui l'appoinctement estoit desplaisant; et ceux estoient étonnés qui le pourchas faict en avoient; par quoi l'accord fut rompu avant qu'il fust scellé, par lequel le seigneur de Mingoval se debvoit partir, son corps, ses biens et ses gens saulfs; et par ainsi Avesnes qui estoit en train de porter la croix droicte, pour estre Françoise, reprint la croix Sainct-Andrieu; se devint Bourguignone comme dessus.

Ces nouvelles vindrent à la cognoissance du seigneur d'Albrecht et des capitaines de France, qui le traicté avoient scellé, espérans que ceux de la ville feroient pareil debvoir. Le seigneur, fort marry et plein de grant courroux, fit approcher son armée à un quart de lieue près d'Avesnes, fit dresser une eschelle à la justice, pour monstrer signe de pendre aulcuns des ambassadeurs ou hostagiers de la ville, qu'il avoit vers soi; et manda à ceux d'Avesnes que s'ils ne tenoient l'appoinctement, tel qu'ils l'avoient consenti et proumis de sceller, il feroit pendre leurs députés, ou trancher les testes sur le bord des fossés. A quoi ceux de la ville respondirent que, s'ils avoient chacun cent testes, si ne se rendroient-ils point; et à tant se retira ledit seigneur, ensemble l'armée françoise.

Environ le mois de juing, le roy partant de Vervins, descendit à puissance à la comté de Haynault, par l'incitation du seigneur d'Albrecht, afin d'assiéger Avesnes. Ceste descente venue aux oreilles du conseil de madamoiselle de Bourgogne, fille héritière du duc Charles, une partie de la noblesse de Brabant fut députée pour entrer en ladite ville, pour attendre le siége, se le roi estoit conseillé de lui mettre; et se préparèrent à leurs défenses pour résister à tous assaults, le seigneur de Peruez, principal capitaine, le seigneur de Culembourg, et aultres barons, chevaliers et gentilshommes, jusqu'au nombre de vingt-deux, accompagnés de gens de guerre, des manans de la ville et des paysans jusques au nombre de sept à huit cents combattans.

Par un mardi, nuict de Sainct-Barnabé, le roi estant

à Estroes, ensemble le seigneur d'Albrecht, avironnés de grande armée, furnie de serpentines, bombardelles, courteaux et autres artilleries, envoya son hérault au seigneur de Peruez et de Culembourg, pour venir devers lui avec trois ou quatre Bourguignons des plus notables de la ville, afin de parlementer et traictier de la reddition d'icelle; et portoit ledit hérault saulf-conduit suffisant pour les amener. Le seigneur de Peruez fit assembler, au son de la cloche, les manans d'Avesnes, et leur récita la voulonté du roi, comme dessus est dit, quérant l'advis d'un chascun pour sçavoir quelle chose il seroit bon de faire, et qu'il vouloit vivre et mourir avec eux. La communauté respondit par une seule voix pour toute résolution: que nullement ne desiroit de parlementer au roy, ains tenir voloit la ville pour et au nom de madamoiselle; et fut renvoyé ledit hérault sans ouvrir ne ouyr son saulf-conduit; et qui plus est, il lui fut dict: Que plus ne s'empeschast de venir vers eux, ne d'apporter quelque lettre, car ils se sentoient forts assez pour garder la ville, se le roy les vouloit oultrager. Le roy entendant ceste dure responce, selon son conseil, délibéra assiéger Avesnes, fit affuter ses engins, et commença à battre la muraille, entre la porte cambrésienne et la poterne de Chauffours; et pour ce que ladite muraille estoit de fortes et dures pierres, et leurs engins par trop petits, ils ne la dommagèrent guaires, Nonobstant, ils continuèrent leur batterie nuict et jour, depuis six heures au disner, jusques à l'assaillir. Et se portèrent les François tant, vaillamment à cest assault, qu'ils gaignèrent deux tours, où ils entrèrent pour y bouter leurs estendards. Mais les assiégés avoient garni icelles tours, de secs fagots, pouldre de canon et aultres matières combustibles, et tost emprins et allumés, tellement que lesdits François en furent déboutés; l'un de leurs étendards y fut bruslé, ensemble assaillans estaints en fumée. Ils y perdirent de leurs francs archers, que eschaudés, que bruslés, le nombre de huit à dix cents, dont plusieurs d'iceulx tresbuchèrent de mont à val les fossés. Le roy voyant ceste grosse perte, fit sonner la retraite par deux fois; et combien que les assaults fussent aspres et merveilleux, et que de huit cents combattans qui estoient dans la ville, où l'on espéroit faire les choses de l'aultre monde, l'on n'en voyoit que deux cents seulement qui soustenoient tout le faict, la pluspart des Brabanchons se tenoient pour le traict ès boves, celliers et maisons trouées, sans aller à la muraille. Ceste manière de faire fut remonstrée à monseigneur de Peruez, principal capitaine de la garnison, avec le petit debvoir que firent ses gens, tellement que par grosses prières, fut contrainct d'aller aux défenses pour donner couraige aux assiégés. Mais sitost qu'il se trouva illec, il leva la main pour parlementer, et le roi ordonna un gentilhomme, nommé Jehan Marissal, capitaine de cent lances, pour ouyr ce qu'il voudroit dire. Si fut abstinence de traict d'un parti et d'autre durant ce parlement, qui guères ne dura; car nonobstant ceste abstinence, l'un de ceux de la ville navra à mort d'un vireton ledit Jehan Marissal. Ce voyant, le seigneur de Peruez, comme fort aygré, se print à furier, disant ainsi : « Les » vilains ne veulent cesser leur traict, tandis que » je parlemente ; mais je ferai mon appoinctement » sans eux. »

Le roy, moult courroucié et perturbé de son homme navré à mort par ceux de la ville, fit de rechef donner l'assault à tous costés par les nobles de Normandie. Les manans et paysans d'Avesnes se portèrent honorablement; mais quant le seigneur de Peruez, qui chassoit ses Brabançons à la muraille, aperceut son coup, il descendit un bolluvert de la porte cambrésienne, ensemble les seigneurs de Culembourg et de Gaches, et firent aller les aultres au quartier le plus dangereux; et de là saultèrent oultre lesdits seigneurs, et se rendirent François, habandonnant le remanant. Cela faict, les deffendans se trouvèrent fort ébahis, et furent plus que à demi hors de voulonté de bien besongner, par avoir le cueur failli. Et d'aultre part les François se parforçoient de poursuivir leur bonne fortune, et entrèrent par les moynnets que eux-mesmes avoient battus auprès de la tour bruslée et par le bolluvert de la porte d'Enghien, où n'y avoit guères de résistance. Si disoient les François aux Bourguignons : « Ouvrez-nous vos

» portes ; vos capitaines, les seigneurs de Peruez et
» de Culembourg, ont faict vostre appoinctement ;
» ils sont en nos tentes ; par quoi, se ne les ouvrez
» par amour, vous les ouvrirez par force ».

Aulcuns de la ville ignorans le traffique de l'appoinctement, ensemble le despoinctement du seigneur de Peruez, plains d'espantement, se combattoient aux ennemis sur les terres des murailles en plusieurs quartiers, quand les François estoient en la ville. Les premiers entrans furent des hommes d'armes ; puis les archers des ordonnances, qui, sans faire grand desroy, saisirent les bons prisonnniers ; et conséquemment entrèrent les francs-archiers, qui, sans pitié et miséricorde, mirent tout à l'espée, jeune et vieux, de quelque sexe ou estat qu'il fusist. Bref, toutes inhumanités ou tyrannie que l'on pourroit penser ou dire furent illec commises par les mains des inicques bouchiers françois, que l'on dit très chrétiens. Et pour ce qu'ils estoient fort affectés à or et argent, ils trouvèrent un enfant en fascettes, lequel ils tollirent des bras de sa mère ; puis le desfascèrent, cuidans trouver or et argent ès drapeaux d'icellui, ce que point ne firent ; dont, par despit et courage très despravé et désordonné, le destranchèrent de leurs espées en plusieurs pièces, en présence de sa mère.

Un aultre petit enfant, estant au berceau, assommèrent d'un maillet de plomb, pareillement sa mère présente. Brabanchons voyans ce terrible et criminel oultrage, afin d'avoir merci, respit, ou gracieuse mort, ruèrent jus leurs armures, les picques et hacquebutes, requérans miséricorde. Mais les francs-archiers qui ce langaige n'entendoient, pensans qu'ils estoient Brabanchons les submirent aux trenchans de leurs espées. Et furent trouvés morts, de ceux qui s'estoient mis à deffense, y comprins les manans et les paysans, le nombre de huit cents ou environ. Après, lesdits archiers pillèrent et bruslèrent la ville et l'église, qui estoit moult bien aornée. Ne demourèrent que huict maisons entières, le monastère des Cordeliers et un hospital; et finablement dilapidèrent les tours et les murailles. Ce très piteux desroy fut faict par un mercredi en suivant le jour Sainct-Barnabé, au mois de juillet, an mille quatre cents soixante et dix-sept.

CHAPITRE XLIII.

Le reboutement des François à Aussonne, et la prinse de Rochefort par messire Glaude de Vauldrey.

APRÈS que les hérauts du roy de France eurent sommé la ville de Dole qui s'estoit rendue en son parti, il fit pareillement sommer la ville d'Aussonne, qui ne tint compte des sommations; car messire Glaude de Vauldrey, chevalier très renommé, preux et hardi, estoit en la ville avec environ vingt-quatre hommes de guerre, qui Aussone entretenoient en sa fidélité, pour et au nom de madamoiselle Marie de Bourgogne, sa princesse et dame naturelle. Les capitaines de l'armée de France, advertis que ledit seigneur Glaude estant illec, n'estoit homme pour estre facilement converti à la réduction de la ville, ains la soustenoit en toute force en sa querelle, envoyèrent vers lui les seigneurs de la Cueille, de Gunny, et sire Simon de Quingi, seigneur de Montbaillon.

Quand lesdits seigneurs eurent fait plusieurs remonstrances, tant audit de Vauldrey comme à aulcuns autres notables personnages, en le persuadant de faire serment et obéissance au roy Loys, ce que point ne firent, ils retournèrent sans rien besongner. Lesdits capitaines François envoyèrent de rechef le bailly de Sens, lui quinzième, vers ledit seigneur Glaude, pour traffiquer, en lui offrant cent escus, afin qu'en autant d'espace que un disner povoit durer, il peusist aulcunement coinquer avec ceux de la ville, pour les réduire par beau parler, adulations et proumesses, ce qui lui fut octroyé. Mais quand il eut tout sermonné, tout promis et tout jargonné, il ne sceut fleschir leur courage; et demourèrent immobiles comme pesante et dure roche. Auprès d'Aussonne estoit l'armée du roy, surattendant la response du bailli de Sens, laquelle leur fut trop dure et fort loingtaine de leurs désirs. Et adoncques se monstrèrent devant Aussonne, en belle bataille estoffée de cinq cents lances et de mille francs archers, desquels estoient principaux capitaines, le seigneur de Craon, lieutenant du roy en Bourgoigne, Charles d'Amboise, gouverneur de Champaigne, le grand Salezar, Gastonet de Lyon, et les capitaines des Escossois ; et ordennèrent trois mille arbalestiers, qui marchèrent à la couverte dessous les arbres, et se trouvèrent devant la porte de la ducé, pour gaigner le pont et ravir la porte ; puis députèrent aulcuns aultres pour escarmoucher en aultre quartier. Ceux de la ville, voyans ces approches, sonnèrent l'effroi, se mirent en armes et se préparèrent à leurs deffenses.

La voix couroit que la porte de la ducé avoit l'assault. Messire Glaude de Vauldrey, armé de toutes pièces, avec six hommes seulement, arriva celle part, et par force d'armes tint le pont contre les arbalestiers, lesquels il rebouta vigoureusement; et y acquit honneur perpétuel ; car il batailla contre eux vis-à-vis, et main à main, tellement qu'il fut navré tout oultre le col d'un vireton qui passoit demi-palme oultre son hatreau. Mais oncques ne s'en desfit de courage, ains incitoit ses gens à bien besongner pour honneur acquerre. Et jà soit ce qu'il fut angoisseusement blesché, tellement que le sang lui ruyoit, se disoit-il que c'estoit peu de chose; car la grande ardeur qu'il avoit de rebouter ses ennemis lui faisoit oublier la grande douleur de sa blessure. Et se portèrent tant vaillament ceux de sa bande, que plusieurs y demourèrent morts et navrés. Pendant le temps que ce merveilleux exploict fut achevé, les François besongnoient en aultre quartier pour empescher ceux de la ville, qu'ils ne lui donnassent secours; mais toutes fois ils n'y proufitèrent riens; car un chef de guerre, nommé Maupas Jehan Martin, gascon de Wagrelan, ensemble aulcuns combattans en petit nombre estans illec, leur baillèrent tant à besongner à leur emprinse, qu'ils retournèrent confus pour ceste fois; et mirent garnison à l'environ d'Aussonne, et ès frontières et chasteaux, comme Rochefort, Grey, Sainct-Jehan de Lone, Paime, Charleduc et Milebeau. Et les trois mille francs-archers se tinrent autour du pont d'Aussonne l'espace de trois jours, puis se retirèrent. Le seigneur de Craon se tenoit en Dole, et ès forts de là entour, lesquels il avoit conquis et desquels il prenoit possession. Trois ou quatre jours après ce reboutement, qui fut quasi miraculeux, se vindrent rendre en Aussonne plusieurs nobles François, gentils compagnons, qui firent serment de bien et léaument servir madamoiselle, pour attendre l'adventure telle que Dieu envoyeroit à messire Glaude, lequel avoit aulcun entendement avec ceux de Rochefort, où estoient en garnison seize hommes d'armes et quarante archers. Icellui messire Glaude, accompagné de quatre-vingts combattans, print Rochefort, moitié par force et moitié par emblée.

CHAPITRE XLIV.

Le siége de Dole. La prinse de Grey et l'emprinse faicte par Allemans et Bourguignons sur la ville de Digeon.

Allemans estoient en grande abondance dedans la ville de Dole, tenant le parti de mademoiselle Marie de Bourgoigne. Souventes-fois les François firent leurs courses devant la ville, cueillans leurs proyes, et souventes-fois estans rembarrés par les Allemans, tant par escarmouches que aultrement. Un jour advint où iceux François firent quatre ou cinq embusches en aulcunes advenues autour de la ville, afin d'attraire les Allemans et de charger sus, comme ils ont accoustumé de faire; et envoyèrent leurs pillardeaux pour avoir leurs bestiaux. Les Allemans estans en Dole, voyans leurs ennemis cueillans vaces et veaux, firent sonner leurs gros tambourins, et sortirent de la ville en nombre de sept à huit cents, pour rescourre le butin. Les François s'eslongèrent, monstrans pieds fuytifs, et les Allemans les poursuivirent rudement, cuidans avoir faict une belle rescousse. Et adoncques les embusches s'amonstrèrent de quatre ou cinq costés, en nombre de trois cents lances, par lesquels six cents Allemans furent enclos et rués jus. De ceste malheureuse adventure, furent les François fort resjouis;

car ils cuidèrent entièrement avoir subjugué la garnison de Dole ; et leur sembla que s'ils plantoient le siége devant la ville, ils l'emporteroient légèrement. Par quoy la vindrent assiéger en nombre quasi de vingt mille ; et en poursuivant leur bonne fortune, firent amener engins et tous instrumens convenables à leurs assault. Dedans la ville estoit principal capitaine le seigneur de Montbaillon et le chevalier de Berne, accompagné de neuf cents Suissers, avec aulcuns aultres, jusque sau nombre de deux mille combattans. François, par l'espace de huit jours continuels, battirent la muraille, et minèrent tellement qu'ils estoient dessoubs les murs de la ville, puis donnèrent plusieurs assaults. Allemans, par dedans la ville, avoient faict un merveilleux bloc de bois ; si laissèrent monter leurs ennemis, jusques au nombre de neuf cents, cuidants avoir tout gaigné, pour tant qu'ils estoient sur les murailles.

Quand bon sembla aux Allemans de besongner, ils deschargèrent leurs engins tout à un coup, et renversèrent les François de hault en bas dedans lesdits fossés ; puis, par une secrète voie, sortirent hors de leur fort, et les occirent en nombre de huit à neuf cents. Adonc furent François fort estonnés et desconfits, tellement que tost après levèrent leur siége, boutèrent le feu en leurs tentes et pavillons, et habandonnèrent leur artillerie, c'est assavoir les trois frères de Bingres, le chien d'Orléans, une bombardelle et aultres engins ; puis se tirèrent en la ducé.

Durant ce temps, messires Glaude et Guillaume de Vauldrey, avoient en leur compagnie neuf cents ou mille Allemans à cheval et de pied, et donnèrent tel estonnement aux François, par leurs merveilleux exploicts de guerre, qu'ils se retirèrent en la ducé, souvent reboutés et desfaicts.

Advint que un marchand de Grey s'adressa audit messire Guillaume, auquel il avoit entendement, et se feit fort de lui faire avoir la place de Grey, quasi par emblée et de nuict. Et de faict, pour achever ceste emprinse, messire Glaude, conducteur des hommes d'armes et chevaucheurs, divisa sa bande en trois parties. Si les ordonna en trois quartiers devant la ville, surattendant la bonne fortune; et ledit Guillaume, avec ceulx de sa route, et ledit marchand qui les guidoit, firent l'emprinse, qui fut telle. Par une obscure nuict, qui faisoit grand vent, ils se trouvèrent auprès d'un moulin à l'eau, menans grand bruict, où estoit le plus foible quartier de la ville; quand ils furent illec arrivés, ils entrèrent en l'eau, et par aulcunes eschelles montèrent sur la muraille, environ cinquante hommes. Le guet de la ville les apperceut, et fist un si grand alarme, qu'il esveilla les François, lesquels diligemment y accoururent, tellement que à ceste première venue les Allemans furent vigoureusement reboutés. Dedans Grey estoient capitaines, le grand Salezar de

France, le seigneur de Charlieu, et un aultre nommé Gamages, accompagnés de dix-huit cents hommes de guerre, bien acoustrés et montés de chevaux de prix. Nonobstant le rude réboutement des Allemans, ils persévérèrent en leur queste, tousjours montans sur la muraille au son de leurs tambourins, tant vitement, qu'ils se trouvèrent à grand nombre. François firent allumer avant la ville, lanternes, torches et fallots; et par un très grand hardement, chargèrent sur les Allemans, qui puissamment les reculèrent. Le combat fut aspre et horrible, et la meslée assez chaude et mortelle d'un parti et d'aultre; mais à la fin le Allemans furent victeurs; car ils reboutèrent les François en une estroicte rue tant rudement, qu'ils les chassèrent ferrant battant jusques en leur forteresse. Et quant ils s'apperceurent qu'ils avoient du pied, ils jetèrent leurs bonnes bagues, joyaux et vaisselles en puits, citernes, celliers et chambres secrètes, puis boutèrent le feu en leurs logis; et furent aulcuns d'iceulx bleschés. Ceux qui sautoient par-dessus les murs, pour saulver leurs corps, estoient rudement despeschés par les gens de messire Glaude, qui estoient au dehors de la ville. Salezar et les siens, environ cinquante chevaliers, se retirèrent au chasteau.

Les Allemans les cuidoient bien avoir, pensants que impossible lui estoit d'en eschapper. Pourquoi, sans avoir regard sur lui, furent enclins à butiner. Et quant vint la nuict, à cause du travail qu'ils avoient porté la journée, se prindrent à dormir et les aultres à boire. Mais Salezar et les siens, qui ne beuvoient ne dormoient, estoient fort empeschés à imaginer moyen et tour pour eschapper dudit chasteau; parquoi de nuict ils envoyèrent une femme pour sçavoir si le pont estoit desfaict, et icelle rapporta que le bois du pont estoit sans plus osté et desfaict quant aux asseles, et que les gistes encoires y estoient, et que de leger il seroit mis en poinct pour s'en aider. Parquoi fut hastivement remis sus, d'huis, de tables et de fenestres; puis quand il fut radoubé, Salezar et les siens passèrent oultre, et s'aventurèrent la plupart de ceux qui s'estoient retirés au chasteau.

Ainsi eschappa lui centiesme, en grand danger de sa vie; car il avoit les pieds cuits et eschaudés du feu de Grey; et laissa, de compte faict, quatorze cents François morts, tant en la ville que sur la muraille. Le trésor d'iceulx et le butin fut recoeilli et fusté par les Allemans ès celliers, citernes et secrètes places, lequel fut estimé à la valeur de dix mille francs; puis Allemans et Bourguignons, habandonnèrent la ville, à cause qu'elle estoit bruslée.

Monseigneur le prince d'Orenge et messire Glaude de Vauldrey, ayants quatre mille Allemans, firent une assemblée de huit mille hommes ou environ, cuidants avoir entendement avec aulcuns de la ville de Digeon; et firent amener engins, eschelles et aultres instrumens convenables à faire leur emprinse. Quand Salezar, capitaine des François, estant en Digeon, apperceut cette puissance, il fit sortir la garnison sur les Bourguignons et Allemans; et lui-mesmes ne povoit estre à l'exploict, à cause qu'il avoit les pieds cuits du feu qu'il avoit senti à la destruction de Grey.

L'abordement d'une partie à l'aultre fut moult impétueulx; et donnèrent si horriblement les Bourguignons contre les François, qu'ils les rembarèrent en leur ville, et rentrèrent à la porte trois Bourguignons avec eux; puis l'artillerie d'iceulx Bourguignons approcha si près du boluwert de la ville qu'elle fut en danger d'estre perdue. Gens applouvoient de tous costés pour donner secours à Digeon. Parquoi lesdits Bourguignons, après avoir illec séjourné trois jours, se retirèrent en Aussonne. Les François frappèrent en la queue. Messire Glaude, qui faisoit l'arrière-garde, estant vestu d'une robe grise en habit descogneu, fut en grand péril d'estre attrapé. Il perdit aulcuns de ses gens par sept ou huit François qui chargèrent sur eux.

CHAPITRE XLV.

Comment la maison de Bourgogne fut en grande tribulation pour le trespas du duc Charles à la journée de Nancy.

Dures nouvelles, les plus angoisseuses que jamais, furent ouyes en la triomphante maison de Bourgogne, pour la très douloureuse journée de Nancey, en laquelle très excellent et très puissant prince, monseigneur le duc Charles, que Dieu absolve! fina piteusement ses jours, par très fière guerre mortelle. Lors s'escousa le vrai soleil de justice ès ténèbres; là treshucha la très dolente fleur d'honneur ès poindantes espines; le très précieux diamant fut cassé de meschans ferrailles; et le très fort et noble lion attéré de vilaines bestes. O domage irrécupérable! Mort outrageuse, insatiable, piteuse, acerbe et lamentable, tu as effacé la très resplendissante image de nobilité, destranché la verde branche de chevallerie, et dilapidé le fermé, seul et unique pillier qui soustenoit la glorieuse arche de Bourgogne! Ô guerre très horrible, horreur incredible, crueur exécrable! et toi fortune, décepvable gengleresse, tu as long-temps par ton bel accueil, en la fleur de ses ans eslevé ce vertueux prince jusques au sommet de félicité mondaine! Tu lui as doné hauts triomphes, belles victoires, inestimables richesses, claire renommée par mer et par terre; et de qui le redoubté bruict résonnoit sur les infidèles, tellement que sept ambassades de quatre rois et de trois ducs a recueilli pour un jour à son hostel; il a restabli roi en son royaulme; conquis pays inagressible; subjugué cités et villes imprénables; dompté rebelles; envahi par armes, à sa grande gloire, le plus puissant roi des chrestiens, et présenté fière bataille au très glorieux César, l'empereur Frédérick, toujours auguste; et avec ce que le ciel lui favourisoit et qu'il a esté revestu de singulières grâces et salutaires vertus, comme il appert au chapitre de la magnificence du siége de Nusse, tu lui as faulsé fortune, fondé, attribué, non sans cause, le nom du grand duc d'Occident, Charles le preux et magnanime, puis tu l'as, par grief accident, faict tresbucher sous la main d'un petit duc, josne d'eage et pusillanime! O folle abusion mondaine, gloire caduque et de meschante valeur, tu as montré ton faux barat, ensemble la soudaine mutabilité de ta cauteleuse fallace, en l'intéremption et décadence de ce très illustre et haut duc, digne d'estre couronné et de porter sceptre royal, quant, par ton malice faulsaire, tu l'as desroché de son riche trosne mondain, pour nous loger ens ou limbe de deuil et en l'ombre de la mort ténébreuse. Nonobstant, ses vertus seront clarifiées devant Dieu, et ses victoires et pompes incomparables demoureront sculptées et perpétuées en la mémoire des humains, comme le vrai et hardi champion de la chose publique, qui, à bonne et juste querelle, a offert et sacrifié son corps à son benoist créateur pour nous acquerre quelque jour le règne de paix bien heurée. Sa dolente expiation, ensemble son desfortuné fin, sont exemplaires d'admiration aux autres princes conquérans, et donnent affliction à ses nobles alliés, desplaisance à ses serviteurs et amis, et réjouissance à ses ennemis. Et entre les piteux cueurs féminins aguillonnés d'amiable poincture, madame la duchesse, sa chère espouse, et mademoiselle de Bourgogne, sa fille, en furent les plus désolées, ses pays espouvantés, ses cités et villes troublés, et le povre menu peuple perplex et confus, attendans, comme brebis sans pasteur, misérable désertion : car en la propre journée que la terre emprès de Nancey fut si heureuse que de recepvoir mort le noble corps de si excellent prince, les seigneurs de son sang, monseigneur le bastard de Bourgogne, son frère naturel, monseigneur le comte de Chimay, monseigneur le comte de Nassou, monseigneur de Croy, messire Josse de Lalaing, Cornilles de Berghes, messire Olivier de la Marche, capitaine de sa garde, et plusieurs grants barons et puissans chevaliers, furent détenus prisonniers, les aultres rompus et tournés en desroi, et grande partie des plus vaillans livrés aux trenchans des espées, avec lesquels rendit son ame sur le champ, et accompagna son maistre à vie et à mort, monseigneur de Bièvres, son conseiller et chambellan, très preux, léal et prudent chevalier de la Thoison, cler en vertu, flourissant en prouesse, et qui long-temps militant en la maison de Bourgogne, avoit acquis glorieuse renommée.

Le roi de France sceut tantost par messaiges ceste piteuse desconfiture, et monstra par effect que nostre grant meschef ne lui cuisoit guères; et bien lui sembla qu'il estoit au-dessus de celui qui plus lui nuisoit, et qui moins admiroit sa hauteur; et lors, sous umbre de souveraineté, mist en oubli toute paction et bon appoinctement, pour soi fourer en pays; et, comme j'ai poetiquement escript au Naufrage de la Pucelle [1], il saisit villes et chasteaux, desquels le duc vivant il n'osoit regarder les crétaux; et fit fraction des trèves prinses entre eux, pour l'espace de neuf ans tant solennellemen en paroles de princes, sur les saints évangiles et le précieux fust de la croix, jurées, conceutes et accordées pour eux, leurs hoirs, et successeurs venus et à venir; puis mit sus sa grosse armée, descendit en personne sur la rivière de Somme, saisit Sainct-Quentin, en débouta la garnison qui se tenoit de par le duc Charles, vint devant Péronne, qui paravant lui estoit felle et dure, car elle estoit forte à merveille et bien en poinct pour résister à sa puissance; mais il corrompit, par belles paroles et proumesses, le seigneur de Clary, gouverneur d'icelle, et aultres chevaliers nobles hommes, jusques au nombre de vingt et un, qui lui feirent serment, et rendirent la place; dont le povre peuple fust en grant annoi.

---

[1] Poème de J. Molinet.

La povre désolée fille, orpheline de père et de mère, seule légitime héritière, estoit lors en Gand avec madame la duchesse, à qui le duc, que Dieu absolve! l'avoit bien acertes recommandée. Les Gantois aussi en firent curieuse garde, car difficile chose estoit de la tirer hors de leurs mains. La bonne damoiselle voyant le futur éminent péril et pays tourner à gastine par la rigoreuse prétente du roi, délibéra par son conseil d'envoyer devers lui en ambassade, monseigneur le chancelier, monseigneur de Tournay, monseigneur de Humbercourt et monseigneur de la Gruthuyse, afin de remonstrer sa doléance et trouver traicté pacifique. La très humble et bonne damoiselle pour adapter l'amour de ses sujets, abolit toute taille et subside que son père, cui Dieu pardonne! cueilloit par an sur ses pays. Elle rendit tous priviléges aux bonnes villes, et déclina le parlement de Malines, que le feu duc Charles avoit magnifiquement eslevé, authorisé, pourveu et décoré de grands personnages, présidens vertueux et discrets à la semblance, et gaires moindre de celui de Paris, où ses pays sortissoient pour administration de justice, au très grand desplaisir de la couronne de France.

Le roi, qui de riens ne se contenta, fit demander la duché de Bourgogne pour lui et pour ses hoirs héritablement, la comté de Boulongne, la rivière de Somme, six cents mille escus d'intérest, la damoiselle en sa garde et tutelle pour la marier à sa voulonté, et choses de si haulte estime, qu'il estoit impossible de les fornir. Mais se traictié de mariage se povoit trouver entre monseigneur le daulphin son fils et ladicte damoiselle, sa cousine et sa filloele, il la lairoit paisiblement jouir et possesser de tous ses pays, terres et ses seigneuries que paravant possessoit le duc Charles son père, avec certaines offres, grandes et proufitables pour le salut et utilité du pays. Il crémoit l'alliance des Englets, ses capitaux ennemis, celle de Clèves et celle d'Allemaigne; car l'empereur Frédérick avoit un jeune fils en eage compétent, doué de précieuses vertus, en qui nature n'avoit rien oublié. Et lorsque ledit empereur, son fils Maximilianus et le duc se trouvèrent ensemble à Trèves, couroit la nouvelle que l'alliance s'en debvoit faire. Le roi doncques avoit choisi ce mariage pour son fils; car plus noblement ne plus richement ne le povoit allier; et prétendoit annexer les pays à son royaume, les encercler et réduire à la couronne. Et plusieurs nobles, concernans le bien de paix, au reboutement de la guerre desjà noée, assez se consentoient à l'alliance de France. Toutesfois monseigneur le duc de Clèves, monseigneur l'évesque de Liége et monseigneur de Ravestain, oncles de madamoiselle, en qui garde elle estoit alors, monseigneur de Brayne, la plus saine partie du conseil, et des Gantois, qui lors avoient grande audience, à cause qu'elle résidoit en leur ville, lieu de sa nativité, tous ensemble unis en un poinct, ne la voulurent allier aux Francois, tant pour les hostilités, vengeances, infidélités, inconstances et aultres démérites indignes de record, que plusieurs disoient estre au roy, que pour ce que monseigneur le daulphin, son fils, encore puérile, qui oncques n'avoit attainct dix ans, n'estoit en eage suffisant pour avoir génération. La damoiselle aussi estant eu fleur de jeunesse, douce et tendre, en eage suffisant pour porter enfant, avoit son cueur en Germanie, où elle espéroit mari plus proportionné à ses ans que le daulphin. Si se contenta légèrement de la faulte, combien qu'en rien ne vouloit déroguer à la voulonté de ses oncles, pour l'utilité du pays. Quant le roi perceut le reculement du mariage de son fils, et l'advancement d'un aultre plus propice au salut du pays, il le porta dur; et jura la Pasque Dieu qu'il menroit son armée aussi avant en Flandres, que le duc Charles avoit esté en France; et fit charger grande quantité de son artillerie, grosse et menue, et avança les francs-archers en gros nombre. Si descendist en sa personne avec sa puissance grosse, et férit en Artois, en Boulonnois, en Haynault; et avec ce qu'il se tenoit au-dessus de la ducé de Bourgogne, de la comté de Ponthieu et de Vermandois, et qu'il avoit saisi Péronne, Roye, Montdidier, Abbeville et Montreuil-sur-la-mer, il prinst Lens, Dourlens, Béthune, Thérouane, Boulongne, Hesdin, Arras, Cambray, Bouchain, Quesnoy, Mortaigne, Chimay, Avesnes et Landrechies; et conquist les unes par appoinctement et par faveur, les autres par fureur et par espouvantement, les aultres par gros traicts et terribles travaux, et les aultres par force et crimineux assaults, comme il est narré au long au chapitre précédent. Il conquestoit les villes par tourments et les hommes par blandissements, puis les appeloit Mamelens.

Il suborna et tira à sa corde messire Philippe de Crevecœur, seigneur des Cordes, chevalier de la Thoison-d'Or et séneschal de Boulongne, dont il parvint à la comté, et fut servi des Boulenois. La conversion de ce chevalier plongea maints cueurs en tribulacion, pour ce qu'il avoit esté souef nourri en la maison de Bourgogne, car il avoit receu grands honneurs et haultains bénéfices, et estoit moult aimé du peuple, qui moult se confioit en lui, tant en Abbeville comme en Arras; mais la parole du roi estoit alors tant douce et vertueuse, qu'elle endormoit comme la seraine, tous ceux qui lui présentoient oreille. Chose incrédible et trop longue à mettre en compte me seroient les exactions, dérisions, opprobres, villenies, occisions, tyrannies, larroneries, captures et inhumanités que le roi permettoit commettre par ses francs-archers, ès conquestes qu'il feit par phas et par nephas és villes nommées; car lors estoient en cours, défloration de vierges, effusion de sang innocent, déprédation des hospitaux, spoliations de matrones, carcération de jouvenceaux, extinctions d'enfans, submersions de vieillards, combustions d'églises, persécutions de personnes, forcemens de femmes, démolitions de villes, dilapidations de chasteaux, et gastines de plat pays; autant par feu et espée povoient durer que plustost failloient que les courages de ces satellites qui les employoient. Et lors estoient séparés par prison les enfans des mères, les mères des filles, les filles des pères, les pères des oncles, les oncles des sœurs, et les sœurs des frères; et tous ceux qui estoient détenus prisonniers en leurs mains, sans pitié et miséricorde estoient angoisseusement traictés, tourmentés et torturés pour augmenter leur rédemption. Hastive mort, dont ils prioient leurs détenteurs, leur estoit moindre passion, que de languir en tel continu, fel et cruel martyre. Les uns périssoient de famine, les autres périssoient de vermine; les uns avoient les membres brisés et tournés au revers, les aultres les avoient navrés et mengiés de vers.

Pour plus ahontaiger et vilipender le féminin sexe, ce que les infidèles coeuvrent et honorent, ils coppoient aux femelettes qu'ils trouvoient sur les champs, leurs vestements, une palme dessous la coroye, et destroussoient aulcunes qui portoient la ranchon de leurs amis. Telle la paya bien au long pour son mari, qui depuis lui fut rendu mort; et bruloient les villaiges qui leur estoient chèrement rachetés. Bref, toute espèce de cruaulté que les tyrans payens souloient anciennement faire aux chrétiens, les François en passionnoient les Bourguignons; et qu'il soit vrai, ils crucifièrent un prisonnier, et lui fichèrent, de gros clous, mains et pieds contre une couche en la paroisse de Saint-Brisse de Tournay, lorsqu'ils brulèrent Harlebeke.

Très chrestien roi des François, Loys odorant, précieux fruit, throsne azuré et décoré d'or, comment peux-tu souffrir estre exécutée par tes satrapes ceste prophane impiété? le céleste gubernateur, amoureux de l'hostel de France, envoya divinement à tes anciens progeniteurs, les glorieuses fleurs aurenges dont tu es grandement honoré; et par la vertu de la saincte ampoule, dont tu es sacré et oint, tu possesses le bénéfice de miracle en ta pleine vie. Très chrestien roi des François, comment peux-tu permettre ceste exécrable tyrannie? où est la douceur de ta miséricorde? où sont les vertus de tes bienheureux pères, qui en toi doivent resplendir par excellence? tu doibs subvenir à la chose publique; tu dois nourrir les orphelins; regarde et vois les oppressés qui demandent à Dieu vengeance; regarde en pitié la désolée pucelle, sans la deshériter de son seignourieux patrimoine; monstre doucques comment tu es très chrestien roi des Francois. Veux tu dégrader celle que tu dois garder? veux tu nuire et offenser celle que tu dois deffendre? Convertis rigueurs en vigueur, sévérité en sereineté, démence en clémence, et crudelité vicieuse en nobilité vertueuse. Les glorieux rois triomphans, tes nobles prédécesseurs, déployèrent jadis leur auriflamme sur les mécréans, hérétiques, payens, sarrazins et barbarins, en exaltation de la foi catholique, dont ils ont acquis honneur de perpétuelle mémoire ; et toi qui es nommé le non pareil des aultres, destruis tes frères chrestiens ; et sans regarder sexe, vocation, eage, affinité, consanguinité ne filiation spirituelle, tu te combats contre la quenouille d'une povre pucelle, et fais desrompre sa maison par ta cruelle maisnie! Comment peux-tu donc permettre ceste exécrable tyrannie?

Aultre sorte de pestilence dure et felle as féri ès supports de la maison de Bourgogne, qui près les mena à totale destruction ; car tantost après que le glorieux prince, ferme pillier de justice, fut esvanoui de nos yeux, divisions, machinations, humiliations, conspirations, insurrections, rumeurs et murmures, séditions, hongueries, commotions, élations et mutineries se pullulèrent ès villes opulentes ; et s'eslevèrent les petits contre les grands. Le commun vouloit suppéditer les nobles, réformer les officiers et collecteurs des subsides et aides qui s'estoient faictes pour soustenir les guerres. Ganthois, qui avoient vent en poupe, et se sentoient forts sur leurs pieds, commencèrent ceste malheureuse danse ; à l'exemple desquels les grosses villes de Brabant, de Flandres et de Haynault tournèrent à la carolle, et se prindrent non seulement à ceux que la police des villes avoient à régenter, dont plusieurs furent exécutés, mais aux plus hauts, grants, nobles et puissants chevaliers, domestiques et familiers du duc Charles, que Dieu absolve! ceux en qui plus se fioit de ses affaires, et auxquels il avoit baillé le principal régiment de son hostel et domaine. Ganthois doncques, esprïs de grand fureur se mirent en peine de apprehender monseigneur de Humbercourt, comte de Meghe, qui portoit l'ordre de la Toison. Monseigneur le chancelier et monseigneur l'administrateur de Thérouane furent détenus prisonniers, et torturés villainement comme gens de basse condition. Et nonobstant toutes remonstrances, humbles requestes et prières, que madamoiselle de Bourgogne leur princesse naturelle, qui lors estoit en Gand, sceust faire, monseigneur le chancelier de Humbercourt et messire Jehan de Wanmelle, chargés pour aultre délict, furent jugés en la maison de la ville, et mis à mort sur un hourt, comme larrons ou meurtriers, et finablement décapités par un jeudi absolu, l'an de ceste tribulacion mille quatre cents soixante-dix-sept; et monseigneur l'administrateur de Thérouanne, à cause qu'il estoit homme ecclésiastique, eschappa de ce mortel danger, et fut long-temps destenu prisonnier.

Ainsi passe la gloire mondaine; ainsi finirent honteusement leurs jours, ceux à qui tous biens affluoient, devant qui tant de chefs furent descouverts, et dessoubs qui tant de genoux plièrent; et ne peult cheoir en l'entendement que hommes de si grande estime de vie catholique et singulière dévotion, comme ils estoient, feussent coupables de ces misérables esclandres, se n'est que Nostre-Seigneur, qui tout cognoist, les veuille assumer au nombre des martyres, ou que par eux nous vueille monstrer la folle abusion du monde. Un grant abus fut semé au peuple, en l'an de ceste tribulation; car une commune voix fut, qui s'esleva par cités et bonnes villes, que le duc Charles, que Dieu absolve! estoit encoires vivant, et destenu par les Allemans prisonnier, qui célément le gardoient; mais à cause qu'il estoit griefment navré, ne povoit sitost retourner en pays. Plusieurs pélerins et voyageurs certifioient l'avoir veu vif, les uns à Metz en Lorraine, les aultres en Allemaigne, et de là à Rome, en Gérusalem, en Portugal et en Angleterre.

A celle folle erreur ajoutoient crédence, non pas seulement menu peuple, mais plusieurs dames et damoiselles. Par l'ardant désir et amiable affection qu'elles avoient en sa personne, créoient de léger ce qu'elles désiroient; ceux mesmes qui paravant tesmoignoient l'avoir veu mort, s'enclinoient à ceste opinion. Les marchands en vendirent les uns aux aultres pour plus de dix mille escus de déniers à payer à sa revenue en pays. Toutesfois le contraire, dont il nous poise grandement! nous est trop clerc et manifeste. Les inventeurs de ceste mensonge disoient mieux qu'ils ne savoient; nonobstant que le très bon prince soit absenté de nous corporellement, son ame vit et reigne, s'il plaist à Dieu, entre les bien heurés, et par sa haulte renommée, très clers vertus et excellentes prompes, il vivra et règnera par les siècles en la mémoire des hommes.

Un aultre grand meschef advint en la maison de Bourgogne, qui fort travailla sa povre désolée famille. Ainsi que le roi à qui fortune avoit monstré sa clère face, se fourroit en pays par puissance, et que villes et chasteaux de frèle résistance se ouvroient et se enclinoient devant ses bannières, Flandres, qui estoit forte et fière, se resveilla au bruit de ses armes : Gantois s'esmeurent ; Brugelois se montèrent ; le Francq se prépara ; ceux de Courtray et de Werny s'assemblèrent ; chacun se mit sus, à pied ou à cheval ; firent provision de vivres, de charroys, d'artillerie, de tentes, de pavillons et de tous instruments de guerre, et se trouvèrent ensemble en nombre de dix-huit à vingt mille. Et entre les nobles qui les conduisoient, choisirent pour chef et ducteur de leur armée, monseigneur le duc de Gheldre. Ils se mirent aux champs en bel arroy, et pour envahir Tournisiens tindrent leur parcq au Pont des Pierres.

Tournay sentant l'approche du roi, devint haultaine et orgueilleuse ; elle renoncha à la paction qu'elle avoit faicte au duc Charles pour vivre paisiblement entre ses pays, où elle estoit lors bien sur le sien, grasse et drue, et ses voisins estoient maigres et desplumés ; mais elle se mit d'aise en malaise, de richesse en povreté, et de franchise en servage ; car à l'incitation du prevost de Pontoise et de Navairot, abbé de Sainct-Amour, et du barbier au roi, qui lors se tenoit en sa cité, combienque ce fust au desplaisir de plusieurs bourgeois,

Bourguignons en cœur, elle receut une grosse garnison qui lui bailla toutes ses royes; et entrèrent dedans deux cents lances bien en point, dont furent conducteurs monseigneur l'admiral, messire Dolart de Moy, messire Maurice et François de la Sauvagerie. Escarmouches et dures rencontres se faisoient des Flamans aux Tournisiens.

Advint de nuict, par un vendredi, que le duc de Gheldres, accompagné de sept à huit cents chevaux, se partit du Pont des Pierres, approcha Tournay et fit bouter le feu aux faubourgs. Ceux de la ville en furent fort effréés; ils crièrent aux armes, pourvurent à leurs defenses, et montèrent sur la muraille; et, comme sages, n'ouvrirent nulle porte. Quand l'aube du jour fut crevée, le seigneur de Moy et ceux de la garnison saillirent sur les Flamands et se frappèrent sur la queue, et les poursuivirent jusques auprès de Thin. François de la Sauvagerie, très vaillant homme d'armes, chargea d'un fust de lance si rudement sur le duc de Gheldres, lequel faisoit retirer ses gens, qu'il l'abattit par terre. Nonobstant ce, il se deffendit à son pouvoir, comme très preux et hardi, plein d'un vertueux courage, mais guères ne lui valut. Le damoiseau et aultres le navrèrent en la gorge et au chef, où il receut deux plaies; et finablement fut puisé par dessoubs, qui lui donna le coup de la mort; et adonc s'escria Gheldres! et oncques puis mot ne parla; et rendit son ame à Dieu, chevaleureusement, en deffendant l'héritage de la dolente pucelle, orpheline de père et de mère, dont il se monstra vrai champion. Il estoit vestu d'un riche hocqueton chargé d'orfaivrie, qui prestement fut deschiré par les lacquais; chacun d'eux en print une pièce. Quelqu'un le chargea sur son cheval et l'apporta devant lui devant Tournay, tout desplayé, mort et desfiguré, qui estoit chose pitoyable à voir et du monde la plus douloureuse. Il fut tantost despouillé, lavé et mis en estat décent pour recepvoir sepulture, et porté en l'eglise Sainct-Jacques, monstré en publique, la face descouverte, à tous ceux qui voir le vouloient, et de là porté à Nostre-Dame, en la chapelle Sainct-Loys, où il fut honorablement enterré, et son obsèque magnifiquement celebré, comme il appartient à sa personne.

Nul ne sauroit imaginer les joies et les festoyements que les Tournisiens menèrent pour la perte de ce très noble duc. Ils firent feus, chansons et danses; et comme s'ils eussent assommé le Grand-Turck, batelèrent et sonnèrent leurs cloches si haultement, que à peine oyoient-ils l'un et l'autre parler; et en rendant grâces à Dieu de leur bonne fortune chantèrent solemnellement ce sainct cantique de liesse, *Te Deum laudamus.* Flamens, d'aultre costé, menèrent grand deuil quant ils seurent ces dures nouvelles; et ainsi que membres sans chefs, devindrent foibles et mates, eslevèrent murmures, semèrent divisions, et entrèrent en pointe les uns contre les aultres, disants qu'ils

avoient vendu et livré leur duc aux Tournisiens; et
de faict se départirent confusément de leur part,
habandonnèrent grand partie de leurs biens, et
firent autant de chemin en une nuict, qu'ils avoient
faict au venir en trois jours. Le seigneur de Moy,
qui estoit adverti de leur desroy par un de leurs
gens mesmes, les suivit de si près, qu'ils n'eurent
loisir de recueillir leurs bagues, lesquelles la garnison de Tournay, ensemble la communauté, mirent à saulveté dedans leur ville, et ramenèrent
de leur camp avec plusieurs proyes, vin, cervoise,
pain, chair, poisson, fromages, chandelles,
febves, pois, aulx, oignons.

Ceux de Bruges, Courtray et Werny, angoisseux
de leur perte, et honteux de leur confus soubdain
departement, reprindrent couraige en eux; et le
lundi ensuivant se trouvèrent à grande puissance
au Pont des Pierres, pourveus d'artillerie pour resister aux ennemis. Le sieur de Moy et les capitaines
du parti de France, tous préadvisés de leur faict,
lesquels congnoissoient par experience le train des
communes, et comment de léger sont mis en desroy, firent vuidier leurs garnisons, et les Tournisiens s'enstremelèrent avec eux sur esperance de
plus gaigner que de perdre; et envahirent les Flamens par tel effort, qu'ils les ruèrent jus et les
mirent à desconfiture. Onze ou douze cents furent
occis sur la place, et quatorze cents furent détenus
prisonniers, et le demourant tourna en fuite, et le
camp du tout despouillé de serpentines, de ban-

nières, de vivres et toutes ustenciles de guerre. Les prisonniers estoient riches et puissants; si rendirent aux François innumérable finance. Le bailli de Bruges paya pour sa part six mille escus. Fortune pour ce temps fut aux Flamens dure marastre, non pas au Pont des Pierres seulement, mais au Neuf Fossé et plusieurs frontières, èsquelles, jà-soit ce que curieuse garde et diligente veille fust mise du parti de madamoiselle, toutes fois François pénétrèrent la coste, la dommagèrent en plusieurs façons, bruslèrent la vallée de Casselle, et pillèrent les gros villaiges; et leurs avantcoureurs boutèrent le feu jusques à quatre lieues près de Gand.

Se Flandres estoit ort foullée, Haynaut ne valloit guères mieux, et le residu d'Arthois avoit assez à souffrir. Et se j'ose la verité descouvrir, la communauté des villes hongnoit très fort sur les nobles du pays, et guères ne se fioit en eulx, tant pour ce que aulcuns de leurs amis s'estoient declarés François que pour ce qu'ils monstroient se petit debvoir au reboutement des ennemis. Et comme Sainct Matthieu a comparé en sa parabole le règne des cieux à dix vierges dont les cinq furent sages et les aultres furent folles, il y eut cinq villes sur frontière, de grande recommandation, en qui la lumière de fidélité ne fut jamais estaincte, mais allèrent en habit nuptial au-devant de l'espouse; et ce bien leur vint, avec la bonne voulonté qu'elles avoient par les sages et prudens conducteurs et conseillers qui les avoient en garde. Monseigneur de Bievres et monseigneur de Cohen nourrissoient en amour Saint-Omer et Aires ; monseigneur des Pierre entretenoit Lisle en foi ; monseigneur de Fiennes et Salezar soustenoient Douay en sa force ; Philipes, monseigneur de Ravestain, et Jacques Galliot, deffendoient Wallenchiennes à l'espée ; et tous se conduirent si chevaleureusement qu'ils ont acquis auréole de perpétuel honneur. Quant le roy percheut que ces cinq villes lui monstroient visage et ne vouloient ouvrir les oreilles à ses parlements, mais se tenoient closes en la foi, comme vierges fermes et constantes, qui debvoient repudier les doux langages des adulateurs, voyant aussi que par armes, ne par menaces, ne par emblée ne les povoit enforcer, car elles etoient prudentes comme le serpent, et se gardoient de tous faulteurs et adhérents qui lui povoient donner avance, il proposa, après tous attemptats, de les avoir par terreur de famine. Et comme jadis les horribles persécuteurs des chrestiens vaincus par les simples vierges, non admirants leurs cruaultés, subtilloient nouveaux tourments pour les mener à fin mortelle, ce très chrestien roy Loys, très sainct et sacré liligère, en qui pitié et clemence doibvent resplendir par-dessus tous regnans, mist avant pour les crucier une espèce de tyrannie, si énorme et contraire au bien publique que je resongne beaucoup la narration du cas, tant est misérable et vilain. Et puis qu'il

faut que la verité s'en descouvre, il fit destruire
et mettre en ruine non pas les tours, les murailles,
les donjons, les maisons qui mechaniquement sont
produits par les mains des hommes, mais il convertit ses lances en faulx, et livra guerre aux bleds
et aux avoines que Dieu, par sa divine bonté,
faisoit croistre avant les champs, pour estre servi
et honoré en son temple et pour nous donner vie
et substance. Et pource que Vallenchiennes et
Douay n'admiroient rien sa puissance, mais se fortifioient contre tous assauts, entretenoient gens
d'armes à leurs souldées, soustenoient picquenaires,
archers, Suissers et hacquebutiers à leurs propres
despens, et vuidoient sur eux à bannières desployées
par cent, par milliers, il les print en haine, et
pensa d'avoir par horreur ce qu'il ne povoit avoir
par honneur. Dont, pour mettre ce hideux faict à
execution finale, au mois de juillet, que les bleds
ne sont tous verds ne tous meurs, et que la des-
pouille mise ès greniers ne proufitoit ne aux
gens ne aux bestes, il fit assembler d'autour de
Paris, de Soissonnois, de Vermandois, de Beau-
vesis et de Valois, plus de dix mille faulcheurs,
et en envoya la pluspart au Quesnoy. Le grand-
maistre de France se donna grand pitié à voir tant
de faulx; et, pour compassion qu'il en eut ceste
fois des povres laboureurs à qui l'interest povoit
compéter, il en renvoya grand nombre, qui moult
voulontiers se retournèrent, car ceste manière de
faire leur desplaisoit trop. Toutesfois, pour obéir

au commandement du roi, il y en demoura grand planté qui firent horrible dommage en la garde et protection de quatre cents lances, et de quatre mille francs-archers, que conduisoit ledit grand maistre de France. Le gouverneur de Limosin, le sieur de Torsi et le bailli de Sainct-Pierre-le-Moustier, commirent ce cruel exploict, tellement que par trois jours continuels, de deux à trois lieues de pays à l'environ de Valenchiennes et de Douay, en commun spectacle de ceux qui voir le povoient, ces François faulcheurs faulchèrent les biens de terre que Dieu, par sa clemence, avoit envoyés en grande abondance et apparence de parvenir à salubre maturité, pour sustenter son povre peuple, s'il eust pleu au roi de France.

O sempiternel opprobre à maison tant saincte et famée ! roy regnant, rude et desvoyé, quel hideux desroy as-tu fait ? tu te combas aux champs des pastoureaulx meschans et aux grains des oiseaux qui donnent leurs chans ! Neron fit brusler les maisons où se tenoient les Romains, et tu fais couper les moissons qui soustenoient les humains ! Le roy de Ninive fit jeuner les bestes par purité de dérision, et tu les fais jeuner par purité de décision. Les bestes mutes, maigres et sèches, de qui tu as mis en ruine la provision annuelle, nous regardent en pitié, en faisant signe de demande, et ne leurs scavons que donner. O vous, les petits oyselets du ciel, qui sollez visiter nos champs en vos saisons, et nous resjouir les cœurs de vos amoureuses voix, querés aultres contrées maintenant, departés-vous de nos labouraiges, car le roy des faulcheurs de France nous a faict pis que les oraiges.

Valenchiennes, fière et forte, salut du pays, singulier refuge des Hannuyers, qui la première des aultres avoit mis son estendard aux champs, et dont estoient issus pour une fois, en la protection des nobles, trois mille deux cents hommes de deffense, fut terriblement animée en l'inspection de cest oultrageux et prophane cas, et nonobstant si terrible et grosse armée qui se rangeoit devant ses murs, avec la noble seigneurie, qui lors se tenoit en son clos, issit sur ses ennemis en très bel et très notable arroy. Et pendant le temps que ceste impiété fut faicte, une bonne demie-lieue arrière de son fort, tant devant Saultain et ailleurs, Phelippe, monseigneur de Clèves, monseigneur de Ligne, monseigneur de Boussu, monseigneur de Myngoval, monseigneur de Barbenchon, Cornille de Berghes, Jacques Galliot, monseigneur de Trelon, monseigneur de Famas, messire Lionnel de la Houarderie, Claude de Chimai, Anthoine de la Houarderie, Rondelet, et la communauté Valenchiennoise, livrèrent plusieurs escarmouches à leurs adversaires; et sans quelque perte de leurs gens, prindrent hommes d'armes et faulcheurs, qui estrangement furent festoyés dans la ville.

Quant François se virent si durement recueillis, ils s'advisèrent de mettre les Valenchiennois en desroy; et tout à une fois se partirent de devant la porte Cardon, où ils s'estoient rangés en bataille les uns contre les aultres, et servis des biens de la ville; et en passant devant le Rauleur, marchèrent radement devant la porte Montoise. Vallenchiennois, pour parvenir à leur emprinse et les avancer, soubdainement se desfoquèrent, et en tirant celle part, ceux à cheval passèrent selon les hayes des faux bourgs, et se plantèrent devant leurs ennemis. Mais pour ce que les piétons, qui les debvoient recueillir et soustenir, n'y peurent venir à temps, ils furent par les François rembarrés en leurdite porte. Jacques Galliot fut desmonté par meschef, et tantost recueilli de ses gens; mais il perdit son page, son cheval et son armet. Fontaine, qui se nommoit l'Aulmosnier, ensemble cinq ou six vaillans hommes, furent occis sur la place. Un trompette des François, et deux aultres de leur parti, finirent illec pareillement leurs jours. Ce jour, François se logèrent à Sainct-Saulne, où monseigneur de Myngoval les costoya du long la rivière de l'Escaut, pour les escarmoucher; et furent là rudement servis par les hacquebutiers de la ville. Au desloger, boutèrent le feu à l'abbaye et ès faulxbourgs de Vallenchiennes, et mirent en feu et en flamme la plupart des villages entre Vallenchiennes et Sainct-Guislain. Pensez quelle engoisse de cœur avoient à porter les povres laboureurs et paysans, quand ils veirent leurs maisons brusler, leurs granges ardoir, leurs estables fondre et tourner en gast irrécupérable par ces mauldits faulcheurs, leur annuelle fructueuse substance, qui tant de gouttes leur avoit cousté en labeur.

D'une aultre verge plus poindante, furent de rechef aguillonnés les povres paysans champestres, de laquelle furent pareillement flagellés et battus les bons marchans aventureux, qui soustenoient le bien publicque. Tournisiens, qui lors en grande indigence languissoient, parce que vivres ne povoient aborder à leur ville, pour la prohibition et répugnant obstacle des garnisons de Lisle et de Douay, trouvèrent façon d'estre ravitaillés par cauteleuse voye. Ils donnèrent à entendre que huit cents lances estoient toutes prestes de fuster le pays de Haynault, et de mettre ce qu'il y avoit mais tout à feu et à l'espée; et conseillèrent, pour mitiger ceste fureur, que bon seroit de practiquer quelques bonnes trèves, et que ce seroit le salut du pays. Chacun y entendoit voulontiers, tant pour recueillir le demourant des bleds qui périssoient aux champs, que pour cultiver les terres pour l'année à venir. Le jour et lieu de convention furent prins et assignés en Tournay: parties y comparurent d'un costé et d'aultre. Le fruict de leur labeur porta, que bonnes seures trèves et abstinence de guerre par mer, par terre et par eaue douce, seroient conceues, accordées, scellées et publiées, commençansle neuvième jour du mois de septembre, et tousjours continuées jusques à la renovation de l'une des parties à quatre jours de signifiance. En l'ombre de ces trèves, et en l'attente de paix, pastoureaux reprindrent les champs, pèlerins firent leurs voyages, laboureurs arrèrent les terres, marchans tirèrent en pays, et Tournay ne s'oublia poinct à soi ressortir de tous biens. Et lorsque chascun prospérer cuidoit en bonne seureté, comme en temps pacifique, sans quelque doubte de la guerre, violentement, par le commandement du roy, sans cause et signifier à partie, les garnisons du Quesnoy et Bouchain coururent en Haynault, prindrent marchans, pillèrent marchandises, emprisonnèrent laboureurs, coeillirent infinis biens, boutèrent feux, et firent maux innumérables. Oncques si grand dommage ne fut veu pour une course au plat pays. Ces trèves durèrent dix jours seulement. Les marchands qui revenoient de la feste d'Anvers furent rudement rencontrés ; ils goustèrent avec les malheureux laboureurs vénimeux fiel, amertume de la guerre. Lors devindrent marchands meschans; riches bouviers et pastoureaux n'eurent brébis, bœufs ne taureaux. Voilà la fidélité du roy! voilà la cautelle des Tournisiens ! voilà fière malice conceue, vlaine tyrannie engendrée, hideuse oppression sentie, et grande diablerie enfantée !

Se la ville de Mons avoit l'heure de non estre plainement en frontière d'ennemis, et d'estre moins tourmentée du flagel de Mars que les aultres, si ne fut-elle poinct pourtant exempte du martel de tribulation, dont elle fut par estrange mode terriblement persécutée. Advint, par un mercredi, dix-septième jour de septembre, à six heures du matin, que quelqu'un qui essayoit la pouldre de canon en l'hostel de la ville, laissa cheoir par mal-adventure quelque petite estincelle de feu sur ladite pouldre, dont l'on avoit faict amas pour résister aux ennemis. Sitost qu'elle sentit le feu, un très horrible et très impétueux son s'esleva, tant vehement et cruel, que ceux qui en furent estonnés, tous aveuglés et espouvantés, cuidèrent que les infernaux fussent deschainés des abysmes, et que ce fust définement du monde. Les pierres se fendoient et sailloient sur le marché, si rudement, que ame ne s'osoit tenir; les gistes et les sommiers en allumant se destordoient; les chambres et les maisonnages par dedans ouvrés, tresbuchoient. Ce pestiférant accident fut une très griefve et dommageuse perte à ceux de Mons et à leur artillerie. Le seigneur de Dormans, ensemble madame sa femme, couchés en un logis au plus près, furent piteusement estains par un pan de mur qui cheut sur eux. Aultres personnes, jusques à six, par ceste soubdaine tempeste, finirent piteusement leur vie. Oncques telle hideur du tonnoire ne fut ouye.

Condé, la plus courageuse des aultres pour une petite ville, fut persécutée de pareil mode, jaçoit ce que chevaleureusement avoit résisté souventefois aux emprinse des Tournisiens et de ceux de Mortaigne, auxquels elle faisoit une bonne, juste et forte guerre; et que le seigneur d'icelle, pour un jeune homme, fust très vaillant, prudent et léal à sa maistresse, sans estre corrompu par belles promesses de ses adversaires. Toutesfois, avec les aultres fortunes, lui livra une très aspre escarmouche; car le beffroi et grande partie des maisons sur le marchié et ailleurs, furent consommées par feu de meschef, et bruslées en cendres noires. La ville de Bouchain, nonobstant qu'elle tinst la partie des François, receut telle punition; et fut arse si nettement, qu'il ne demoura église ne maison entière. Ainsi, par la privation d'un seul homme très puissant, vertueux et redoubté, où gisoit le salut des pays et l'espérance de toutes créatures, la triomphante maison de Bourgoigne, qui long-temps avoit prospéré en glorieuse fame, par diverses et estranges manières de pestillence, fut piteusement molestée et tournée à dommageable ruine; et les bons et justes supports d'icelle, détenus en dure captivité mortelle de griefve tribulation. Dieu doint en brief et puisse resoudre en estat de convalescence, et que les très haults et resplendissans personnages qui l'ont en domaine, et en sont les vrais héritiers, y puissent tellement labourer, que ce soit à l'honneur des nobles, au proufit du bien publicque et à la salvation de leurs ames!

CHAPITRE XLVI.

Confédération matrimonialle entre très hault et très puissant prince monseigneur l'archiduc d'Autrice et très redoubtée princesse madamoyselle de Bourgogne.

Populus qui ambulat in tenebris vidit lucem magnam. Esaie, 9.

SELON divine police humaine et naturelle, les essences inférieures sont gouvernées et conduictes des supérieures, les mortelles par les immortelles, les visibles par les invisibles, et les humaines par les divines. Ainsi comme il est un seul celestial empire, et un seul Dieu impérateur éternel, auquel toutes choses créées obéissent, et qui par son infallible bonté régit la supérieure monarchie, où sont angeliques poestés, throsnes, dominations, ordonnées par ierarchie, selon l'excellence de leurs qualités, nous avons semblablement en ce bas empire terrestre un seul empereur temporel, auquel le monde est tributaire, et lequel, par son impériale majesté et royale rectitude, régit la rote orbiculaire, la terre et ce mondain fabricque, où sont rois, ducs, marquis et contes, intronisés en leurs degrés, selon leurs haultes dignités et excelses vocations; auquel empereur, puisqu'il a prins le glorieux nom d'Auguste, nous lui debvons rendre, comme dit Végèce, fidélité, dévotion et service, comme à Dieu présent et corporel. Doncques, quiconques n'obéit à son indition et sainct édict impérial, il doibt estre réputé son ennemi, car c'est le précieux image du souverain gubernateur; et aussi comme l'éternel impérateur priva de son céleste empire les mauvais anges, lesquels, par superbe élation, vouloient mettre leur siége en aquilon, pour estre semblables à la souveraine impériale majesté, lesquels, en tresbuchant, devindrent ennemis spirituels; pareillement les eslevés coraiges rioteux se sont sequestrés du sainct sacré empire, et lesquels, présentement nous sont ennemis temporels; entre lesquels la francigène nation, jadis issue de chambre troyenne, portée au ventre de Germanie et nourrie entre le Rin et la Dunoe (Danube), en la cité sicambrienne se déclarent exempts de la couronne impériale, habitent les basses régions, et se font par usage appeler Franchois. Mais proprement, selon le grec, nommer se doibvent Férochois, comme cruels et pleins de mortelle férocité; et sont les ennemis qui nous temptent, qui nous battent, qui nous proumettent et abattent, et lesquels voudroient bien dégrader le sainct image impérial de sa chambre ecclésiastique, pour y planter et exalter leur idole babillonnique. Et comme le peuple de Dieu fut jadis travaillé soubs la main du roy Pharaon, et mené en captivité dessoubs Nabugodonosor, les povres subgects de la maison de Bourgoigne, n'a guères tant honorée, maintenant toute deschirée, sont piteusement cruciés, foullés, flagellés et boutés en misérable servitude. La loi est subvertie, les temples sont pollus, les vaisseaux sont pillés, les autels abattus, les clameurs des oppressés, inhumainement traictés, demandent vengeance devant la face de Dieu ; et la povre désolée pucelle, triste de cœur et esplourée, remonstrant la piteuse subversion de sa maison, se présente devant son créateur, et faict sa très douloureuse complainte des gens de Mars, Dieu des batailles, lesquels procurent ceste ruine. Elle s'escrie vers Noblesse, laquelle tant souef l'a nourrie, et dresse sa voix au chief du monde, le très sacré roy d'Allemaigne. Quand l'éternel triomphateur, père des orphelins, consolateur des désolés, a ouy la dure oppression de son peuple chrestien, ensemble la piteuse lamentation de sa dévote et humble pucelle, il a, par sa douce clémence, consolé le cuer virginal, prins pitié du sang innocent et pourveu de sa grâce à la réparation du throsne de Bourgoigne, violentement offensé. Mais, pour ce que ce cas pitoyable concerne temporalité, et est perpetré au règne terrestre, afin que les humains couraiges chevaleureux puissent mérir salvation en la poursuite, nonobstant que tout soit en sa juridiction, il renvoye les supplians à son vicaire séculier, le très sacré et glorieux empereur Frédérick, tousjours auguste.

Quand les quérimonieuses doléances et humbles

requestes de la noble pucelle sont espandues en
l'audience impériale devant le lieutenant de Dieu,
et venues à la congnoissance de sa triomphante
celsitude, il a prins compassion du faict, en regardant l'humilité de son ancelle, et est du tout
délibéré de subvenir aux oppressés; et ainsi
comme le genre humain fut jadis redimé de prisons
infernales, par le moyen d'une humble vierge,
extraicte de maison royale, la réparation du povre
peuple, captivé ès lacs des ennemis, se doit semblablement faire par l'alliance d'une noble pucelle
nommée Marie, descendue de royale origine;
pourquoy l'empereur temporel, inspiré de l'éternel, veut employer sa puissance à repeller le prince
des ténèbres hors de la maison des justes, et illumi-
ner ceux qui séent en l'ombre de mort, pour les
redresser en la voix de paix; et n'y veult envoyer ni
son marquis, ne son conte Palatin, pour ce faire;
mais lui plaist par sa douce benévolence, que son
enfant personnellement en face la réparation.

O bonté admirable, miroir charitable, charité
louable! louenge honnorable, honneur perdurable et gloire inestimable te debvons rendre,
comme tu en es digne, par-dessus tous les princes
qui oncques regnèrent en ce monde; car à l'exemple du céleste gubernateur, dont tu es image et
semblance, sans espargner ton noble sang, tu
nous offres la plus précieuse gemme qui soit en
ton coffre, c'est ton très cher et bien aimé fils que
tu nous présentes et donnes pour subvenir à la

chose publique. Et comme toutes choses secrètes, preterites et futures sont réservées en la divine pensée de l'empereur sempiternel, ceste très haulte et pacifique alliance avant le décès du duc Charles, que Dieu absolve! estoit incorporée pareillement et conceute en l'intelligence et digne mémoire de l'impérialle majesté; et aussi, singulières promesses, recommaudations, missions et réceptions de joyaux d'un personnage à l'aultre se faisoient; parquoy la prophetie de Sibille ne povoit faillir d'estre adverie, laquelle dict ainsi : « *Pulus aquilæ catulæ leonis copulatus ve-* » *natorem domabit indomitum, etc.*, le pouillon de l'aigle conjoinct à la faonne du lion, domptera le cruel veneur et suffoquera le venimeux dragon avec ses pernicieux roiteaux. Maintenant est venu le temps que ceste vaticinacion doibt sortir son real effect : c'est assavoir que le pouillon de l'aigle, par qui j'entens très hault et très puissant prince monseigneur l'archiduc d'Austrice, fils du triomphant empereur Frédérick, doibt estre uni par le lien matrimonial à la josne leonesse, ma très redoubtée princesse madamoiselle de Bourgogne, fille du très fort et très victorieux lion monseigneur le duc Charles, que Dieu absolve! laquelle union se peult légitimement faire selon quatre choses qui sont requises en mariage : c'est à ssavoir sapience, beaulté, richesse et générosité.

La première vertu pourquoi l'ung doibt choisir et prendre l'aultre en mariage, est pour la sapience estant en lui, laquelle je ne voy estre forclose de ce très illustre et jeune prince ; car puisque nous attribuons puissance à Dieu le père, nostre créateur, et sapience à son fils, nostre rédempteur, nous pouvons licitement, mais non point tant proprement, attribuer puissance à son vice-gérent, nostre temporel empereur, et sapience à son fils, nostre très redoubté seigneur; car il est prudent en ses faicts, discret en conseil, sobre en parler, gracieux en maintien, songé en ruse, eslégant en rescription, subtil en inquisition, dévot à l'église, catholique en la foi, charitable aux povres, humain à ses amis, emprenant sur ses ennemis, resveillé aux armes, agréable aux dames, et selon la commune renommée, vierge et chaste, pur et net de corps et d'ame; et avec ce qu'il est naturellement enclin à toute haulte vertueuse œuvre, à qui bien lui conseille et monstre la docte voye salutaire, comme tout hault prince doibt tenir; et bref il est doué de tant de précieux dons, sciences et bonnes meurs, acquises et naturelles, que le peuple des pays se dira estre bien heuré d'avoir un tel prince à seigneur. Et se le seigneur est bien adreschié, certes aussi est la damoiselle; car toute gracieuseté, honnesteté, fidélité, libéralité, affabilité, débonnaireté, humilité, chasteté, constance, attrempance, prudence et science, que toute noble dame doibt avoir, elles sont encloses et reposent en elles, comme en Rebecca, Esther ou la saige Sibille.

Beauté, lequel est le second poinct requis en

mariage, est tant excellente et resplendissante en ce josne et fleurissant prince, qu'il est patron et vif exemplaire de tous les beaux princes du monde; nature n'y a rien oublié : la force est angélique, le regard est amoureux, le maintien est plaisant, le corps est vénuste, et les membres de mesme, tant bien proportionnés, selon la formosité du corps, que Pigmalion le artificiel entailleur n'y sauroit que reprendre; c'est Narcissus ressuscité. Si Absalon fut prisé en beauté pour sa riche chevelure, ce très noble jouvencel en doibt emporter le bruict sur toute créature, car les cheveux de son chef honorable sont, à la mode germanique, aureins, reluisants, aornés curieusement et de décente longitude. Son port est signourieux et de compétente estature, selon l'eage; et n'y a si belle fille en pays, se elle avoit un tel Gorgias à mari, qu'elle ne deusist estre contente. Jassoit ce que la damoiselle ne soit de si apparente monstre, touttes-fois elle est propre, gracieuse, gente et mignonne, de doux maintien et de très belle taille. Du surplus, je m'en rapporte aux dames; mais son vif sens et sa très humble contenance, valent bien un bruict exquis ou un chef-d'œuvre de beauté.

De la richesse de ce josne duc ne me suis-je encoires au vif informé, sinon que son expectation est grande, et que sa paternelle succession sera de incomparable estime; mais tant me cognois-je en la demaine de la pucelle, que s'on ne lui faict injustice, par vrai héritage et droict de patrimoisne, elle doibt possesser excellentes ducés, puissantes comtés, haultes seigneuries, pays fructueux et villes opulentes, chasteaux inexpugnables, bourgs somptueux, terres fécondes, champs fertiles, rivaiges plantureux par mer et par eau douce, en telle valeur et quantité, que le tout mis en somme debvroit bien suffire au plus riche roi des régnans.

La générosité de ces deux nobles jouvenceaux est tant ardue et clère, qu'il n'est nulle plus haulte ne plus resplendissante. Qui est celui vivant, aultre que l'archiduc d'Austrice, qui peult dire licitement : « Je suis fils d'empereur et de roi ! » Est-il royaulme plus auctorisé en la saincte escripture que celui des Romains? n'est-ce point celui dont Daniel faisoit ses songes, et celui lequel par armés a succumbé les plus grands règnes de la terre, et qui resplend entre les autres comme le soleil entre les estoiles? est-il nom plus victorieux que le nom de César? plus glorieux que celui d'Auguste, famé par les anguelets du monde? n'est-ce point celui lequel tels noms porte sur les humains, seul impérant, le roi des rois, le seigneur des seigneurs, et auquel chacun est tributaire, à l'édict duquel la très sacrée Vierge Marie a voulu obéir, et duquel nostre Sauveur recommande le nom, quand il dict aux Juifs : « Rendez à César ce qui est sien ». Est-il diadême royal plus digne que la triple couronne impériale, bénie et sacrée de nostre sainct-père le pape, lequel le pose et assit sur son chef, comme le ministre de Dieu, le champion de la foi et le dénommé seul souverain recteur de la monarchie du monde? Est-il nation plus décorée de nobilité que le très sainct empire d'Allemaigne, dont le royaulme d'Angleterre est descendu, le royaulme de Lombardie engendré, et le royaulme de France extraict, et où le très victorieux Charlemaigne, empereur, habandonnant les François, parusa sainctement le demorant de sa vie? Est-il enseigne plus seignourieuse que la saincte aigle impériale, qui, par son vol rade et agile, surmonte les oiseaux du ciel? Est-il donc prince plus hault en linage que le très noble duc d'Austrice, fils du vicaire de Dieu, du divin empereur, fils du souverain roi des rois, et fils de la fille du roi de Portugal! Et se ce fils, lequel est de très haulte strenuité, paratainct la celsitude et est le plus noble des nobles, sa fille, son espouse future, n'est guère moindre en ceste qualité, comme il apperra au contenu de l'histoire.

Nul ne doibt ignorer que les Romains, les Bretons, les Haynuyers et plusieurs nations payennes ne soient descendues de Ilion, le triomphant palais de Troye, la glorieuse cité, desquels leurs chevaleureux successeurs, rois, ducs, comtes et barons qui en possessent les règnes, ducés, contés et baronnies se disent les plus nobles des aultres, en tant qu'ils sont parcréés de la sublime générosité du monde. Or est, ceste bienheurée fille, extraicte des nobles comtes de Haynault, dont elle est vraie héritière; se ne doibt avoir moins de bruict en noblesse que les aultres : aincois les doibt tous exceller, comme je puis prouver par plusieurs raisos.

Puisque ainsi est, que générosité concerne antiquité de temps, et que ceux lesquels sont issus des plus nobles anciennes maisons sont préférés et honorés des aultres, ceste jeune fille, en laquelle respleud la strénuité de ses anchiens pères, doibt avoir la superexcellence de noblesse sur toutes nations, tant d'Europe que d'Afrique; et ses nobles progéniteurs conquirent royaulmes et fondèrent cités, ains que Rome et France fussent en estre, ne qu'il fut nouvelles de Romulus ne de Franciolus.

Nicolaus Renclercq et autres vénérables docteurs auctorisés, lesquels ont tissues et recoeillies les très merveilleuses histoires de la cité de Belges, récitent en leurs volumes, que, en l'an de la création du monde deux mille sept cents quatre vingts et trois, Abdon estant juge en Israël, Bavo, roy de Phrigie, cler astronomien et de singulière dévotion aux Dieux, cousin germain du roy Priam, son comilitant et frère d'armes, se partyt de Troye bien accompaigné, lorsque tout fut consommé en cendres; et après avoir souffert maints dangereux périls de mer, il descendit, selon le Rin, par le conseil du Dieu Jupiter; et tirant vers occident, s'arresta au pays de Haynault; illec fonda la très renommée cité de Belges, et s'establit chef du royaulme. Il print d'assault la très anchienne cité de Trèves, dont il rapporta le dieu Bacchus, pour le introniser au temple de Belis. Il maria quatre filles à quatre ducs fugitifs de Troye, sans note de perdition; et se nommoient Turguntius, Meselanus, Morineus et Clarineus; lesquels, pour amplier le royaulme de Belges, fondèrent quatre cités très famées, et les dénommèrent par leurs noms; c'est assavoir Tongres, Metz en Lorraine, Morina et Clarinée. Après la mort dudit Bavo, succédèrent en son règne, par directe ligne, Bavo Belgineus, Bavo Leoninus, Bavo Lupinus, Bavo Brunyus, Brunehault, et autres ses enfants et successeurs, qui là regnèrent moult glorieusement, jusques au temps de Julius César, nonobstant qu'il y eut aucunes rompures entre les aultres. Brunehault, contemporain au roi David, fit faire sept chaussées estendues et veues aujourd'hui par le monde univers, et soubmist à son royaulme, Danemarch, Norewèghe, Prusse, Esclavonye, Hongrie, Germanie, Allobrogiens, Celtes, Secanistes, Ruthéniens, Neustriens et Aquitaine, jusqu'à la mer d'Espaigne.

Puis doncques que les princes et comtes de Haynault sont extraicts de ceste veine royale, comme il appert par les armes dudit Brunehault, lesquelles ils ont portées jusqu'à trois cents ans enchà, ils excèdent toutes nations occidues en antiquité de noblesse; et par conséquent ceste jeusne princesse, leur parente et vraie héritière, est la non pareille en générosité anchienne qui soit au monde vivante.

Se ceste generosité ne fusist pour ce qu'elle est paganique et hors des métes de chrestienne religion, qui est la maison seignoureuse sur le descouvert de la terre où il y ait autant de nobles seigneurs et de dames canonisées et sainctes, comme il y en a en la comté de Haynault, se n'est en la maison d'Orléans, de Lorraine, ne de Savoye; et se la maison de France est denommée sur toutes les aultres très chrestienne, elle en doibt sçavoir gré à la royne Clotilde, fille du roi de Bourgogne dont ceste jovene princesse est vraie heritière et ducesse. La très dévote Clotilde convertit le roi de France son mari, maculé d'idolatrie, à la loi de Nostre-Seigneur; à l'exemple duquel le royaulme delaissa son hérésie, et se est acquis le nom de très chrestien. Et aussi se France a rien d'exquise nobilité en son liligère jardin, ceste très inclite fille, fleur de noblesse distillée du sang real, en doibt percevoir fruict ou feuilles pour parer son chapel ducal; et s'il se convient aider de son propre, sans emprunter la gloire de ses parents ou voisins, qui sont les maisons des grans princes, situées en ce climat, en qui proesse ait esté mieux recoeillie, eslevée et exaulcée, puis cent ans en deçà, que en ceste desfortunée maison de Bourgogne, dont le père, le grand père, l'ave, le proave de ceste principale fille ont esté par droicte ligne paternelle vrais heritiers, vrais ducs et possesseurs ?

Ainsi appert de ceste flourissante princesse l'ardue generosité, tant excellente, clère et vive que nulle plus regnante au monde; et s'elle est très noble de corps, encoires l'est elle plus de ame; et aussi sa très honnourée mère qui la conceut et por a, madame de Charolois, que Dieu absolve! fille du très bon duc de Bourbon, estoit tant humble, douce et bonne, que ceste ne pourra faillir que de vertu ne soit la bonne. Et aussi, puis qu'elle porte le nom de la glorieuse vierge Marie, emperière celestienne, elle doibt ensuyvir sa très sapiente marine, roine de misericorde, en doulceur, pitié et clemence, et en toute perfection de vertus et de bonnes meurs.

Ce nom est prononcié des angeles et tant honoré que rien plus; nul plus salubre pour une dame, nul plus amé ne plus reclamé. L'ame qui le medite en est sanctifiée; la voix qui le profère en est clarifiée; la personne qui l'oyt en est ce jour bien heurée; et celle qui le porte en est du tout asseurée. Et se le nom de ceste pucelle, nostre future princesse et dame, est très doux et salutaire, le nom du seigneur, lequel se commence par mesme syllabe, est très sainct et terrible.

Le très admirable nom de Maximilianus, magnifique et auctorisé, contient en soi Maximus, Maximinus et Maximianus. Le premier de ces trois qui ce nom porta fut très sainct homme, humble et affable comme un bon prince doibt estre à ses amis, et les aultres furent terribles et espouvantables, car il convient donner aulcune terreur à ses ennemis. Ainsi doncques, tant pour la convenance de ces deux excellents noms que pour les quatre conditions requises en contract matrimonial, esgallement proportionnées en ces deux jouvenceaux vertueux, bien en poinct toutes fois de multiplier lignée et remplir la terre de glorieux personnages, l'alliance de mariage se peult licitement entre eulx continuer et parfaire. Et se la duchesse est à cela conseillée, je dis avec l'evangeliste : *Maria optimam partem elegit*, Marie a esleu la très noble partie.

Quant la trinité terrestre, c'est assavoir les trois estats, furent condescendus à ceste salutaire confederation, utile et convenable pour le bien des pays, le souverain du monde, par sa digne clémence, envoya saluer la vierge et adnoncer ceste joyeuse nouvelle aux pastoureaux des champs, dont les brebis sont à la gueule des loups; et descendit de son hault trosne une très noble ambassade portant credence imperiale, dont furent chefs très reverend père en Dieu monseigneur de Mayence, monseigneur le duc Loys en Bavière, et un très élegant prothonotaire, lesquels parvenus en ce ruyneulx vol de misère, le salut prononcé, lequel fut doulx et angelique, disoient à la pucelle Marie : « Tu es
» bien heurée entre les femmes, tu es bien en gré
» de l'empereur Frederick très auguste, et tu au-
» ras son fils pour espoux et mari, par lequel tu pou-
» ras avoir enfant qui sera cause de retirer le peuple
» des tenèbres de mort; il aura grand nom entre
» les hommes, car il sera le fils du très souverain
» prince. »

De ces bonnes nouvelles et consolatives paroles

fut la pucelle toute resjouie; et en regraciant l'imperiale majesté, recoeillant humblement ces très nobles ambassadeurs et paranymphes, respondit par grande humilité : « Je suis la petite ancelle de mon » très excellent seigneur. Puisqu'il lui plaict » qu'ainsi soit, il me doibt très bien plaire. »

Si tost que ces très desirées nouvelles furent divulguées par le monde, les nobles vassaux et subjects, souverainement ceux qui devoient rendre service, foi et léaulté indissoluble à la pucelle, comme à leur naturelle princesse, furent joyeux et consolés, et les ennemis des pays fort anoyeulx et désolés Dont, pour briser ceste impérialle alliance, ils suscitèrent leurs malings esperits, et les envoyèrent volletans par les aers, esmouvoir esclistres, tonnoirres, orages, fouldres, tempestes et brouillis, afin de empescher la venue et descente du fils de l'homme, le très auguste empereur. Et nonobstant ces durs et rudes attemptats, la chose vint à son réal effect; et en démonstrant qu'elle estoit agréable à la damoiselle, elle envoya messire Baulduy de Lannoy, son maistre-d'hostel, vers son futur époux, pour coinquer avec lui sur ses affaires.

Et d'aultre part les trois estats du pays furent assemblés en la ville de Louvain, où les dits ambassadeurs se trouvèrent; et très révérend père en Dieu, monseigneur de Mayence, proposa en langage thiois, comment ce mariage estoit traicté du vivant du duc Charles; et pour plusieurs raisons et couleurs qu'il allégua, debvoit estre solide, ferme et totalement consommé sans fraction quelconque; et vouloit que pour tel fut publié par pays. Et en présentant sa crèdence, munie du scel impérial, bailla certaines singulières missives, de par très redoubté prince, monseigneur le duc d'Austrice, signées de Maximilianus, adreschans à aucunes villes particulières, contenants en partie comment il estoit leur futur prince et seigneur, par vertu de union matrimoniale. Et affin qu'il trouvast à sa bien venue, le commun des bonnes villes ensemble uni, qui lors estoit fort troublé, rihoteux et en grans litiges, madamoiselle le fit rallier et réduire en paisible concordance; et print possession de la ducé de Brabant, comme elle avoit faict de la comté de Flandres, où elle fit ses honorables entrées; et en rendant leurs priviléges, fit les sermens accoutumés, et fut reçue à grant joie, comme dame du pays et naturelle princesse.

Ce temps pendant, par délibération impériale, le fils descendit de l'arche du père, pour célebrer la solempnité de ses nopces, accompagné des nobles princes de l'empire, monseigneur l'archevesque de Trèves, monseigneur le marquis de Baude, monseigneur le duc de Juliers et aultres grants seigneurs et barons, desquels les noms me sont incongneus.

Ainsi vint en nostre région le souverain des rois, l'honneur et la clarté de l'universe fabrique du monde. Le peuple qui ambuloit en ténèbres, fuisurprins de grande lumière, laquelle illumina ceulx qui habitoient en l'ombre de la mort. Et comme les enfans d'Israël honorèrent Nostre-Seigneur en son entrée dans Jérusalem, les bonnes villes du pays envoyèrent au-devant de lui jusques à Coulongne, pour le resjouir et honorer, servir et obéir. Il entra au pays de Brabant en grant triomphe; nonobstant, ses gens estoient vestus de noir. Et amena en sa compagnie monseigneur le comte de Gheldres, lequel, depuis la journée de Nancey, en avoit esté prisonnier en Allemaigne.

Grandes et sumptueuses furent les réceptions des bonnes villes de Louvain et de Bruxelles. Chacun le bénissoit; chacun l'honouroit; chacun le prisoit. Oncques si beau prince ne feu veu; oncques si beau soleil ne luist sur nostre ville. Les mains joinctes vers le ciel, remercioient Nostre-Seigneur de ceste joyeuse advenue. Les yeux qui le regardoient administroient si grande joie au coeur qu'il en y eut mille et mille couvers de larmes; et les bouches qui povoient parler disoient: «vive Bourgogne! » vive qui est venu! vive Maximilianus! »

Dix jours avant le jour des nopces, furent célébrées moult honorablement en l'église de Sainct-Jehan de Gand les obsèques du très excellent et puissant prince monseigneur le duc Charles de Bourgoigne, que Dieu absolve! Tantost après fit son entrée dedans Gand, qui fut moult riche et de mode monstre, monseigneur le duc d'Austrice. Les nopces de la court de madamoiselle, ensemble ceux de la ville, allèrent au-devant en noble appareil, qui le saluèrent, bienvegnèrent et recueillirent grandement, chacun selon sa faculté. Puis alla voir son espouse, laquelle désiroit tant sa venue que riens plus. Et si parfaicte liesse fut oncques logée en cœur de parfaict amant, elle fut trouvée ce jour en l'assemblement de ces deux jouvenceaux, lesquels, nonobstant que guères ne pouvoient parler l'un à l'aultre, ils s'entendoient assez par signes. Et quand les préparatoires des nopces furent faictes en la ville de Gand, assez honorables selon le temps ruineux et divers, par un mardi, dix-neuvième jour d'aoust l'an mil quatre cents soixante-dix-sept, très hault et très puissant prince, Maximilianus, duc d'Austrice, espousa ma très redoubtée princesse madamoiselle de Bourgoigne. Le légat de nostre sainct-père chanta la messe; et monseigneur l'évesque de Tournay fut présent aux espousailles. Les joustes ou festoyements furent d'assez grand monstre, où les Allemans se mettoient en paine d'acquérir los et bruict. Du parfaict du mariage, me puis-je bien taire, sinon de ce qu'il s'en appert au monde; mais le duc a monstré par effect qu'il est géniteur et vrai homme, et bien aimé de nostre seigneur Dieu, qui lui envoye génération; car nostre très redoubtée duchesse et princesse naturelle, que Dieu n'a pas oubliée! a conceue maternellement, et s'est trouvée enchainte d'enfant vif, par lequel l'amour et la joie s'est redoublée entre eux et multipliée entre nous. O bien heurée alliance! saincte union! salubre mariage! benoist soit celui qui l'a commencé, moyenné, aparfaict! tu seras cause de nostre réparation. Nostre-Seigneur a visité la maison de Bourgoigne; la rousée est descendue du ciel en son jardin, puisque les jeunes plantes commencent à germiner. O très douce fleur de noblesse! Marie, mère fructueuse et féconde, tu seras bénie sur toutes générations de mille millions de cœurs. S'il plaict à Dieu que ton fruict vienne à perfection salutaire, la paix sera dénoncée aux hommes de bonne volonté; les pastoureaux s'esjouiront le jour de sa nativité; les nobles princes de son sang lui feront honneur et grand offre; les ennemis ne s'oseront jamais trouver devant lui par champs et par voyes; et s'il plaict à l'empereur célestien, il sera paix universe par les royaulmes chrestiens.

CHAPITRE XLVII.

Exploicts de guerre de digne mémoire advenus en ce temps à l'honneur de la maison de Bourgogne.

Avant le parfaict de ceste alliance, le roy des François estoit entré fort avant au pays de la jovene princesse, où il avoit saisi villes et chasteaux, comme il appert au chapitre précédent; mais quant il senti la descente du duc d'Austrice, il se retira en France, et laissa fortes garnisons sur les frontières, qui gardoient le plat pays; lesquelles, à la bien venue du nouvel prince, trouvèrent de dures et mortelles rencontres en plusieurs lieux, desquels, pour continuer ceste matiere consolatrice, je ferai narration ou demène de l'histoire.

Environ la Sainct-Jehan, Philippes, monseigneur de Clèves, lieutenant général de la comté de Haynaut, Cornilles de Berghes et Jacques Galliot, en leur compagnie environ six vingt lances, furent envoyés en Vallenchiennes, par l'ordonnance de ladite princesse, pour obvier aux ennemis, desquels les aulcuns s'estoient boutés au chastel de Main, appertenant au seigneur de Monceau, où ils perpétroient dommages innumérables au pays à l'environ, souverainement aux Vallenchiennois, leurs prochains voisins, lesquels s'estoient esprouvés pour les cuider ruer jus, mais riens n'y prouffitèrent. Quand lesdits seigneurs en furent advertis, ils tirèrent celle part avec le seigneur de Mingoval, et lesdits Vallenchiennois en grand nombre; et se trouvèrent devant ledit chastel, lequel, nonobstant toutes deffenses, ils assaillirent tant vigoureusement, que, en moins d'une bonne heure, sans gros engins, ils en furent au-dessus; et furent lesdits ennemis, les uns occis les aultres noyés, et les demorans prisonniers. La place pillée, démolie et consommée par feu, ils retournèrent à Vallenchiennes, joyeux de leur victoire.

Un pareil assault fut faict à Sainct-Amand en ce mesme temps. Claude Ernault, dict Navarrot, se disoit avoir aulcun droict en la crèce de l'abbaye dudict Sainct-Amand, et la voloit tenir en commande, comme il avoit faict celle de Sainct-Thierry, emprès Reims. Lequel, quand il sentit descendre la puissance du roy, il s'advança devers ces contrées ; et par faveur et aide des Tournisiens, il saisit ladite abbaye ; et monseigneur le prothonotaire de Brimeu, qui l'avoit gouvernée deux ou trois ans comme commandeur, s'en absenta. Et pour ce que l'une des parties de la ville est assise sur le Tournésis, et l'autre sur le Haynault, et que ces deux commandeurs tenoient parties contraires, plusieurs débats, noises et discords s'esmouvoient audict Sainct-Amand. Ceulx de l'abbaye mesmes tenoient poincte contre ceux de la ville. Ledit Navarrot, pour les grever, mandoit secrètement ses adhérens en ladite abbaye, où il se fortifioit, et faisoit de la maison de Dieu une fosse à larrons Quant monseigneur de Bellamont, capitaine de Mortaigne au nom de la princesse, monseigneur de la Gruerie, monseigneur de Condé, son frère le bastard, Gobert Asprèmont, Anthoine de Sains et aultres, en virent la manière, avec grande multitude de paysans qui se fourèrent, ils assiégèrent ladicte abbaye. Quant Navarrot, Arnoul, Crocquart, Vilain et tous ses complices, jusqu'au nombre de cent ou six vingt, perchurent que longuement ne povoient tenir, et que la force des assiégeans multiplioit, ils se rendirent au bout de deux jours, les uns saulfs leurs vies, les aultres à la volonté desdicts seigneurs. Leurs maisons pillées, furent menés prisonniers, les uns à Mortaigne, les aultres à Warlain. Navarrot toutesfois eschappa, par beau parler ou aultrement, à ce grand dangier, et se trouva à Tournay, où il brassa plus grand mal que devant; car avecques le prévost de Pontoise et barbier du roi, il induisit les Tournisiens à boutter les François en leur ville, et laboura tant, que une grosse garnison se vinst tenir à Sainct-Amand, à quelle tenoit en subjection tout le pays à l'environ, et ouvroit le passage à ceux de leur parti, qui conduisoient leurs butins en France.

Environ la fin de juillet ensuivant, vint en Vallenchiennes le seigneur d'Aighemont à cent chevaux, bien en point. Tantost après se trouvèrent ceux de Anvers, environ vingt lances et trois cents piétons, hacquebutiers, crenequiniers, picquenaires, et quatre serpentines; pareillement ceux de Malines, environ dix lances, deux cens piétons, hacquebutiers, crenequiniers, picquenaires et deux serpentines, tous aux despens desdites villes. Quand Philippe monseigneur, le seigneur d'Aiguemont, le seigneur de Boussu, le seigneur de Myngoval, Jacques Galliot et aultres, se veirent ainsi accompagnés, ils conclurent tous ensemble de visiter Sainct-Amand; et se partirent bien matin dudit Vallenchiennes, le premier jour d'aoust, avecques les hacquebustiers de la ville et plusieurs paysans, qui les suivoient, plus pour le butin que pour le hutin. Le guet de Sainct-Amand fut moult esmerveillé, quand il regarda ceste armée. On sonna à tout; on cria alarme; on cherchoit les forts; on tiroit engiens; on pourvoyoit aux deffenses; bref, on fist sçavoir ces nouvelles à monseigneur de Moy, qui estoit à Tournay; lequel respondit plattement qu'il ne s'en bougeroit, dont il fut mal en grâce de Tournisiens. Nonobstant, ceux de la ville et la garnison se mirent en leur debvoir de garder leur place; mais les hacquebutiers des bonnes villes, dont il y avoit grand nombre, élevèrent de leurs bastons une si grande noise à l'aborder, que quatre grands coups de tonnoire ne seroient plus espoventables; et n'y avoit tant hardi François qui ne fust bien esbahi. Les enfans pleuroient; les vieillards trembloient; les femmes crioient; leurs maris se desconfortoient, et les couarts se souhaidoient bien arrière des horrions. Tant proufita aux Bourguignons le traict à pouldre, ensemble la proesse des vaillans hommes, que par force d'armes ils gaignèrent le pont de l'Escarpe, où il y eut quatre François occis. Les aultres abandonnèrent leurs engiens et se saulvèrent en l'abbaye. Finablement, tant par ledict pont que par la porte de Tournay, ils entrèrent en la ville, et la pillèrent toute necte, qui mieulx mieulx.

Les capitaines des Bourguignons, qui estoient venus sur intention de eux mettre au-dessus de l'abbaye, où grande partie des François s'estoient retirés avec leurs meilleurs bagues, se trouvèrent comme asseulés, et ne peurent parachever leur emprinse. Ceux qui debvoient batailler se mirent très fort à piller; souverainement paysans ne laissaient louces ni plateaux (bêches); n'y avoit tant malheureux qui n'emmenast veau ou vache. Au partir, ils boutèrent le feu en la ville, qui fut quasi toute bruslée; puis retournèrent en Vallenchiennes à peu de perte, sinon qu'il y eut aulcuns navrés. Ils conquireut avec leurs proyes quatre serpentines et deux estendards. Ceux de Sainct-Amand perdirent, que mors que estains, cent et quarante hommes. Quant ils perchurent ceste destruction, et que le feu se frappoit en l'abbaye où ils s'estoient garantis, ils perchèrent ung mur à force de bras, par lequel ils issirent secrètement, pour doubte des embusches; et emmenèrent le corps de monseigneur Sainct-Amand, les reliques de l'église, ensemble leursdites bagues, en la cité de Tournay. Aulcuns disent qu'ils boutèrent mesme le feu en l'abbaye, afin que les Bourguignons ne la tenissent contre eux. Toutesfois, par la dissention du maistre abbé et le maulvais gouvernement des moines, Sainct-Amand, dont ce fut grand dommage, fut toute bruslée et livrée au pillaige.

Or, affin que les nobles cognoissent que ceux qu'ils estiment vilains, sont parfois esprins de grand hardemement, je veuil mectre en escript deux vaillances que aulcuns paysans achevèrent. En ce temps, monseigneur de Croy, monseigneur de

Lisle, François de la Sauvagerie, partie des gens de monseigneur l'admiral, et aultres de la garnison de Tournay, jusqu'à trois cents lances, montèrent à cheval soubdainement, chergèrent artillerie, serpentines, eschelles et tous instrumens qu'il appartient à faire assault ; se sembloit qu'ils deussent tout emporter devant eulx. Et pour ce qu'ils savoient leur intention, Tournisiens espéroient qu'ils livreroient l'assault à ceux de Lisle. Aulcuns de leurs amis secrets plaindoient beaucoup le dur meschef qu'ils auroient à porter ; toutesfois ils tournèrent aultre part. Il y avoit, à deux bonnes lieues de Tournay, un vieil chastel tout desmoli, nommé la Rayère, qui moult leur desplaisoit. Les paysans se boutoient à la fois pour doubte des François, et y montoient à une seule eschelle, laquelle ils tiroient après eulx. Quant paysans se sentirent approcher de leurs ennemis, ils se saulvèrent en ce fort, environ treize ou quatorze cents, avec leurs fourches de fer, picques et arcs de blanc bois, et aulcunes couleuvrines et arbalestres, qu'ils avoient de provision. François qui environnèrent la place, demandèrent de prime venue : qui vive ! Lesdits paysans ne daignèrent répondre, mais montrèrent un petit enfant aux créteaulx, qui crioit : vive Bourgogne ! A ces mots sonnèrent à l'assault, dressèrent leurs eschelles contre les murs, et se mirent en tout debvoir de gaigner ledit chastel. Les paysans d'austre costé se deffendirent puissamment, et reversoient de leurs fourches les eschelles et les eschelleurs ès fossés; puis abattoient sur eux les pierres des vieilles murailles, qui les parassomoient tellement que l'un d'eux tomba de hault en bas avecques son faix, et morut victeur sur ses ennemis. Se l'assault fut cruel et chaud, la deffense fut forte et ferme; car oncques gens de basse condition en petit nombre ne montrèrent meilleur corraige. Et se portèrent tant vaillamment, que François furent tous joyeux de recueillir leurs engins, leurs morts et navrés, dont il y avoit plus de deux cents. Au partir furent bien mocqués de ces paysans, lesquels firent grande huée; et retournèrent lesdits François à Tournay, honteux et confus de leur perte.

Un cas semblable advint en la conté d'Ostrevant. La garnison de Bouchain print en grande haine les compagnons de Walers, pource que ils leur monstroient fier visaige et peu les admiroient. Une nuit se partirent de la ville de Bouchain, environ cent à six vingt chevaliers, et arrivèrent audict Walers de jour, sur intention de brusler le villaige. Six compagnons seulement, c'est assavoir deux frères de Walers, deux frères de Pasquiers et deux aultres se tenoient à la Goulie, en une maison devant laquelle passoit une petite rivière. Quand ils percheurent la venue de leurs ennemis, avecques trois aultres qui leur vindrent en aide, se mirent à deffense, et avoient quatre arcqs et cinq picques. François se mirent à pied, pour parler à eux de près, car ils n'avoient guères de traict pour les saluer, sinon le feu et l'estrain pour brusler granges et maisons; et bien leur sembloit que ces gens devoient trembler devant eux. Toutes-fois, ils furent assez durement reçus. Advint, ainsi qu'ils escarmouchoient les uns contre les aultres, le seigneur de Sang-Boulant s'avança de rompre lesdits compagnons, dont l'un estoit navré et l'autre desbastonné; et se bouta si avant, qu'il fut abattu en la rivière et pris de ses adversaires. Il cria rançon ! et dit qu'il rendroit mille escus; mais le plus malheureux des aultres lui donna tel cop en la teste, de sa grande macque engantelée qu'il en mourut sept jours après. Quand les autres veirent qu'on les servoit de si estranges mets et que rens n'y pouvoient conquester, ils sonnèrent la retraite; et demeurèrent quatorze de leurs gens navrés, dont les trois moururent en moins de six jours; et lesdits compagnons de Walers, montés sur chevaux conquis, emmenèrent ledit seigneur de Sang-Boulant et le fourrier du capitaine de Bourbon, prisonnier à Vallenchiennes. Mirez-vous, gentilshommes, mirez-vous à ces paysans, et ne desprimez trop les laboureurs qui vous nourrissent, et deffendent l'héritage de la pucelle, ce à quoi vous estes tenus; se noef d'entre vous avoient fait une telle vaillance, il vous seroit compté pour une haulte prouesse.

CHAPITRE XLVIII.

Comment Phelippes, monseigneur de Clèves, Jacques Galliot, les Allemans et les Englès et la garnison de Vallenchiennes ruèrent jus à Crespin les François de la garnison de Quesnoy.

En ce temps Vallenchiennes entretenoit à ses propres despens cent et cinquante Allemans, Suissers, hacquebutiers, portans les robbes et parures de la ville. Des quels les dix, embrasés de convoitise, se partirent cauteleusement par un samedi quatorzième de febvrier, et s'en allèrent au chastel de Harcies, où estoient leurs facteurs parchonniers, avecques cinq ou six de leurs compagnons qui les gardoient. Quand ils se furent trouvés les plus forts, ils détindrent prisonniers madame de Harcies, sa famille, le bastard, et tout ceux qui lors s'y tenoient; et puis qu'ils eurent bouté le feu en la basse-court pour donner signe à leurs adhérens, ils cloyrent la porte, et la tindrent contre tous comme place conquise. Monseigneur de Harcies, qui moult se confioit en hacquebutiers, de son chastel, estoit lors à la cour du prince; le capitaine estoit à Vallenchiennes; et ceux qui regard y devoient prendre estoient à vespres. Ainsi nulle garde et ambition causèrent sa perdition. Pour ce que le lieu estoit puissamment fort, le seigneur et ses subjets y avoient recluy grande chevance, comme en leur singulier refuge. Ces dures nouvelles espandues en Haynault, furent très angoiseuses à porter à plusieurs gens; car ceux des villes voisines doubtoient qu'à l'aide des François ils empescheroient la rive, si que nuls vivres ne pourroient descendre; pourquoi les Vallenchiennois envoyèrent vers eux un très gentil escuyer néapolitain assez éloquent, et son frère d'armes nommé Loys de Boucquam, dit Rondelet, ensemble celui qui les avoit levé ès Allemaignes, affin de sçavoir leur intention, et pour quérir avecques eux la reddition dudit chastel. Mais leurs demandes furent tant grandes et hors de raison, que riens n'y peulrent besoingner. Monseigneur le grand-maistre, qui lors estoit au Quesnoy, s'entendit aulcunement avecque lesdits hacquebutiers; et quand vint le mardi ensuivant, environ noef heures du matin, il fit partir de sa garnison de quatre à cinq chevaliers, sous la conduite de monseigneur de Montfaucon; et estoient en sa compagnie le seigneur de Saint-Marcel, Flocquet de Saint-Conrard, le grand Bertrand, et autres compagnons de monseigneur, lesquels avoient fait charger louchets, pelles et picques pour pionner, se mestier estoit. En peu de temps se trouvèrent au pont à la Huyne; et par l'advantaige qu'ils eurent d'aulcuns navires chargés de bois, ensemble les huis et fenestres qu'ils prindrent aux villaiges, ils passèrent le pont, vingt lances seulement, et se trouvèrent devant Harcies, où aulcuns d'eulx, en moindre nombre que ceulx de devant, entrèrent au chastel et parlementèrent ensemble, environ deux bonnes heures.

Quant Philippe, monseigneur de Clèves, et Jacques Galliot, furent advertis que François estoient sur les champs, ils assemblèrent les compagnons des gens de guerre de Vallenchiennes, et vindrent ce jour, environ deux heures et demie, en très belle ordonnance; premier Jacques Galliot et sa compagnie, puis cent archiers d'Angleterre, tous piétons, desquels estoit capitaine Thomas d'Aurican; les picquenaires en suivant, que conduisoient Anthoine de Sains et Glaude de Zucre, comme hacquebutiers de Vallenchiennes; et en la dernière bataille, Philippe monseigneur de Clèves, et sa compagnie, où estoient monseigneur de Duisant, le seigneur de Famars, le seigneur de Wargny, Anthoine son frère, Rondelet et plusieurs gentilshommes, compagnons adventuriers et bien montés.

Ce temps pendant, François se tournoient à Crespin, surattendant que les vingt lances et leurs parlementaires eussent repassé le pont. Ils avoient leur guet sur les champs; mais la neige chéoit si espesse et drue, qu'ils ne povoient appercevoir l'armée des Bourguignons, de laquelle il entra partie à Crespin, ains qu'ils le peulrent noncer à leurs gens. Quand François se sentirent approchés, ils se mirent en belle ordonnance, selon la faculté du lieu, et eslevèrent un merveilleux cry. Tous archers Bourguignons se mirent à pied, lesquels firent très bon debvoir, souverainement les Anglois; leurs flesches voloient aussi dru que la neige. Jacques Galliot fit donner là dedans. Allemans, d'aultre costé, déchargèrent leurs bastons et leur firent grand grief. Ce jour, le ciel et la terre guerroyoient les François; car tout à une heure, Dieu neigeoit, Anglois gresilloient, et Allemans pierrioient, tellement qu'ils ne peulrent soustenir le faix; car sans quelque perte de Bourguignons, sinon de cinq ou six navrés, ils furent rompus et mis en desroi; et furent les uns occis et noyés, les aultres pris et mis en fuite, dont plusieurs furent navrés, qui moururent sur les champs. Conrard fut tué ès mains de Rondelet, auquel il voloit bailler la foy. Il avoit renommée d'estre assez vaillant de son corps. Le seigneur de saint Marcel se mucha quelque part, puis revint trois jours après au Quesnoy. François perdirent en ce dur rencontre, tant morts que prins et noyés, environ six-vingts hommes; et eussent eu plus grand meschief, se la nuict ne feut venue si tost. Ce soir rentrèrent en Vallenchiennes Philippes, monseigneur, Jacques Galliot, et toutes les compagnies, avecques prisonniers, cornettes, armures, chevaux, brigandines, despouilles de morts. Tel y alla mal adoubé, lequel revint à cheval bien monté.

Aultres très clères et haultes proesses de grand renom ont été achevées en autres quartiers et places à l'honneur de la maison de Bourgoigne, lesquelles je tiendrai en silence jusques à ce que je me polrai trouver ès lieux où les exploicts en ont été faits, pour enquérir la vérité.

CHAPITRE XLIX.

Comment messire Frédérick de Witem, monseigneur de Barbenchou et Le Veau de Bouzenton ruèrent jus les François de la garnison de Chimay.

Quand le duc Maximilian, seul fils de l'empereur Frédérick, eut espousé la duchesse Marie de Bourgoigne, seule héritière et fille du duc Charles, que Dieu absolve! il print possession des pays non occupés des ennemis, lesquels il trouva plus embrouillés et persécutés que jamais n'avoient esté de nostre temps. Toutesfois, par le conseil très sage et prudent de ses haults et puissants parents, nobles, barons, vassaux et féables sujets, sans quelque rébellion, chascun lui fit obéissance; et estoit lors moult difficile chose de lui sçavoir bien saigment conduire à ce destroit et périlleux tempeste. Quand la mer est doulce et paisible, le josne marinier apprenti maine son navire à son choix; mais quand elle est felle, dure et cruelle, le saige patron de gallée y perd sens et entendement. Mais mon très auguste duc tout flouri en meurs, qui s'estoit eslongé de sa paternelle maison, très sacrée arche impérialle pour préserver nostre pauvre caraque bersauldée des tourbillons de Mars, vaucrant en flots de danger misérable, prudentement s'est conduict en ses faicts pour nous mener à bon port salutaire; et quant il fut délibéré de visiter ses bonnes villes marchissants sur frontières d'ennemis, fut honourablement accompagné, tant de nobles de Germanie, comme des marches de par deçà, et fit assembler une armée de treize à quatorze mille hommes, et fit son entrée en la ville de Lisle; puis en costéant les Tournisiens, vint à Douay, dont il print la possession; et en passant devant Bouchain, il se trouva dedans Vallenchiennes, où il fit les serments accoustumés; et fut reçu à grant joye selon la qualité du temps.

Advint, ès jours qu'il prenoit possession de la comté de Haynault, et sejournoit en sa ville de Mons, les François de la garnison de Chimay, accompagnés d'aulcuns aultres des marches prochaines, au nombre de six cents chevaliers et trois cents piétons, se mirent aux champs, sur intention de butiner, chemin faisant, la terre de Beaumont, et le pays à l'environ, soubs la conduite de Auréole et du seigneur de Mamie. Quand monseigneur de Barbenchon, messire Frédérick Witem et le Veau de Buzenton en furent advertis, ils assemblèrent deux cents et cinquante chevaliers, et environ trois cents piétons. Tant poursuivirent leurs ennemis, qu'ils les trouvèrent à Froide-chapelle hourdés de proie, et se rangèrent en bataille les uns contre les aultres. Les Bourguignons pesoient moult le faix, à cause que les François les excédoient en nombre, et redoubtoient beaucoup de joindre eux.

Mais messire Frédérick, pour leur donner un vif couraige, leur répondit : « Clignez les yeux; ne les » regardez pas; ils ne nous sont que bien à poinct. »

Chacune des deux compagnies avoit un ruisseau à passer, et chacune aussi le passa tout aussitost l'une que l'autre; et puis, sans guère marchander, ils donnèrent dedans ensemble. Messire Frédérick et le Veau chargèrent sur eux de bon hait, et aulcuns des François planèrent pour ruer jus archers et picquenaires. Mais monseigneur Barbanchon, qui les tenoit sur esle, et les avoit prins en charge, se conduisit tant honnestement que par eux mesmes Franchois furent desfaicts. Bourguignons, qui ne prendoient un seul homme, leur donnèrent la chasse, qui dura plus de deux lieues. Trois jours après ce dur rencontre, les femmes trouvèrent ceux qui fourèrent les buissons; si les ramenoient liés et bretequiés. Ils perdirent trente hommes morts sur le camp, deux chaînes de aur, soixante brigantines, deux cents cinquante prisonniers, et autant de chevaliers. Dont pour tesmoing de la victoire, messire Frédérick, qui grand honneur y acquist, présenta au duc d'Austrice lors estant à Mons, l'estendart d'Auréole et deux guidons, lesquels il avoit conquis à la journée; et dedans ledit estendart estoit figuré un loup qui estrangloit les moutons; mais ceulx que les François réputoient estre agneaulx, veaux et moutons, furent ce jour, par leurs prouesses, maistres et cruels loups felons.

CHAPITRE L.

Comment monseigneur le comte de Chimay par eschellement reprint la ville de Chimay sur les François.

Par l'incitation et pourchas de Jehan Gosset, du mayeur de Chimay, Jehan Robert, et aultres vrais Bourguignons, qui moult désiroient estre retirés de la captivité des François, et prospérer sous la main de leur seigneur naturel, monseigneur le comte de Chimay, de l'adveu et cognoissement de monseigneur le duc d'Austrice duquel il espéroit secours, sur cestui cas mit sus certain nombre de gens, sur intention de reprendre et reconquester par eschellement ou force d'armes la ville et chasteau de Chimay, occupé de ses ennemis; et eut en sa compagnie monseigneur de Boussu, monseigneur de Myngoval, monseigneur de Barbençon, monseigneur de Bievres, monseigneur de la Gruerie, Le Veau de Bouzenton, le bastard d'Auxi, Claude de Zucre, et autres nobles hommes et gentils escuyers de leurs familles et sequelles, jusques au nombre de sept à huit cents chevaulcheurs; lesquels, par une nuict de l'an mil soixante dix sept, se partirent de Beaumont, chevauchèrent parmi le bois, et se trouvèrent assez près de Chimay. Monseigneur le comte ordonnant ses affaires, pourveu d'engiens et d'eschelles convenables à son emprinse, fit mettre gendarmes à pied. La nuit estoit trouble et obscure, le vent assez dur et horrible, et estoit environ huict heures. A grand destroict passèrent gendarmes l'eau dessus une meschante planchette, et assez dangereusement. Quant ils furent hors de ce grand péril, ils dressèrent leurs eschelles à moins de noise que se povoit. Et pour donner empeschement à l'oye des ennemis, Jehan Robert, inciteur de ce voyage, leva aulcuns ventelles, desquelles l'eau dessous courant, causoit un très merveilleux bruit. Le Veau de Bouzenton conduisoit la première eschelle par la quelle monseigneur le comte, tost après les premiers montants, se trouva dessus les murailles. Guaires d'yeux ne faisoient le guet, tant pour la dureté du temps comme pour la nuit, qui lors estoit de grande récréation. Toutes fois, de prime venue, ils trouvèrent deux hommes, l'un dormant et l'autre veillant; le dormant estoit un bourgeois, et le veillant estoit François ambulant dessus les terres, lequel se rendit prestement Bourguignon, et, qui plus est, aida à surmonter les aultres.

Tantost après, monseigneur le comte et les nobles preux et vaillants, esprins d'un très grand hardiment, en petit nombre mais en grande volonté de bien besongner, se trouvèrent sur les creteaulx. Plusieurs qui le guet visitoient s'en apperceurent, tellement qu'ils esmeurent un gros effroi, en criant et sonnant alarme : voici Bourguignons! D'autre costé firent sonner par leurs trompettes à l'assault,

et ville gaigner, en criant : « Bourgogne! Chimay! »
Le capitaine Auréole s'estoit parti dès le matin a
tout sa charge de cent lances. Mais monseigneur de
Namur, ensemble ses trois frères, estoient demorés
en garnison, en nombre environ de cent lances;
desquels aulcuns estoient au chasteau, et les aultres dedans la ville, pour souper et faire grand
chière. Au cri des hommes, aux pleurs des femmes, au son des armes et resveil des trompettes,
furent François, ainsi que tout jours sont, prompts
et prests et très delligents de pourveoir à leurs
deffenses; et Bourguignons d'autre costé, qui
n'avoient un seul lieu de refuge, firent aussi
très grand debvoir de parachever leur emprinse;
tellement que ces deux parties, barbe à barbe,
et front contre front, se rangèrent sur le marché.
Et lors monseigneur de Chimay, l'exemple et
le patron de éloquence, par son très doux et
armonieux langaige, rendit couraige à ses leaux
amis, et leur pria ung chacun de bien faire; et fit
chevalier de sa main Charles de Reubempré, seigneur de Bievres. Francois, ainsi que petits tigres,
furent lors forts et courageux; et Bourguignons,
comme lions fiers et forts, chargèrent sur iceulz,
François chargèrent sur Bourguignons qui soustindrent ung pesant faix; et Bourguignons rompirent François tellement, qu'ils furent deffects.

Bref, par la sage conduite de monseigneur le
comte, et la vive proesse de ses biensveillans, parchonniers à son adventure, la ville fut gaignée, et
les François vaincus; dont trois Bourguignons,

demeurèrent morts sur la place; les aultres furent prisonniers; et le demourant, qui mieux mieux, se sauva dedans le chasteau; et perdirent chevaliers, harnois, armures et tous aultres biens.

Quant monseigneur le comte de Chimay eut reconquis sa propre forteresse et ville, désirant poursuivre sa bonne fortune, il volt assiéger le chasteau dedans lequel estoient le seigneur de Namur, vingt et deux nobles François et aultres de petit tat, qui gectoient de mortiers et aultres engiens sur lesdicts Bourguignons. Et de faict, pour continuer son emprinse et avoir hastif secours, manda ces nouvelles à monseigneur le duc d'Austrice; mais à ceste heure, gendarmes estoient tant occupés au ravitaillement de Douay, qu'il ne peult avoir quelque aide ne de ceulx mismes qui promis lui avoient. Néantmoins messeigneurs de Croy, de Ligne et de Chanteranne, avec soixante chevaliers seulement, se acheminèrent pour venir celle part; mais si petit nombre de gens ne lui povoit guaire aider. Quant Jehan de Longchamps, qui estoit arrivé au camp avec trois cents Namurois, veit que autre secours n'y avoit, il retourna hastivement. Ceux du chasteau, diseteux de vivres, faisoient de nuict aulcuns feux aux François; et les François, en habits descongneus, s'entremesloient avecques les Bourguignons, portans pain et chair et escharpe. Si furent prins avec ces vivres; et confessèrent plainement que Auréole et aultres capitaines de France, venoient à bien grosse armée pour secourir les assiégeans. D'aultre part, plusieurs Bourguignons plus affectés au butin qu'au hutin, se partoient secrètement, hourdés des bagues des François; et se tiroient en leurs marchés. Parquoi le comte de Chimay considérant ces choses, que nul secours ne lui devoit apparoir, et se véoit abandonné de ceulx qui aider le debvoient, le douziesme jour de janvier retourna devers son prince.

CHAPITRE LI.

Comment le duc d'Austrice Maximilien fut faict chevalier, et tint la feste et solemnité de la thoison-d'or en sa ville de Bruges.

PENDANT le temps que monseigneur le duc d'Austrice prenoit possession des pays de Hollande et de Zelande, environ Pasques, l'an mille quatre cent soixante et dix huit, où il sejourna l'espace de cinq à six sepmaines, pour pacifier les ruyneuses contentions des Houlx et des Cabeillaux, grandes préparations se faisoient en la ville de Bruges, pour célébrer la feste et solemnité de la Thoison-d'Or, desquelles estoit principal conducteur, messire Olivier de la Marche, son conseiller, chamberlan et premier maistre d'hostel.

Pour laquelle feste entretenir, furent appelés à certain jour dénommé les très haults et très puissants roys, princes, barons et chevaliers de l'ordre; et envoyés plusieurs hérauts et officiers d'armes en divers royaulmes et provinces, mesmes ès métes françoises, où résidoient alors aucuns de ces chevaliers, les uns détenus prisonniers, les anltres alliciés de belles promesses. Pourquoy les dits héraults n'y proufitèrent guerre; ains furent d'aulcuns François pillés, battus, emprisonnés, et durement traités. Car le roy Loys donnoit à entendre qu'il tiendroit mesmes la dicte feste comme chef et souverain de l'ordre, à cause de la ducié de Bourgoigne, qui lui est nouvellement eschue par la mort du duc Charles, que Dieu absolve! et aussi pour ce qu'il avoit, du commenchement et en son command, plusieurs chevaliers de la Thoison, comme messire Jehan de Noefchastel, messire Phelippe Pot, messire Phelippe de Crevecœur, messire Jacques de Luxembourg, monseigneur le bastrad de Bourgongne, et messire Jehan de Damas.

Nonobstant toutes ces romptures, monseigneur le duc d'Austrice, persévérant virilement en son salubre propos, tant pour forger nouvelles alliances à son principe et nouvel advenement, que pour nourir en union et parfaicte amytié salutaire, les nobles cœurs et chevaleureux personnages de son hostel, délibéra de susciter et entretenir icelle confraternité, alors tirant à ruyne et lamentable désertion, par les horribles et fières guerres que machinoit le roy de France contre la maison de Bourgogne.

Et au milieu de la croysée de l'église de Saint-Salvator en Bruges, fut fait ung hourd, grant, spacieux et richement paré. Et le dernier d'apvril, jour de l'Ascension, an avant dist, messeigneurs de l'Ordre, qui lors estoient en petit nombre, c'est assavoir: monseigneur de Lannoy, monseigneur de Ravestain, monseigneur de la Grutusse, monseigneur de Chimay et monseigneur de Nassou, se trouvèrent en l'hostel de monseigneur le duc d'Austrice; et de là, environ dix heures au jour, envoyèrent en la dicte église sur un coursier couvert de velours noir, le colier de la Toison, lequel reposoit sur un quarreau de mesmes; et fut par honorable cerimonye mis en un siège, au dextrelez sur le dict hourd. Et tantost vindrent plusieurs officiers d'armes, trompettes, rois et héraults richement vestus; ensuite les officiers de ladicte ordre Thoison subdict : le hérault, le greffier, le trésorier, le chancellier, messeigneurs de l'Ordre, l'escuyer d'escuyrie portant l'espée ducale, et monseigneur le duc d'Austrice, lequel avoit siége noblement paré à la senestre dudit colier; et chacun d'eux montés sur le hourd, prindrent place selon leurs degrés et pertinences. Silence imposé au peuple, très reverend père en Dieu, monseigneur l'évesque de Tournay, chancellier de l'ordre, commenca en latin une très belle oraison, et print son themme *Dominus tecum, virorum fortissime*; Juges, vers. 60, *très fort entre les hommes, le Seigneur est avec toy;* en laquelle, en très élégant stile, récita comment ceste amyable ordre et confraternité, au fulciment de nostre foy catholique, et dévotion de noblesse vertueuse, avoit esté premièrement instituée en

Bruges, en l'an mil quatre cent trente et un, par feu de généreuse mémoire, monseigneur le duc Philippes, lorsqu'il célébra la solemnité de ses nopces, et espousa madame Isabelle, fille du roy de Portugal, tante à la mère du duc d'Austrice present, emperière pour lors regnante.

Récita parcillement ledit chancelier, comment ladicte Ordre avoit éte exaltée magnifiquement par le duc Charles, que Dieu absolve, et augmentée de trois roys les plus puissans de chretienté, le roy de Castille, le roy de Naples et le roy d'Angleterre. Et en recommandant la générosité, beauté, prudence, science, mœurs et vertus louables du duc d'Austrice, par très humbles prières, persuadoit ledit duc de susciter ledit ordre et en estre chef et souverain; car à luy seul appartenoit comme successeur et vray serviteur, à cause de madame Marye de Bourgongne, son espouse, unique fille du duc Charles.

A ceste oraison respondit le duc par la bouche de messire Jehan de la Bouverie, son président, disant, entre les aultres choses, que en l'honneur de Dieu, pour la protection de la foy catholique et exaltation de nobilité chevaleureuse, et en ensuivant le salubre propos de ses nobles prédécesseurs, il s'offroit de faire tout ce qu'il appartenoit à recevoir le dict ordre. Et ce fait, print l'espée que tenoit son escuyer d'escuyrie, et la présenta à monseigneur de Ravesain, qui le fit chevalier devant tout le peuple. Et lors fut faict grand resjouis-

sement de trompettes et clarons qui là furent présens. Le duc, ensemble les chevaliers de l'Ordre, descendirent du hourd et entrèrent en la trésorerie du Saint-Salvator, et le vestirent d'un mantel de velours cramoysi, et d'un chaperon à bourreau de mesme, pareil à leurs vestures, puis montèrent sur le dit hourd; et monseigneur de Lannoy, comme le plus ancien des confrères, print ledict collier et luy mit au col en disant ces parolles : « Très hault
» et très puissant prince, pour le sens, preud'-
» hommie, vaillance, vertus et bonnes mœurs
» que nous espérons estre en vostre personne,
» l'Ordre vous reçoit en son amyable compagnie ;
» en signe de ce je vous donne le collier d'or.
» Dieu doint que le puissiez porter à la louange
» et augmentation de vos mérites. » Dont monseigneur le duc baisa ses frères l'un après l'aultre.

Ce faict, descendirent de rechef du hourd, et entrèrent au choeur; et print chacun lieu convenable à son dégré; car dedens ledit choeur estoient pourtraictes en riches tableaux et honourablement assises sur les fourmes, les armes, noms et tiltres des frères de la Thoison, tant des présens et absens vivans, comme de ceux qui estoient trespassés puis la dernière feste, qui s'estoit tenue en Vallenchiennes, l'an mille quatre cent soixante et treize. Sur la couverture du premier tableau, au costé dextre, soubz lequel tenoit son lieu monseigneur le duc d'Austrice, estoient figurées les armes et tiltres du duc Charles que Dieu absolve! commenchant: Charles, par la grace de Dieu, duc de Bourgogne, etc., est trespassé. Plusieurs nobles courages, tant vassaux comme léaux serviteurs et subsects au très illustre, duc fondirent en larmes en regardant ce très douloureux mot *trespassé* ; car tant l'aymoient et de si bon cœur, que à dur donnoient credence à sa mort pitoyable.

Au fond dudict tableau estoient les armes et nom du duc d'Austrice, qui estoit intitulé: très haut et très puissant prince, Maximilien, par la grâce de Dieu, archiduc d'Austrice, duc de Bourgongne, de Lothier, de Brabant, de Stire, de Carinte, de Carniole, de Lembourg, de Luxembourg et de Gueldres; comte de Flandres, de Thirol, d'Arthois, de Bourgogne; palatin de Haynault, de Hollande, de Zélande, de Namur, de Zutphen; marquis du saint-empire; seigneur de Frise, de Salms et de Malines, etc.

Au mesme destre côsté en suivant, par ordre, estoient titulés en lettres d'or, au-dessus de leurs armes, très hault et très puissant prince Jehan, par la grâce de Dieu, roi d'Arragon et de Navarre; très hault et très puissant prince Ferrande, par la grâce de Dieu, roy de Naples; Anthoine de Croy, conte de Portien, trespassé; Jehan de Meleun, seigneur d'Anthoing; Jehan de Neuf chastel, seigneur de Montagu; Phelippe Pot, seigneur de la Roche, de Nolay; Loys de Bruges, conte de Vincetre, seigneur de Gruthuse, prince de Steen-Huyse; Phelippe de Crevecœur, seigneur des Cordes; Jacques de Luxembourg, seigneur de Richebourg; Jehan de Damas, seigneur de Clessy; Loys de Chalon, seigneur de Chasteau-Guion, trespassé; Phelippe de Savoye, conte de Baugey, seigneur de Bresse; Jehan de Reubempré, seigneur de Bièvre, trespassé; Phelippe de Croy, comte de Chimay, vicomte de Honges, seigneur de la Bove; Jehan de Luxembourg, conte de Marle, trespassé,

Au lez senestre dudict chœur, estoient armoyés et titulés en lettres d'or: très haut, très puissant prince Edouart, par la grâce de Dieu, roy d'Angleterre, seigneur d'Irlande; très haut, très puissant prince Ferrand, par la grâce de Dieu, roy de Castille, de Léon et de Sécille, prince d'Arragon; Jehan duc d'Alenchon, comte de Perche, trespassé; Simon de La Laing, sieur de Montigni, trespassé; Jehan, seigneur et baron d'Auxi, trespassé; Henry de Borselle, seigneur de la Verre, comte de Grand-Pret, trespassé; Regnault, seigneur de Brederode, trespassé; Jehan duc de Clèves, comte de la Marche; Jehan, seigneur de Lannoy; Anthoine, bastard de Bourgogne, comte de la Roche en Ardennes; Adolf de Cleves, seigneur de Ravestain; messire Adolf de Gheldres, trespassé; Ghuy de Brimeu, seigneur de Humbrecourt, comte de Meghes, trespassé; Englebert, comte de Nassou et de Viane, seigneur de Breda.

Monseigneur d'Austrice, ensemble ses frères résidens en leurs formes, armoyées comme dist est, ouyrent messe solennelle, celebrée par monseigneur l'evesque de Tournay, à laquelle le duc alla à l'offrande; et fit chevalier de sa main, messire Jehan de la Bouverye, seigneur de Wiere, president et chef de conseil. La messe dévotement ouye, le duc retourna en son hostel.

Ce mesme jour après diner, les chevaliers de l'Ordre s'assemblèrent à l'hostel du duc; et en très noble ordonnance, riche sumptueuse, et qui moult resjouyssoit le peuple, allèrent de rechef ouyr vespres à Saint-Salvator; les officiers de l'Ordre, le duc et ses frères habitués comme dict est. Et le lendemain, premier jour de mai, qui escheuit par vendredi, fut célébrée la solemnité de la Thoison en ladicte église, où le duc et ses chevaliers se trouvèrent de bonne heure. Monseigneur l'evesque de Tournay, chancellier de l'ordre, chanta la messe; et quant vint à l'offrande, Thoison-d'Or, roy d'armes de l'Ordre, se trouva devant la forme du duc d'Austrice, et l'appela en disant : « très hault et très puissant, etc.; venez offrir. » Et lors le duc offrit denier d'or, et fit chevalier de sa main messire Michel de Trany, baron; messires Bertremieu et Tranberg, barons tous deux d'Allemagne, et messire Colart de Halu, Walon.

Thoison-d'Or appella pareillement le roi d'Angleterre en disant : « très hault et très puissant, etc.; « venez offrir, ou procureur de par vous ». Et lors monseigneur de la Gruthuse offrit pour le roi d'Angleterre; monseigneur de Chimay pour le roi de Naples; monseigneur de Ravestain pour le roi de Castille; monseigneur de Lannoy pour le roi d'Arragon; monseigneur de Nassou pour monseigneur de Bresse; et pareillement fut faict pour les autres absens. Et pour ce qu'aulcuns chevaliers dessus nommés tenans le parti du roi de France, ne estoient venus ne comparus en personne ne par procureur à ladicte feste, jà-çoit ce que suffisamment y fussent convoqués et appelés; toutefois quand Thoison-d'Or se trouva devant les armoyries et siéges, il fit intimation honorablement; et sans mot dire, passa oultre.

Le offertoire paraccompli, monseigneur l'évesque de Tournay fit une très dévote et saincte predication, plaine de très belle doctrine, à l'utilité du souverain de l'Ordre et de ses frères, qui pour la tuition de la foic atholique étoient appellés en ceste chevaleureuse et amyable société; et print en son themme *Ecce quàm bonum et quàm jucundum*, etc. Voyci combien c'est bonne et chose joyeuse que les frères habitent en un.

La messe parfaicte et la benediction donnée, le duc et ses frères retournèrent en son hostel, auquel étoit préparé magnifique diner; et furent servis de plusieurs metz, tant riches et sumptueux que merveille.

Ce jour, habitués de manteaux noirs et de chaperons de mesmes, allèrent en très noble ordonnance ouyr les vigilles de mars en la dicte église; et le lendemain se trouvèrent à la messe, et présentèrent l'offrande plusieurs cierges armoyés des armes des chevaliers ses confrères et compagnons trespassés de ce siècle, entre lesquels monseigneur le duc d'Austrice offrit pour monseigneur le duc Charles, cui Dieu pardoint!

Le duc retourné en son hostel, ensemble ses frères et compagnons, célébrèrent et tindrent honourablement le chapitre de l'Ordre; et furent parfaictes les cerimonyes à ce accoutumées bien solennellement. Ce mesme soir de la procession de Bruges, deslogea le duc d'Austrice à toute diligence; se vint loger à Escloz; et tira vers Mons, où il assembla son armée pour résister aux entreprises du roy tenant le siége devant Condé.

CHAPITRE LII.

Comment, pendant le temps que monseigneur le duc d'Austrice tenoit la feste de la Thoison en la ville de Bruges, le roy de France tenoit siége devant la ville de Condé.

Jà-soit ce que la ville de Condé fust toute desmolie par feu de meschief, avec plusieurs menus desplaisirs et grands brouillis qui jour et nuict la travailloient; toutes-fois, pour une petite ville, elle estoit assez felle et fière, et menoit tous jours bonne guerre aux ennemys de la frontière, souverainement aux garnisons de Tournay et de Mortaignes, qui la coeillirent en hayne. Plusieurs moyens quirent François pour la tirer à leur cordelle; l'une fois par doulces promesses, l'aultre par dures menaces.

Mais sans estre corrompue par beau parler ou faux semblant, demoura léalle et entière.

Quant ils perceurent que fallace ne les povoit seduire, ils marchandèrent à un gentilhomme, nommé Jehan Persot, qui leur vendit ladicte ville pour certaine somme de deniers, et debvoit bouter ens les dicts François par le chastel; mais le secret fut ouvert de bonne heure; et fut trouvée lettre de la vendition sur ledict Persot, ains que la marchandise peult estre livrée.

Advint d'aultre part que monseigneur du Lude, lieutenant du roy, se tenoit à Tournay; et envoya ce jour du vendredi sainct un hérault à Condé, avec certaines lettres de sa main, contenans comment il avoit pleu au roy de luy donner, avec la terre de Leuse, celle de Condé, et estoit son vouloir que les Bourguignons et manans de celle envoyassent leurs députés vers lui pour traiter ceste matière, et pour lesquels il envoyoit saulf-conduits; et comment plusieurs fois il les avoit faict sommer de rendre la ville, et de faict les sommoit une foys pour tout; et se deffault avoit en eux, il la feroit delapider, mettre en flamme et ruer par terre. Lesdicts Bourguignons et manans luy mandèrent pour toute responsse comment ils estoient tant empeschés à faire leurs flans pour les Pasques, que entendre n'y povoient à ses sommations. Toutes fois s'employèrent d'avoir Condé à toute force; et leur sembloit que plusieurs biens povoient arriver en leur ville par la rivière de l'Escault, qui couroit de l'une à l'aultre.

Si donnèrent à entendre au roy que Condé estoit quasi l'armaire au pain des Vallenchiennois; et que s'ils perdoient une telle nourrice, ils seroient comme assiégés; et que par la prinse de Condé, qui moult leur desplaisoit, il parviendroit de loger à Vallenchiennes, que beaucoup désiroit; et donneroit le roy quinze cens riders pour furnir ceste emprinse.

Le roy, qui moult voulentiers entendit ces parolles, se résolut d'assièger Condé. Il feit préparer son armée, monter ses gendarmes, abillier ses francs-archers, charger ses engiens, marcher ses batailles, et descendit à grande puissance en la ville du Quesnoy, qui pour lors tenoit son parti. Il cherchoit tours et moyens les plus convenables pour parvenir à ses intentions. Et pour ce qu'il estoit expédient que ses engiens et la plus part de son armée passassent par le pont à la Hayne, il se mist au-dessus du chastel de Harchies, et traicta tellement avec les hacquebutiers qui l'avoient emblé par cautelle, qu'ils le rendirent en sa main.

François se trouvèrent devant le chastel de Ville, fort à merveille, appartenant à monseigneur de Fiennes. Ils firent semblant de l'assaillir; le bastard de Ville qui l'avoit en garde avec aulcuns paysans, le vendit pour un mieulx au bastard de Floyon, et ceux qui dedans estoient se retirèrent en la ville de Mons. Dedans le chastel de Bernissard se tenoit un homme de guerre, nommé Prudence, parent à Jacques Galliot, lequel sentant la venue du roy, pilla ledict chastel, avec aulcuns Italiens qui tost boutèrent le feu ens.

Ce mesme jour, par un mardy vingt-huit d'apvril, environ quatre heures après midy, an soixante-dix-huit, le siège fut mis devant Condé. Tournisiens arrivèrent par eau à grande puissance de gens, d'artillerie et de vivres.

François applouvoient de tous costés, amenans grant charroy, qui affutèrent de prime venue un courtaulx et deux serpentines, dont ils saluèrent les assiégés, desquels trois hommes d'armes saillirent aux escarmouches qui vivement furent recueillis des assiégeans, puis rentrèrent en leurs portes et se mirent en leur deffense. Dedans Condé estoit en chef monseigneur de Myngoval, madame de Condé, le seigneur de Condé et le seigneur de Fresne, ses enfans, les bastards de Condé et de Fresne, avec environ vingt-cinq lances de gentils compaignons, et quatrevingts hacquebutiers; et estoient en tout environ trois cens combattans.

Le mercredi ensuivant, le roy deslogea du Quesnoy avec sa puissance; et en tirant vers Condé, assiégea le chastel de Montreul-sur-le-Hayne, appartenant à monseigneur de Lignes. Il fit horriblement battre le dongeon du chastel et mettre ses gros engiens devant la porte. Ils estoient dedans environ quarante compaignons; lesquels, voyans que à la longue ne poroient tenir serré, se rendirent, corps et biens saulves. Aulcuns d'eux furent menés devant Condé comme prisonniers, ce mesme jour, pour en faire monstre aux assiégés, affin que plustost s'inclinassent à reddition. Mais ceci ne les amollit guères, ains furent plus corageux. Car quand vint après disner, environ deux heures, un gentil compaignon nommé Baudon, le bastard de Condé et aultres gentils-hommes de l'hostel du conte de Romont, avec vingt aultres gens de guerre, esprins de grande hardiesse, se boutèrent en une tuoire, vers la porte Raimbault, et descendirent par une eschelle assez estroitement. Si firent une saillie sur les François, lesquels ils trouvèrent en desroy; ils chargèrent sur eux, prindrent marteaux pour serrer leur engiens, et saisirent aulcuns pavois de leurs ennemys, lesquels ils apportèrent en la ville pour enseigne de leur emprinse, et rentrèrent sans quelque perte.

De ceste saillie furent François moult admirés; et cuidèrent lors avoir affaire à gens plains de grande prouesse et hardement.

Le roy fit ordonner son siége, faire trenchis, affuter engiens, tendre pavillons, et besongner chacun à son appartenir; et s'estendoit son ost depuis la maladrie de Condé, où le roy se tenoit jusques au bois.

Le seigneur de Moy, accompaigné de huit cens lances, se tenoit d'aultre costé, vers Fresne, affin que nul secours ne venist des Vallenchiennois. Et estoit l'armée du roy estimée à plus de vingt mille hommes.

Le roy, à toute diligence, fit battre la ville de Condé de quatorze gros bastons courtaux et serpentines, entre lesquels estoit le Doyen des pères, et le Chien d'Orléans. Horrible chose et la plus espouvantable de jamais, d'ouyr ce fouldroyant orage, qui dura jour et nuit l'espace de vingt-huit heures continuelles. Ce hideux tonoire fut ouy jusques auprès de la ville de Bruges, où le duc d'Austrice célébroit la feste de la Thoison-d'Or.

Bruges doncques et Condé estoient diversement partyes aux biens de fortune à une mesme heure; car Bruges s'esjouyssoit de la feste, et dansoit au son des bedons; Condé s'anoyoit du tempeste et trembloit au son des canons; Bruges reposoit en paix, qui dormoit avec son amy; Condé labouroit en ses faicts, qui resveilloit son ennemy; Bruges, très riche, estoit en fleur, arrière des mortels périls; Condé, très povre, estoit en pleurs auprès des mauvais esprits; Bruges bruyoit sans nul soing entre vassaux plains de paresse, et Condé couroit aux assaults par besoing pour quérir prouesse, qui fut bersault aux bombardeurs de France, et soustint trois jours et trois nuicts la puissance du roy Loys.

O vous les bonnes villes fortes, fortes de gens, d'argent et de murailles, que doubtez-vous la puissance françoise! vous voyez comment celle povre petite villette, moindre que ne sont vos faux-bourgs, et quasi de nulle reputation, se deffend d'un très grand courage, si que jamais blasme n'y poell avoir, et vous tremblez en grosses tours espesses, plaines d'engiens, de souldars et de vivres ! Et ne faictes doubte que si Condé eusist eu secours suffisant en temps dû, nonobstant puissance réalle, elle seroit encores droicte. Mais un discord assez fel s'estoit lors engendré entre le seigneur de Myngoval et Jacques Galliot, qui tenoit Vallenchiennes soubz bride; pourquoy la povre malheureuse fut de tous poincts habandonnée, et ne povoit avoir subside de ses voisins, qui le plaindoient. Toutes-fois elle se deffendit vigoureusement, selon sa petite puissance; et à grande diligence réparoit de fagotz, de terre et de fiens la muraille abbatue. Le roy fit tirer ses engiens sur la porte Raimbault, et promit mille escus à ses canonniers, moyennant que en dedans le vendredy vespres elle seroit rasée et demolie. Tant fut battue de gros engiens et continuellement bersauldée ceste malheureuse porte, qu'elle trebucha de haut en bas, remplit les fossez et tollit l'eaue aux assiégés. Lesquels, voyants ce périlleux dommage, furent tristes et esbahis. Les hacquebutiers de Condé, pour une espace de temps, firent un grant et merveilleux debvoir. Mais un Allemant de l'ost du roy, qui aultres-fois avoit esté capitaine à Huysse, nommé Muysebacq, parlementa avec eux à telle heure, que oncques puis ne firent beau faict; et estoient fort travaillés de sommeil, pour le labour continuel. Pendant le temps de ceste angoissieuse baterie, fit le roy dresser un char de bois grand et spacieux, par lequel il povoit venir tout au couvert et à grande compagnie jusques au bord des fossés de la ville ; lors les assiégés perdirent grande part de leur hardy courage. Environ soixante paysans se emblèrent de leur garde et vuidèrent par l'escluse, et aulcuns aultres saillirent par-dessus les fossés. Allemans doubtoient l'assault ; madame de Condé estoit fort espantée, qui moult craindoit à perdre ses enfans. Parquoy de légier s'enclina à faire appoinctement au roy, combien que paravant avoit en ceste affaire courage d'homme, sans monstrer signe d'espovantement, ains vocquoit chascun à deffense. Hacquebutiers pareillement furent de ceste opinion. Le seigneur de Myngoval ne s'i vouloit nullement condescendre, et leur pria beaucoup de reprendre courage, et de parbouter oultre honnestement le pesant fardeau que vaillamment avoient soustenu. Rien n'y valut, prière ne requeste : ils lui dirent, que touchant leur part, ils avoient traicté au roy ; et touchant la sienne, bien lui en venist. Et tantost Jehan-le-Cat commença à parlementer de la reddition ; et devalèrent les médiateurs par la muraille, et allèrent parler au roy qui se tenoit ès fossez d'emprès la porte Raimbault, accompagné du seigneur d'Angoulesmes, de Beaujeu, ou Lude, de messire Philippes de Crevecœur et aultres grans barons de France. Il fit convenir le seigneur de Myngoval en sa présence, et lui dist : « Seigneur de Myngo- » val, il est en nous de faire de vous nostre vo-

» lunté. — Il est en vous, chier sire, respondit le
» seigneur ; mais je tiendray tousjours léalement
» mon party. » Le roy perçut qu'il n'estoit pas à
corrompre par paroles. Il ploya à son aise ler
bastards de Condé et de Frasne, Anthoine Gallet
et aultres, qui luy firent serment.

Ainsi se rendit Condé par appoinctement au roy
de France, le vendredi premier jour de may, an
dessus dict, à quatre heures après disner, par tel
si, que le seigneur de Myngoval, la dame de
Condé, ses enfans, les Allemans, et ceux qui vouloient tenir ce party s'en iroient, saulve leurs
corps et leurs biens.

Ceste nuict coucha le roy en sa tente, et François entrèrent en Condé, qui ne firent quelque
desroy ; mesmes Bourgoingnons demourèrent paisiblement en leurs logis, lesquels lendemain vuidèrent par saulf-conduit avec leurs bagues et tirèrent vers le duc.

Le roy fut grandemment esmerveillé ; si furent
tous ceux de son ost, comment si petit nombre de
gens avoient si longuement tenu et monstré si
hardy courage contre si grande puissance ; et demandoient souventes foys se plus n'en y avoit,
car ils esperoient trouver par milliers ce qu'ils
trouvoient par cens. Et toutesfois les Bourgoingnons n'avoient perdu pour tout le siége que dix-
huit hommes de guerre et une femme.

Le roy ensuite ouyt messe au vieux Condé,
où il donna mille francs pour fonder chascun jour

de l'an une messe perpetuelle. Les chanoines de Condé en receurent le denier. Le roy entra ung jour dedans la ville par la posterne du chasteau, et sans visiter l'esglise de Nostre-Dame, s'en alla à l'hostel du plus povre pescheur de Condé, qui guères ne se doubtoit d'avoir tel hoste. Mais oncques ne coucha en la ville.

François tindrent les habitans paisibles autant que le roy y sejourna, lequel y mit très grosse garnison; et firent, à l'ayde des Tournisiens, plus de reparations de bastilles et de fortifications en un mois que les Bourguignons n'en avoient faict en un an. Et jà soit que le roy à son partement eusist promis d'entretenir les habitans d'icelle qui vouloient tenir son party en paisible union, sans quelque violence, toutes fois, quant vint la nuict de Penthecouste ensuivant, environ deux heures, les capitaines d'icelle firent crier de par le roy, à son de trompe, que tous les habitans et manans, hommes, femmes et enfans, de quelque estat qu'ils fussent, sur peine de la hart, vuidassent incontinent et sans délay hors de la ville, ainsi qu'ils estoient, sans rien emporter de leurs biens. Adoncques ceux qui cuidoient estre tous asseurés au lieu de leur nativité et espéroient demourer en leur propre héritage, furent forment troublés et esbahis. Les uns se departirent pour eviter la peine criminelle; les autres se appactirent et demourèrent gouvernés en tutelle.

CHAPITRE LIII.

Reddition faicte aux François d'aucuns chasteaux séans autour de Condé.

Ces nouvelles espandues par le pays de la prinse de Condé, aulcunes bonnes villes et chasteaux voisins, tenans le party de monseigneur le duc d'Austrice, furent en grand soucy. Toutes fois Vallenchiennes, la plus prochaine des aultres, à qui l'eau estoit tollue, ne s'en espanta de guères, ains avoit le cœur au hutin, et par semblant desiroit l'approche du roy, tant pour le saluer de traicts à poudre, que pour revider ses francs archers.

Mais aulcuns forts à l'environ estoient comme sus espines. Le chastel du Biez, appartenant au fils de madame la seneschale de Haynault, fille de monseigneur de Moy, fut avironné de Francois. Anthoine de Chivry, pour preserver la place d'estre bruslée, et saulver ceux qui retraicts y estoient, s'appensa qu'il le renderoit en les mains de Jacques de Moy, frère germain à ladicte dame, lequel, par l'octroy et licence du roy, le tint en saisine. Ceulx qui ne voulureut tenir son party s'en allèrent, corps et biens saulves.

Dedans le chastel de Briffoel se tenoit Anthoine de Moryames, lequel voyant ses voisins porter la croix droicte, et que nul secours ne se boutoit avant, fit charger tous ses biens, abandonna la place, et bouta le feu dedens.

Le chasteau de Ligne avoit esté fort menacé, tellement que Tournisiens luy avoient bruslé sa bassecourt. Toutefois en ce fel orage le bastard de Ligne se bouta ens, attendant toutes adventures, et ne fut plus avant adomagé.

Le chastel de Bellœil, appartenant à monseigneur de Ligne, fut fort desiré des François, qui le cuydèrent emporter soubdainement sans coup férir. Et de faict, le roy l'envoya sommer par un de ses héraultz. Montaigle, un gentil escuyer du chastel, en l'absence de monseigneur son maistre, avoit prins le chastel en garde; lequel, quand il sentit l'approche de cest officier d'armes, pour luy donner à entendre qu'il y avoit forte et puissante garnison, laquelle, à la vérité, estoit assés petite pour soutenir gros fai, fit armer tous souldarts, paysans et hacquebutiers, desquels aulcuns se monstroient aux fenestraiges, et les aultres l'accompagnoient pour ouyr la legation du herault; lequel de prime face adressa sa voix au capitaine, et luy somma de rendre le chasteau au roy de France. Montaigle respondit que monseigneur son maistre luy avoit baillié en garde, et que jamais à aultre ne donneroit la possesse, et estoit moult fort esbahy quel droit le roy y pretendoit avoir.

Quant le herault se veit servy de si dure et fière response, après plusieurs menaces et vantises entrejectées à la mode françoise, il brocha des esperons, et les hacquebutiers, par certain signe que Montaigle leur avoit donné, en un seul moment deschargèrent tous leurs bastons, desquels le herault respondit : « Je ne cuydois pas qu'en si petite » chapelle y eut si grosses orgues. »

Le chasteau d'Escambruges estoit abandonné aux François, qui le destruisirent par feu, après que les Tournisiens eurent bruslé tout le village.

Le chasteau de Boussu fut sommé des François. Monseigneur de Boussu, qui lors estoit avec le prince, l'avoit laissé en la garde de Jehan Gossart, accompagné de trente lacquais, avec aulcus bombardiers et paysans qui s'y estoient retirés.

Ledit Jehan Gossart alla parlementer à monseigneur de St.-Marcel, conducteur des François, tellement qu'au retour il descoragea ses compagnons, et leur dict : « Nous sommes tous perdus ; nous ne pou- » vons estriver contre l'aquilon. Nous aurons bon » appointement si nous voulons tirer de bon coller. »

Les paysans, doubtans plus grande puissance, considérans que la ville de Condé avoit povrement esté porvue à son extreme nécessité, et n'espéroient quelque aide hastive, s'enclinèrent de legier à traicter. Si rendirent la place, leurs biens et leurs corps saulves, sans rien emporter des bagues d'icelle.

Ainsi le seigneur de St.-Marcel se bouta ens pour les François, et Jehan Gossart feit serment au roy et suyvit son armée. Aulcuns des bombardiers gardèrent le chasteau, et les lacquais retournèrent vers madame de Boussu, qui povoient estre environ vingt huit; laquelle les entretint jusqu'à la revenue de monseigneur son mary.

La ville de St.-Guislain voyant Boussu son prochain voisin reduict en ce party, estoit en grand bransle. Et jà soit que Messire Jehan d'Imbresele, capitaine d'icelle, le reconfortast à son povoir, plusieurs qui la devboient garder s'en partoient secrètement; et se trouva ledict capitaine seulement accompagné à ce destroict de cinquante hommes; et ne fais doubte que si les François eussent poursuivi leur amyable fortune, elle estoit de légier prinse.

CHAPITRE LIV.

Rencontre des François, de Flamens et d'Anglois, au dommage des François.

Il advint en ce temps que aulcuns François de la garnison de Tournay et des places voisines tenans leur party, environ huit cents chevaliers, prindrent voulenté de faire une course en Flandres, où il y avoit plus à prendre que au povre pays de Haynault; et furent guydés par Jacques de Verchin, qui s'estoit tourné de leur bande jusques assez près d'Oudenarde; et coeillirent un gros butin aux villages à l'environ.

Quant Flamens sceurent ces nouvelles, ils se mirent sus à grande haste, et furent conduicts par Jehan d'Aisele et le Ghiest qui les tindrent en ordonnance.

Thomas d'Arrican, expert aux armes et très bon capitaine Anglès estoit lors en la ville d'Audenarde, qui avoit en sa compagnie quatre-vingt archiers et picquenaires flamens, environ de sept à huit cens. Si poursuyvirent leurs ennemys et les trouverent hourdés de proyes à Esghem, où ils se repaissoient.

Quant Flamens les apperceurent, ils chargèrent sus de bon hait. François feirent un grand alarme; lesquels de rien ne se doubtoient; et se tirèrent en un champ, cuidant ordonner leurs batailles.

Il y avoit une grosse haye derrière, contre laquelle Flamens se tapissoient qui les bersaudoient de flesches; et de ce traict peu les adommagèrent; ils estoient armés à la couverte; mais quant Anglès furent venus, ils les lardoient à tous lès, et blessèrent gens et chevaliers.

François abandonnèrent le champ où ils furent, par la prouesse tant des Anglès que de Flamens, rompus, desfaicts, et esgueulés. Picquenaires gardèrent le passage; et paysans abbatoyent gros arbres au travers des chemins. Se furent de tous poincts enclos. Les mieux montés qui purent saillir oultre, eschappèrent de ce cruel danger. D'aultres François de leur compagnie, qui s'estoient boutés en une esglise, vindrent à la rescousse. Mais quant ils virent leurs gens en ce poinct rués, leur courage leur faillit; et furent tellement espouvantés et desconfis que un seul Flamen, tout à son aise, emmenoit quatre prisonniers. En ce dur rencontre perdirent Anglès deux archers, et Flamens ung picquenaire; et lesdicts François perdirent le frère messire Meurice, qui demoura mort en la place avec quatre cens hommes, que tués que prisonniers. Adonc Flamens, joyeux et lies de leur bonne fortune, retournèrent en Oudenarde, où le guide des François fut executé sur la marche.

CHAPITRE LV.

Comment les chasteaux de Boussu et de Trelon furent reprins sur les François.

Après la prinse de Condé, couroit le bruict par le pays que le roy tiendroit son parcq à la Belle-Croix en Haynault, tant pour coupper les vivres aux Vallenchiennois, comme pour attendre et combattre les Bourguignons.

Monseigneur le duc d'Austrice, lors créé nouvel chevalier, honorablement aorné du collier de la Thoison-d'Or, comme chef et souverain de l'Ordre, désirant le salut du povre peuple et la protection de ses pays, mist main aux armes à toute diligence; et pour résister aux emprinses du roy qui journellement s'esforçoit de lui tollir son héritage, souverainement la conté de Haynault, où nul droit ne devoit avoir le dict roy, se tint une espace en la ville de Mons, où il assembla grande armée; et avec la noblesse d'Allemagne dont il estoit accompagné, il fut secouru et servi de haults et puissants seigneurs, messeigneurs le comte de Romont, le comte de Chimay, le comte de Nasso, le marquis de Bande, Phelippes, monseigneur de Ravestain, monseigneur de Bevres, monseigneur de Croy, monseigneur de Fiennes, messire Jehan de Luxembourg, monseigneur de Litrestein, Allemant, monseigneur des Pierres, monseigneur d'Arsi, monseigneur de Hames, messeigneurs Jehan de Berghe et Cornille de Berghe, monseigneur de Haubourdin, le bastard de Brabant, monseigneur de Montigny, monseigneur de Vernes, monseigneur de Ligne, monseigneur de Barbenchon, monseigneur de Myngoval, monseigneur de Boussu, le seigneur des Cordes, le seigneur de Fresne, monseigneur de Chanteraine, le Veau de Bouzenton, Jacques Galliot, Claude de Zucre, Salezar, Anthoine d'Oizi, et aultres haults et grands barons expers, preux et hardis aux armes; ensemble multitude de piétons Allemans, Suisses, Brabanchons, Haynuyers, Malinois, et bonnes villes, qui, de très bon cœur, s'employoient de servir et complaire à leur prince et dame naturelle.

Quant le duc eut faict son amas de bombardes, serpentines, mortiers, courtaux, et artillerie volant, pour reconquerre les places occupées par les François, il envoya monseigneur le comte de Romont, Philippe, monseigneur de Ravestain, et autres, avec quatre mille piétons Allemans et trois ou quatre serpentines; lesquels, esprins de très grande hardiesse, sans crainte de leurs ennemys, vindrent planter le siége devant le chasteau de

Boussu, et là furent deux ou trois jours battant les tours de traict à poudre.

Quant le seigneur de Saint-Marcel et ceux de son party se trouvèrent ainsi assiégés, voyans que nuls François ne s'approchoient pour leur donner secours ne ayde, considérans que l'artillerie du roy estoit repassée par le pont à la Hayne, et que la pluspart de son armée estoit retirée ès frontières voisines, ils se rendirent à la volonté de monseigneur le duc d'Austrice, saulves leurs vies. Se furent amenés en la ville de Mons, où ledict seigneur de Saint-Marcel fut long tems prisonnier au chastel. Allemans entrèrent au fort de Boussu, lesquels à la mode d'Allemaigne le voldrent tenir comme place conquise. Toutesfois monseigneur de Boussu, parmy quelques deniers qui leur furent donnés, en reprint la possesse.

Pareillement monseigneur le comte de Romont, Philippe monseigneur, messire Jehan de Luxembourg et autres, jusques à huit cents chevaliers, avec grand nombre d'Allemans et Suissers piétons, conduicts par mon devant dict seigneur de Romont, qui s'estoit mis de pied, une pique à son col, firent charger une bombarde à Mons avec aultres engiens vollans, et vindrent pour mectre le siége devant le chasteau de Trelon; et l'envoyèrent sommer par Fuzil, le herault de la Thoison-d'Or. Le seigneur de Havrech, qui en estoit capitaine pour le party du roy, le rendit par appoinctement. Ceux qui estoient dedens le rendirent, saulves leurs vies, et furent amenés prisonniers à Mons, et ledit siegneur de Havrech les fit delivrer ; se les mena en France. Les François qui tenoient le fort chastel de Ville, n'osèrent attendre le coup, et doubtèrent la puissance du duc d'Austrice ; se boutèrent le feu et bruslèrent la place, et Jacques de Moy rendit le bien à son nepveu, le séneschal de Haynault.

CHAPITRE LVI.

Comment, à la venue de monseigneur le duc d'Austrice à Crespy, les François doubtans le siége, habandonnèrent la ville de Condé et la bruslèrent.

Quant monseigneur le duc d'Austrice eut assemblé la plus part de ses gens, et faict son amas d'artillerie grosse et menue, de tentes et de pavillons pour tenir les champs, il envoya partie des Allemans à Crespy, où ils surattendirent sa venue ; et le lendemain deslogea de Mons, et fit son premier logis aux quesnes de Hornes, où Julius Cesar, comme aulcuns disent, avoit mené ses légions en l'obsession de la cité de Belges ; et de là arriva à Crespy à grande compagnie assez fière et dure, ayant grande voulenté de soy joindre à ses ennemis.

Le roy à celle heure avoit estoffé la ville de Condé, séante à une bonne lieue, d'une très forte et felle garnison, où estoient en chef le seigneur de Moy, son fils, le bailli de Tournesis-Auréole, et deux cent lances bien à poinct pour soustenir un gros assault. Nonobstant toutes leurs forces, si furent-ils en grand soucy, quand ils sentirent tels voisins logés si près de leurs frontières; et pensèrent bien qu'ils seroient salués assez durement. Dont, à ceste cause, monseigneur de Moy envoya Jacques de Moy son fils vers le roy, estant en Arras; lequel se jetta à genoux devant luy et luy feit remonstrance comment monseigneur de Moy son père l'avoit bien et léaulment servy, pourquoi il estoit fort ennuyé de ses amys et fort hay de ses ennemys. Et avec ce le duc d'Austrice à grande puissance estoit abordé à Crespy, qui deffendoit que nuls vivres ne povoient venir du Quesnoy aux Tournisiens ne passer parmy Condé, qui très grand besoing en avoit. Si prioit en toute humilité sa majesté royalle, que, de sa benigne grace, il pleusist regarder en pitié monseigneur son père et luy donner hastif secours.

Le roy qui tous jours veult saulver ses gens, et aymeroit trop mieux perdre dix mille escus que le moindre archier de sa compagnie, entendit ces humbles requestes; et jaçoit ce que son barbier et plusieurs aultres euissent receu la somme de huict mille francs pour ravitailler les dictes villes, il rescrivit au seigneur de Moy que, incontinent ces présentes vues, ils se partist de Condé, et fesist bouter le feu dedens.

Jacques de Moy, retourné à Condé, présenta ses lettres à son père, le seigneur de Moy, lequel, quant il les eut lues bien au long, il fut à demy consolé. Si pensa beaucoup comment il mettroit le contenu d'icelle à exécution.

Quant vint le mardi bien matin, deuxiesme de juing, il fit monter aulcuns de ses gens au clocher de la grande église et bateler les cloches solemnellement, comme se un hault et glorieux miracle fust soubdainement advenu. Adonc les manans et habitans de la ville furent grandement esmerveillés d'ouyr ce hautain batelage, et demandoient les uns aux autres de quel sainct on faisoit la feste. Mais il leur fut commandé par exprès que tous ensemble, grands et petits, hastivement et sans délai s'en allassent dedens l'église pour rendre grace à Nostre Seigneur d'une très joyeuse et prospère fortune qui estoit survenue au roy. Et lors les bonnes simples gens, innocents comme brebisettes, au commandement de ces loups se mirent en dévotion et louèrent Dieu de bon cœur.

Quant ils furent tous assemblez, le seigneur de Moy estant en la chimetière, appella deux des chanoines qui estoient fort embesongnés avec leurs compagnons de chanter *Te Deum* et autres cantiques pour rendre à Dieu louange : si leur recommanda bien à certes, que, sans quelconque exception, ils encloïssent en l'église tous ceux qui là dedans estoient : et en faisant ce bon debvoir, la garnison pilloit Condé et chargeoit bagues à tous lez, non-seullement celles des François, mais celles de ce dévot peuple qui prioit pour le roy de France. Puis quant chacun eut son sac plain, et que bateaux furent chargés, ils boutèrent le feu en six lieux de la ville, qui totallement fut bruslée, l'église et quatorze cents maisons. Ainsi payent François leurs hostes au partir; ainsi séduisent gens sans proumesse tenir; ainsi fut Condé mise à piteuses ruynes, et fut hideux exemple à toutes ses voisines. Si tost que la flamme du feu monta contre le ciel, François ruèrent leurs engins, qui estoient sur la muraille, dedans les fossés de la ville, laquelle estoit fortifiée au double depuis sa reddition. Nonobstant ce, ils l'abandonnèrent, et chevauchèrent devers Tournay. Ils n'estoient au bout des hayes, quant Suissers et paysans entrèrent ens à grand effort pour parpiller le residu; et ne demoura clef, ne clou, ne verrière, ne verriau qui ne fusist pris et ravi; ainsi l'église fut fustée et despouillée d'ornemens. Semblablement la garnison de Mortaigne abandonna son fort; et, à la mode accoustumée, reschauffa son hoste, car elle brusla nettement la ville et le chasteau.

CHAPITRE LVII.

Comment aulcunes compagnies de l'armée du duc d'Austrice firent une course devant la ville de Quesnoy.

Nouvelles gens applouvoient de tous costés en l'armée du duc d'Austrice, lorsqu'il se partit de Crespy en très belle ordonnance, et vint loger à Saint-Saulve auprès de Vallenchiennes; et avec ce que son ost se multiplioit de nobles personnages, il se augmentoit de hardys courages, les quels conclurent ensemble de resveiller les François du Quesnoy-le-Conte, séant à trois petites lieues, où il y avoit alors grosse garnison de huit cents lances bien estoffées, l'eslite et chois de l'armée du roy de France; lesquels attendoient de jour à aultre d'avoir un merveilleux hutin. Et advint par un sabmedi, au point du jour, six de juing, que aulcunes compagnies de l'ost du duc, ensemble entremeslées, où estoient Allemans, Brabanchons, Hainuyers, Lombards et Espagnols de cheval et de pied, jusques au nombre de sept à huit mille combattans, se mirent sus pour faire une course devant le Quesnoy, et menèrent aulcuns engiens volans, serpentines, arbalestres et hacquebutes.

Quand ils furent assez près du Quesnoy, ils se mirent en grosse embusche, et aulcuns aultres s'amonstrèrent pour attraire la garnison hors de son fort. François, qui estoient assez pourveus de leur faict, tenoient leurs chevaux sellés, tant pour saillir aux escarmouches que pour retourner en pays, se le cas s'y fust adonné. Toutes fois ils issirent sur les Bourguignons en assez bon nombre. Et lors Jacques Galliot, conducteur des escarmouches, avec aulcuns arbalestriers, passèrent oultre une rivière; et pour commenchement il fit tirer aulcuns engiens, qui rompit la bataille des François, lesquels furent vigoureusement rembarrés dedens la ville; et de faict une serpentine tira au tape-cul de la porte, dont ils furent fort espouvantés.

Néantmoins François avoient accueillis environ quarante Allemans, et labouroient fort de les emmener en la ville, quant Jacques Galliot et aultres rustres en rescourrent la pluspart, et les aultres furent happés. Monseigneur de Baugimont lieutenant de monseigneur de Gey, moult aventureux chevalier, et assez en gré du roy, vint en grande pompe sur les rens, monté comme un petit saint George; et comme celuy qui rien n'admiroit ses ennemys, se fourra si avant entre eux, qu'il en fut rué jus par terre, et demoura mort sur la place.

Quant François percheurent la mortelle perte de si bon et preux chevalier, ils furent grandement troublés; et pour contrevenger sa mort, ils habandonnèrent aux pages huit Allemans prins en l'estour, lesquels furent par eux et de froid sang meurtris, tranchés et esgueulés. Le seigneur de Baugimont fut recueilly mort par ses gens, qui luy firent notables obsecques; ses entrailles demourèrent au Quesnoy, et son corps fut mené en France.

François y perdirent huict hommes, et ceux du party d'Austrice, parmy un seigneur Allemant, treize ou quatorze.

CHAPITRE LVIII.

Comment les François vuidèrent la conté de Haynault, d'Austrevant, de Cambrésis et de Tournesis.

Quant le roy de France fut adverty de la course qui s'estoit faicte devant le Quesnoy par les gens de monseigneur le duc d'Austrice, et sceut la mort de monseigneur de Baugimont, son bien-amé, il fut dolent et courroucé; si cuyda bien que le siège se deveist clorre celle part. Pourquoy il manda hastivement au comte Dampmartin, ses lieutenants et capitaines, qu'ils habandonnassent la ville, boutassent le feu dedans, et retournassent vers luy. Mais quant les dicts capitaines apperceurent la retraicte des Bourgoingnons, ils choisirent aultre conseil, et demourèrent en leur fort. Toutes fois de ce jour en avant, le roy mitigua sa fureur, et fut très fort amoly. Aulcuns dirent qu'il eut remord de conscience de ce qu'il occupoit les pays de l'empereur par armes, et que le Sainct-Esprit avoit ouvré en luy. Et avec ce il fut informé d'un miracle qui en ce temps apparut en l'église Nostre-Dame de Cambray.

Estoit advenu la nuict du sacre, vingtième de may précédent, à l'heure de complyes, lorsque messeigneurs chantoient bien dévotement ce verset, *O salutaris hostia quæ cœli est*, la ciboire où reposoit le *corpus domini*, descendit tout à tret sur l'autel, visiblement devant tous, sans ayde de créature née, les serrures bien fermées et sans quelque deception. Les François qui lors estoient au service divin, furent assez esmerveillés; si furent tous les regardans.

Ne sçay si à ceste cause le roy volt refrener son ire où s'il cremoit ses ennemis; mais de legier s'enclina à trèves; et fut donnée abstinence de guerre, qui fut criée et publiée entre François et Bourgoingnons en Allemant et en Romant, en l'ost du duc, et en Vallenchiennes, pour durer l'espace de huit jours inclus, commenchant le dix juing et finant le dix-sept.

Pendant ces trèves, qui depuis furent rallongées de cinq jours, monseigneur le conte de Chimay, fort affecté au bien de paix et au salut de la chose publique, fut envoyé devers le roy. Se besongna tellement, que les François, sans quelque violence, se departirent de la ville du Quesnoy, et contentèrent très bien leurs hostes. Puis monseigneur de Myngoval, le Veau de Buzenton, et trois cents Allemans y rentrèrent pour le duc d'Austrice. Pareillement la garnison de Bouchain se retira en son party, et monseigneur de Boussu le print en garde.

Tournisiens, fort elevés en orgueil des François qui leur soustenoient le menton, lesquels faisoient maux innumérables aux pays voisins, furent semblablement deffaicts de leurs garnisons. Si fut le fort chasteau d'Anthoing, car messire Jehan de Luxembourg le print en sa garde au prouffit des Bourgoingnons.

Le roy de France estant à Cambray, ce jour que ces trèves furent publiées, fit vuider sa garnison, et fit commandement à messire Louis Maraffin, seigneur de la Charité, lequel avoit terriblement exactionné ceux de la ville, qu'il restituast aux églises les calices, reliques, encensoirs d'argent, joyaux et pierres, desquels il avoit fait chaines et colliers, au décorement de son corps.

Ce mesme jour, après disner, se partist le roy, et donna à l'église Nostre-Dame douze cents escus d'or, affin de les employer en douze plats d'argent, pour mettre douze cirons et les fonder à perpétuité. Et quant il print congié aux Cambrisiens, il s'excusa de Condé, et leur dict que ses gens en estoient vuidés, pour ce que ses engiens avoient tellement escrollé la muraille, lorsqu'il y tint siège, qu'elle trébuschoit chacun jour par grosses masses ès fossés, et ne leur estoit pas possible de plus avant y sejourner.

Il avoit à sa première venue à Cambray, faict

effacer et planer les armes de l'Empire, tant à la chambre de la ville comme aux portes ; au messager et bastonnier d'icelle, si leur feit porter en ce lieu les plaines armes de France. Mais à son dernier partement, il commanda de les oster pour y remettre le très saint aigle impérial, ainsi que paravant portoient, et leur dict en telle manière. « Nous voulons
» que vous soyez neutres et demourez de telle con-
» dition que vous soliez estre. Nous sommes viconte
» de votre cité, et voulons garder nostre jurisdic-
» tion, et le droit que nous y avons. Et au regard
» de nos armes, vous les osterez quelque soir, et y
» logerez vostre oiseau, et direz qu'il sera allé jouer
» une espace de temps, et sera retourné en son lieu
» ainsi que font les arondelles qui reviennent sur le
» printemps. » Et atant se partist le roy de Cambray, mais Marraffin se fourra au chastel de Seles, et ne s'en alla jusques au dimanche en suivant. Du partement du roy, ensemble de la vuidance des François qui occupoient le pays, assez piteusement foullés, travaillés de soubz leur verge, fut resjouy, lequel louoit Dieu haultement, et bénissoit cent fois le jour, les médiateurs et facteurs par qui ce très excellent bien luy estoit à coup advenu.

Nonobstant ces petites trèves et la retraicte des François, monseigneur le duc d'Austrice ne se deffit de son armée, ains l'entretint et augmenta chascun jour. Il se deslogea de Saint-Saulve, et pour plus approcher frontières d'ennemys, il s'en alla devers Douay, puis marcha avant jusques au pont de la Sauch, où les Flamens, à grande puissance, le vindrent haultement servir.

En ce temps, le perron de Liège, que monseigneur le duc Charles, que Dieu absolve! avoit faict amener à grand triomphe, et honorablement colloquer au quartier de la bourse à Bruges, par la licence de monseigneur le duc d'Austrice, fut ramené en son pays.

CHAPITRE LIX.

Comment madame Marye duchesse d'Austrice, espouse au duc Maximilian, accoucha de son premier enfant en la ville de Bruges et du baptesme d'iceluy qui se feit à Saint-Donat.

Durant le temps que monseigneur le duc d'Austrice tenoit les champs en frontière d'ennemys, comme dict est, et labouroit au salut de la chose publique, madame d'Austrice, son espouse, seulle fille au duc Charles, que Dieu absolve! se travailloit d'autre costé pour le bien des pays; et accoucha d'un beau fils en sa ville de Bruges, environ trois heures au jour, le vingt-deux de juing, l'an soixante et dix-huit.

Nouvelles espandues par le monde de la nativité de ce très noble et désiré enfant, donnèrent grande réjouissance aux bien-vueillans et vrays amys du jeune prince, et causèrent grand desplaisir aux bataillans et ennemys de sa province.

Sur tous aultres qui s'en esjouissoient, le povre commun et menu peuple des pays longuement oppressés de tirannie estoit tant joyeux en cœur, qu'il ne luy souvenoit de nulle tribulation précédente. Il estoit comme retiré de limbe et revenu de tenèbres à lumière, et ne se reputoit moins heureux du peuple d'Israël, lorsqu'il issit de la misérable servitude du roy Pharaon; sa tristesse estoit convertie en liesse, sa douleur en douceur, son hélas en soulas, son malheur en valeur, et non sans cause. Car ainsi comme la triomphante et chevaleureuse maison de Bourgongne estoit déclinée et tournée à ruyne par carence de preux suppôts desquels la mort avoit faict son amas, aussy povoit elle estre haultement relevée en la bien heurée naissance d'un très noble hoir masle, précieux personnage, dont Nostre Seigneur de sa grace l'avoit haultement pourveue, en espérant qu'en temps futur il sera le baston de nostre vieillesse, la gloire de nostre pays, le fort bras de nostre querelle, le glaive de nos ennemys, et le port de nostre salut.

Très dévotes et solemnelles processions et prédications notables furent faictes par les bonnes villes de l'obéissance de ceste excellente princesse, mère très noble de nouvelle accouchée, laquelle estoit bénie de mille bouches, et louée sur toutes dames, quant elle avoit produict le noble fruict qui refectionnoit de joie les cœurs tristes et désolés.

Grandes chères, grans festemens de feux, de danses et d'esbat s'en faisoient en plusieurs lieux, souverainement en Bruges, par l'espace de trois jours, en Gand, en Brabant et en Flandre.

Quant le duc sceut ceste nouvelle, il loua Dieu de tout son cœur. Tout son ost pour le conjouir demenoit feste inestimable; chansons mélodieuses par diverses compagnies furent chantées et prononchiées de voix humaines, de clairons et d'autres divers nistruments; dont pour trouver la datte de cette nativité, quelqu'un voulut composer ce metre : « *Omnibus acceptus regnat novus ecce Philippus.* »

Grands préparatures se firent pour le baptisement de ce nouvel seigneur; et fut faicte une gallerie de bois, large de huict pieds, eslevée sur deux cubites, commenchant à la porte de l'hostel du duc, passant par la rue de Saint-Amant au travers du marché, et finant à l'église de Saint-Donat, dedans laquelle, au mylieu de la croisée de la nef, estoit un grand hourt, où furent assis et cloués les fons fermés à la clef, armoyés des armes de Bourgongne, et noblement parés d'un très riche pavillon; et en une chapelle, au dextre lez du chœur, y eut un lict tout tendu de drap d'or; pareillement la croizée de l'église et le dossal furent tendus de très riche tapisserie; et les unes de couleur blanche, noire, et vermeille.

Ces préparations achevées, le vingt-huitième jour du mois de juing, an susdit, l'enfant fut porté à baptesme par la dicte gallerie, où il y avoit quatre cent torses à chascun costé du hourdage, tenues fermes en leurs estans par aulcuns gens de mestier; et fut conduict à Saint-Donat en très belle procession, laquelle fut encommenchée par deux cents hommes de la loy de Bruges, et aulcuns députés de Gand et du pays de Flandres, portans chascun une torse en leurs mains. Quatre-vingt gentils-hommes serviteurs de l'hostel, quarante à chascun costé, marchoient après eux, portans pareillement chascun sa torse ; et les suyvoient le collége de Saint-Donat, messeigneurs les chappellains de la chapelle domestique du duc, huict abbés, et monseigneur l'évesque de Sarepte, tous revestus de riches aornemens. Et ensuyvant ces notables prélats, marchoit très réverend père en Dieu, monseigneur l'évesque de Tournay, chancellier de la Thoison-d'Or. Après messeigneurs de l'église, tindrent ordre les seculiers, monseigneur le prothonotaire de Bourgongne, le jeune bastard de Bourgongne, messeigneurs de La Laing, de la Hamaide et Huges de Meleun, Et puis vindrent trompettes, roys d'armes, et héraulx. Devant ceux qui portoient aucunes riches choses servans au saint mystère de ce baptisement, precédèrent douze nobles chevaliers ayans chascun la torse au poing. Desquelles choses l'aube aornée de riches pierreries, fut portée par monseigneur de Renty, les bachins d'or et une serviette par monseigneur de la Gruthuyse, la salière et le sel par Loys, monseigneur de Luxembourg, fils de monseigneur le connestable, et le ciron de vierge cire par le fils de messire Adolphe de Gheldre, les huyssiers marchans en très belle ordonnance.

Très haulte et très noble princesse, madame Marguerite d'Yorcq, ducesse de Bourgoingne, vestue d'une robe de velours noir, adextrée de très hault et puissant prince, Adolphe de Clèves, seigneur de Ravestain, et senestrée de haut et puissant seigneur monseigneur Pierre de Luxembourg, comte de Saint-Pol, de Brienne et de Marle, portoit l'enfant entre ses bras, dessus lequel estoit une très riche couverture de drap d'or cramoysi, fourrée d'armines à longue queue, laquelle portoit madame Adriane de Bourgongne, espeuse à monseigneur de Ravestain; et estoit la dicte dame vestue d'orfabverie la plus riche de jamais; et estoient auprès de la dicte duchesse Marguerite, pour la servir et assister, messire Guillaume de Baulme, seigneur d'Erlan, son chevalier d'honneur, et messire Josse de Lalaing, seigneur de Montigny, chevalier d'honneur de madame la duchesse d'Austrice; après lesquels marchoient, mademoiselle de Gheldres, et madame Agnès de Bourbon, cousine germaine à ma dicte dame, accompagnées de messire Phelippes de Hornes, seigneur de Gasbecque et Baussignies; et avoit suyte, de madame Jehanne de Bourgogne, fille de monseigneur le bastard, dame de Culembourg, de madame de la Gruthuse et aultres plusieurs grandes dames et damoiselles de la court; et madame de Hallevyn, dame d'honneur de madame d'Austrice, demoura auprès de la dicte dame, pour l'accompagner.

La procession passée en très grand bruict et notable ordonnance, estoient expectants l'enfant auprès des fons à Saint-Donat, très reverend père en Dieu monseigneur l'évesque de Tournay; présens et assistans, monseigneur de la Grut-Huyse, comte de Wincestre, chevalier d'honneur, le seigneur de Molembaix, premier maistre d'hostel de madame d'Austrice, le doyen de Sainct-Donat, maistre Philippe Ciron, premier chapellain de la chapelle ordinaire de monseigneur le duc, maistre Jehan Parmentier confesseur de madame d'Austrice, maistre Dominique et Jehan de Lannoy, médecins. Et pour appeller la grâce du Sainct-Esprit, et affin que Nostre Seigneur eusist agréable le sainct mistère du divin sacrement qui se préparoit à faire, mon devant dit très reverend père en Dieu, monseigneur de Tournay, commencha à chanter le *Veni Creator*; puis baptisa l'enfant qui fut appelé Philippe, et tenu sur fonds par madame Marguerite, ducesse de Bourgongne, qui luy donna un très riche fremail, vallisant la somme de vingt mille escus, par monseigneur de Ravestein qui luy donna une très riche espée, et par monseigneur de Saint-Pol qui luy donna un riche et bel armet et une fleur de lis d'or.

Item avec ce, ceux de Bruges lui donnèrent quatre flacons et une couppe et quatre grans pots d'argent.

Le baptesme accompli, on chanta le *Te Deum laudamus*. L'enfant fut monstré à tout le peuple qui fondoit en larmes de joie; et quant il fut faschié et adminitré par les sages dames et la nourice qui moult bien en soignoit, ma dessusdicte dame Marguerite, sa très noble marine, le rapporta moult honorablement et à grand triumphe, à l'hostel de monseigneur le duc son père, par ces mesmes galleries. Et furent apportés les dons des parins et marine, par Charles de Croy, seigneur de Renty, par le seigneur de Quieurain et par Hughe de Melleun, fils de monseigneur le vicomte de Gand. Et ce jour, monseigneur de Molembaix semoit or et argent avant les rues et au travers du marché en très grande abondance. Pourquoy les trompettes demenant grand resjouyssement, ensemble les héraults cryoient haultement: Largesse! L'enfant saulvement rapporté, sans quelque destourbier, à l'hostel dessudict, madame de Bourgoingne sa marine, entra en une chambre tendue de très riche tapisserie d'or, où estoit un dressoir richement garni, un lict de parement, et un aultre où madame couchoit, avironnée de dames et damoiselles à grand planté, et gardée par messire Robert de Menneville, son maistre d'hostel, et monseigneur de Mousqueron, maistre d'hostel de madame Marguerite de Bourgogne; et là fut ce nouvel chrétien appellé Philippe, présenté à sa très redoubtée mère, madame d'Austrice, qui le receut à très grand joye; puis on donna vin et espices.

CHAPITRE LX.

Trèves accordées pour un an entre le roy de France et monseigneur le duc d'Austrice.

Monseigneur le duc d'Austrice se deslogea du pont à la Saulch à tout fière et grosse puissance, et tint son camp lez le pont à Wendin. Le roy de France d'aultre costé se tenoit en Arras, avironné de son armée, laquelle on estimoit à trois mille lances et quinze mille francs archers; Dont pour pacifier les parties, ou parvenir à quelque bonne trève, plusieurs ambassadeurs notables furent envoyés d'un costé et d'autre, mais rien ne se povoit conclure. Le roy fit présenter un cheval noir au duc, moult richement paré d'orfabverie, et de riche drap d'or. Finablement monseigneur le conte de Chimay, fort affecté à la chose publique, fut envoyé par le duc vers le roy; lequel, après plusieurs voyes ouvertes, besongna avec luy tellement qu'il rapporta les trèves pour un an, publiées par pays en la forme et manière qui s'en suivent.

« Maximilian et Marye, et, à tous, etc. Comme pour eschever les grans maux et inconveniens qui sont advenus, et encoire peuvent advenir, à cause des guerres, divisions, questions et différens entre le roy d'une part, et nous d'aultre, plusieurs journées ayent esté tenues entre aulcuns commis et députés de par le roy, et aultres députés et commis de par nous, pour icelle guerre et division pacifier et accorder; aus quelles journées les dictes questions et différens n'ayent peu estre pacifiés, et encoires ne se pourroient mettre à fin durant les troubles et rigueurs qui chascun jour surviennent à cause de la guerre: pourquoy, ayt semblé à plusieurs notables gens d'un party et d'autre nécessaire de faire et prendre quelque trève et abstinence de guerre, pendant laquelle les moyens se puissent mieux et plus honorablement traicter et practiquer pour, à l'ayde de Dieu, parvenir au bien de paix finalle, à laquelle nous ayons tous-jours eu et encoires avons le cuer et affection.

» Considérant que le dict bien de paix est le plus grand, plus fructueux, et le plus acceptable à Dieu qui puist estre en ce monde; et à ceste cause, pour l'honneur de Dieu nostre créateur, pour eschever l'effusion du sang humain, et les aultres maux et inconvéniens, foules et oppressions, qui par la dureté de la guerre, peuvent chacun jour souffrir le povre peuple, duquel tout prince vertueux doibt avoir singulière compassion: Nous, par l'advis et délibération de plusieurs seigneurs de nostre sang et linage, gens de nostre grand conseil, avons faict, conclu et accordé entre le roy et nous, et tous les pays, terres et seigneuries, et subjectz d'une part et d'aultre, trèves générales en la forme et manière contenue ès articles dont la teneur s'en suit.

» Premièrement, seure et léalle trève, seur estat et abstineuce de guerre a été faicte, prinse, conceute et accordée entre le roy d'une part, et les duc et duchesse d'Austrice, d'autre part, tous les pays, terres, seigneurie, et subjects, tant d'une part comme d'aultre, par terre, par mer et par eaux douces, pour un an entier commenchant le onziesme jour de ce présent mois de juillet, et finissant ensemble pour l'an revolu que l'on dira mil quatre cent soixante et dix-neuf, l'un et l'aultre jour inclus et jusques au soleil levant le jour en suivant le dernier jour de la dicte trève.

» *Item* durant laquelle trève cesseront d'une part et d'autre toutes hostilités et voyes de faict, et ne seront faicts par ceux de l'un party sur l'aultre aucuns exploicts de guerre, prinses ou surprinses de villes, cités, chasteaux, places ou forteresses à present estans ès mains et obéissance de l'un ou de l'autre party, quelque part qu'elles soient situées, par assaults, par siége, d'embles, par eschellemens, compositions on aultrement, en quelque manière que ce soit, pour occasion ne soubs couleur de debtes, obligations, hypothèques, donnations de marriage, aliènation, vendition, cession, transport, douaire, usufruit, tiltre de hoirie, succession ou aultrement, par quelque tiltre de droict que aulcun des princes ou de leurs subjectz ou aultres quelconques y voudroient ou pourroient demander ou prétendre, semblablement demarque ou contremarque de represaille, ne soubz quelconques aultres couleurs, ne en quelque manière que ce soit. Supposé ores que que les seigneurs ou habitans des dictes villes, cités, chasteaux, places ou forteresses, ou ceux qui en auront la garde, les voulsissent rendre, bailler ou délivrer, de leur volonté ou autrement, à ceux du parti et obéissance contraire, et s'il advenoit que par quelque voie et manière lesdites villes, cités, chasteaux ou forteresses fussent prinses par les princes ou aulcuns de l'un party sur l'aultre, celui duquel sera faicte la dicte substraction ou surprinse, sera tenu de rendre ou restituer, ou faire rendre ou restituer plainement la ville ou chasteaux, places ou forteresses à celuy sur qui la dite surprinse auroit esté faicte, dedans quarante jours après la sommation sur ce faicte de l'une partie à l'aultre, ou plustost se bonnement faire se peult, sans délayer la dicte restitution pour quelque cause que ce soit ou puisse estre. Et au cas que faulte y auroit de la dicte restitution dedens les dicts quarante jours, le parti duquel la dicte surprinse auroit esté faicte porra recouvrer la dicte ville ou villes, cités, chasteaux, places et forteresses, par siége, assaults, eschellement, emblée, composition, par voye de hostilité, de guerre ou aultrement, sans ce que le prince ou aulcuns subjets de l'aultre party y donne resistement ou empeschement, et sans ce que, à l'occasion de la guerre et hostilité qui se feroit pour le recouvrement de ladicte place, seur estat ou abstinence de guerre ne puisse estre dictes ne entendues estre rompues ou enfraintes, mais demeureront ce nonobstant en leur force, vigueur et vertu. Et avec ce le prince qui dedens les dicts quarante jours, ou plustot se faire se peut, n'aura faite la dicte restitution, sera tenu de rendre et payer tous coustz, frais, despens, dommages et intérests qui auroient esté faictz et soustenus, en général et particulier, à celuy ou ceux sur qui la dicte surprise auroit esté faicte. Et ne polra celuy qui aura faict la dicte surprise, avoir grâce ou pardon de son prince, sans le consentement de l'aultre prince sur qui la dicte surprinse auroit esté faicte.

» *Item* durant icelle trève, tous les subjectz de l'un ou de l'aultre parti, soient gens de guerre, marchans ou aultres, de quelque estat ou qualité qu'ils soient, pourront coinquer, marchander et faire toutes leurs négociations et besongnes les uns avec les autres, seurement, saulvement, sans que aulcun mal empeschement ou destourbier leur soit ou puist estre fait en corps ny en biens, par quelque manière ou action que ce soit, si ce n'est par voie de justice, et pour debtes ou delicts qu'ils auroient commis depuis le temps de ces présentes trèves, aulcune chose puisse estre demandée par eux de l'un parti à l'aultre, de povoir entrer dedens les dictes villes et places fortes, sans demander congé, pourvu qu'ils ne feront ne pourchasseront chose prejudiciable au party et obeissance auquel seront les villes ou places de ceux où ils viendront.

» *Item* et au regard des nobles et aultres gens de guerre, ils ne pouront entrer dedens aulcunes des dictes villes et places fortes, et pour tel temps que ledit congé leur sera donné ; et samblablement n'y pouront entrer sans le dict congé, et pour le temps qui leur sera donné, les prélats seigneurs, ou autres qui auront en leur compagnie plus de douze chevaux.

» *Item*, pendant ladicte trève, le roy de sa part, et ledit duc et ducesse d'Austrice de la sienne, joyront et demouront saisis chacun des villes, places et pays qu'ils tiennent à présent, reservé que le roy, dedans un mois prochain venant, fera delivrer à mon dict seigneur d'Austrice, ou ès mains de qui il luy plaira, tout ce qu'il tient en la comté de Bourgogne et ès appartenances d'icelle, et semblablement en la comté de Haynault.

» *Item* tous les prélats d'église, aussi nobles, marchans et autres de quelque estat qu'ils soient, jouyront pendant le temps de la dicte trève, de la revenue de leurs bénéfices, terres, seigneuries, rentes héritables ou viagères, sur qui les dictes rentes soient dues, par les princes ou par aultres, aux subjectz de l'un party ou de l'aultre, nonobstant quelque don ou déclaration qui ait esté faicte à l'occasion de ces dernières guerres, et quelque rachat qui auroit esté faict des dites rentes, ou quelque bannissement faict par ceux de l'un party d'aulcunes personnes de l'aultre party ; et au regard des places fortes, elles demeureront ès mains et en l'obéissance où elles sont ; et seront gardées les dictes places aux despens de la revenue d'icelle ; et pour la dicte garde sera prinse la tierce partie de la revenue des terres et seigneuries despendans des dictes places fortes.

» *Item*, et pourront ceux qui auront la dicte revenue des dictes places, terres et seigneuries, commettre recepveur et officier de justice, pourveu qu'ils aient tenu et tiennent le parti et obéissance du prince soubz l'obéissance et party duquel les dictes places et seigneuries sont à présent, par les mains de quelques recepveurs, et ce sur les plus chers deniers de leurs receptes ; et au terme qu'elles escherront, sera baillée paye et délivré la tierce partye des dictes revenues à ceux ès mains desquels seront les places fortes.

» *Item* et s'il estoit question ou différent touchant les dictes rentes et revenues, ou aultre chose à quoy l'on doibt revenir par vertu de ceste trève, il sera au choix et option de demander de soy pourvoir sur ce devant les conservateurs de la dicte trève, ou devers les baillys ou aultres officiers ordinaires. en l'obéissance, pouvoir et jurisdiction, èsquels seront situées et assises les dictes rentes, et entre aultres choses à quoi ledict demandeur voudra revenir par vertu de ceste dicte trève.

» *Item*, nulles des villes, places, villages, ou maisons estans ès mains dont est débat ou querelle entre les dicts princes, ne seront gastées, pillées, ou détenues durant la dicte trève par boutement de feu en quelque manière que ce soit.

» *Item*, durant ceste dicte trève ne seront par les gens de guerre de l'une des parties sur l'autre de leurs alliez qui y voldront estre comprins, faictes aulcunes prinses ou ranchonnement de prisonniers, de bestes ou autres biens quelconques, destrousses, pilleries, logis apportés, de quelque manière que ce soit; ainçois seront et demouront tous les subjectz, de l'un party et de l'autre, et de leurs alliés qui y voudront estre compris en ceste présente trève, de quelque estat, qualité, nation ou condition qu'ils sont, chacun en son party et obéissance, surement, saulvement, et paisiblement de leurs personnes et de tous leurs biens. Et pourront marchander, labourer et faire pourvoir à toutes leurs aultres besongnes, marchandises, négociations et affaires, sans destourbier ne empeschement quelconque, et tout ainsi que en temps de paix.

» *Item*, à esté expressement dict que, se aulcune chose estoit faicte ou attentée au contraire de ceste trève, seur estat, ou abstinence de guerre, ou aulcuns des poincts ou articles contenus en iceux, ce ne tournera ne portera préjudice fors seullement à l'infracteur ou infracteurs. Et ce nonobstant, demoura tousjours ladicte trève durant le temps d'icelle en sa force et vertu; lesquels infracteurs ou infracteur en seront punis si griefvement que les cas le requerreront; et seront les infractions reparées et remises en premier estat et deu par les conservateurs des dictes trèves, cy après nommés, ou leurs substitués; lesquels commenceront à besongner sur les réparations dedens six jours après qu'elles seront venues à leur congnoissance. Et pour icelle faire, se rassembleront les dicts conservateurs, ou leurs substitués d'une part et d'aultre, au lieu qu'il sera advisé, et ne partiront d'ensemble, jusques à ce qu'ils auront appoincté et pourveu sur les dictes reparations; et y besongneront le plus promptement que faire se polra.

» *Item*, et ès marches de pardeça y aura deux conservateurs; c'est assavoir, pour la part du roy, monseigneur de Baudricourt; et pour la part de mesdicts seigneurs et dame d'Austrice, monseigneur de Fiennes. Et pareillement ès marches de Bourgongne y aura deux conservateurs; c'est assavoir, pour la part du roy, monseigneur de Chaumont, comte de Brienne, gouverneur pour le roy de Bourgongne et de Champaigne; et pour la part de mesdicts seigneur et dame d'Austrice, monseigneur de la Bastie; et pour les marches de Luxembourg, ledict seigneur de Baudricourt y commettra conservateur tel qu'il advisera. Et pour la part de mesdicts seigneurs et dame d'Austrice, messire Claude de Noef-Chastel, seigneur du Fay. Et semblablement pour toute la mer y aura deux conservateurs; c'est assavoir, pour la part du roy, monseigneur l'admiral de France; et pour la part de mesdicts seigneur et dame d'Austrice, messire Josse de Lalaing, seigneur de Montigny. Lesquels conservateurs, chacun en ses marches, polront substituer et commettre en leur lieu, là où ils voiront qu'il sera besoing; ausquels substituts et commis lesdicts conservateurs, se bon leur semble, donront puissance pareille à la leur.

» *Item* et lesquels conservateurs ou leurs substitués d'une part et d'aultre seront tenus de eux assembler, pour le moins de quinze jours en quinze jous, ès limites du roy, et une fois ès limites de mesdicts seigneur et dame d'Austrice, ès lieux propices et convenables qu'ils adviseront pour coinquer des doléances qui y seront survenues d'une part et d'aultre touchant les choses despendantes de ceste dicte présente trève, exécutée réalment et de faict, et à ce constraincts les subjects de l'un et de l'autre party, nonobstant oppositions ou appellations quelconques, et sans ce que les condamnés puissent avoir ne obtenir aucuns remèdes au contraire par quelque manière que ce soit.

» *Item* s'il advenoit que pendant le temps de ladicte trève aucuns des conservateurs nommés d'un des partys et d'autre allassent de vie à trespas, en ce cas le roy de sa part, et mesdicts seigneur et dame d'Austrice, seront tenus, dedens un mois après, nommer, ou mettre et establir, en lieu de celuy ou ceux qui seront trespassés, aultres conservateurs qui auront telle ou semblable puissance que ceux qui sont nommés en ceste presente trève. Et ce pendant les substituts qui auront esté commis pouront user de leur puissance et substitution pour la conservation de icelle trève.

» *Item* et en ceste trève sont compris les alliés d'une part et d'aultre cy-après nommés, se compris y veulent estre. C'est assavoir, pour la part du roy, très hault et très puissant seigneur l'empereur et les princes et électeurs du saint empire, le roy d'Angleterre, le roy de Castille et de Leon, le roy d'Escoce, le roy de Danemarche, le roy de Jherusalem et de Sicille, le roy de Hongrie, la ducesse de Savoye, le duc son fils, et toute la maison de Savoye, le duc Sigismond d'Austrice, le duc de Loraine, le duc de Milan, le duc et seigneurie de Venise, la seigneurie et communauté de Florence, la seigneurie et communauté de Bernes, l'evesque de Metz, les confedérés et alliés de la grande et ancienne ligue d'Allemaigne, aussi les princes confederés de la nouvelle ligue d'Allemaigne, ceux du pays de Liège qui se sont déclarés pour le roy, et qui se sont déclarés ou veulent se declarer pour son party. Et pour la part de mesdicts seigneur et dame d'Austrice, le roy d'Angleterre, le roy de Castille et de Leon, le roy de Hongrie, le roy de Portugal, le roy d'Arragon, le roy Fernand de Naples, le roy d'Escoce, le roy de Poulongne, le roy de Danemarke, les électeurs du Saint Empire, le duc Sigismond d'Austrice, le duc de Bretaigne, le duc de Bavière, le duc Loys en Bavière, conte de Weldenez, la ducesse de Savoye, la maison de Savoye, le duc de Clèves, l'évesque de Liège, l'évesque de Metz, le duc de Jullers, le conte palatin du Rin, le duc et seigneurie de Venise, le duc de Milan, le conte de Romont, le marquis de Baulde, l'evesque de Cambray, l'evesque d'Utrecht, l'evesque de Munster, et les ligues d'Allemaigne anciennes et nouvelles. Lesquels alliés d'une part et d'aultre seront tenus de faire leurs declarations dedans quatre mois prochains venans, s'ils veulent estre compris ou non en ceste trève.

» *Item* et pour venir au bien de paix final seront

esleus par le roy d'une part six notables hommes, et par mesdicts seigneur et dame d'Austrice, autres six notables chevaliers, lesquels, comme mediateurs et arbitres, auront puissance de juger, décider et déterminer dedens six mois prochainement venans, de toutes les questions, querelles et différens estans entre le roy et mesdicts seigneur et dame d'Austrice, en commenchant à celles des querelles que mesdits seigneur et dame d'Austrice voudront premierement mettre en avant, et en ensuite à celles du roy. Et au cas que lesdicts arbitres ne polroient accorder, sera esleu et choisi, du consentement du roy et de mesdicts seigneur et dame d'Austrice concordablement, un super-arbitre, pour avec lesdicts arbitres decider et determiner des choses dont iceux arbitres seront demourés en discord. Tout selon le contenu des trèves qui sur ce sont faites.

» *Item* le roy de sa part et mesdits seigneur et dame de la leur requerront le roy d'Angleterre et ceux des ligues d'Allemaigne, s'il y a aulcuns d'eux qui par force, hostilité, ou guerre ouverte, par siège, par assault, par emblée, par eschellement ou aultrement, prende aulcune ville, place ou forteresse sur l'aultre party, en enfreignant lesdites trèves, qu'ils veullent donner ayde et assistence à celuy sur qui ladicte place ou forteresse sera ainsi surprise, au cas qu'il ne soit réparé, et samblablement contre celuy qui sera refusant de tenir la sentence desdicts arbitres.

» *Item* et au cas que le roy de sa part et mesdicts

seigneur et dame d'Austrice de la leur romperoient par guerre ouverte ceste présente trève, est pourveu que par ladicte guerre ouverte rompera trèves, perdera le droict et action qu'il prétend ès choses coutentieuses entre le roy et mesdits seigneur et dame d'Austrice. Sçavoir faisons que pour considerations des choses dessus dictes, et principallement de Dieu nostre créateur, aucteur de paix; mesmement, ayant regard à la proximité de lignage qui est entre le roy et nous, et singulièrement en espérant de parvenir au bien de paix final : Nous, par l'advis et délibérations desdits seigneurs de nostre sang et linage, de gens de nostre grand conseil, lesdictes trèves, seur estat et abstinence de guerre avons faictes, acceptées, prinses, fermées, proumises, conclues et accordées; et avons proumis et juré, proumettons et jurons en parolle de prince, par la foy et serment de nostre corps, soubz nostre honneur et soubz l'obligation de tous nos biens, avec les sainctes évangiles, canon de la messe, par nous manuellement touchées pour ceste cause, de garder, observer, entretenir et accomplir, et faire tenir et observer de poinct en poinct ladicte trève et toutes les choses contenues ès articles mentionnés en icelle, sans rien en laisser ne jamais faire ne venir au contraire, ne quérir quelques moyens pour y venir, ne pour en rien parvenir, ne faire ou faire faire quelques mutations des choses dessus dictes; et se aulcune chose estoit faicte, attenuée ou innovée au contraire par nos officiers et subjects de la faire reparer; et des transgresseurs et infracteurs en faire telle pugnition que le cas le requiert, et en manière que ce sera exemple à tous les aultres. Et en toutes les choses dessus dictes, nous sommes submis, submettons et obligeons par hypoteque et obligation de tous nos biens présens et à venir quelqueconques. Et affin que ce soit ferme chose et estable, nous avons signées ces presentes de nostre main, et icelles faict sceller de nostre scel. Donné en nostre camp lez le vieux Wendin, le onzième jour de juillet, l'an de grace mil quatre cens soixante et dix-huict. Ainsi signé Maximilianus, par monseigneur le duc et madame la ducesse, et de secretaire Wales.

Ce sont les six personnages prins du costé du roy pour dire, décider et déterminer des questions et differens estans entre le roy et monseigneur et madame la ducesse d'Austrice, et dedans demy an prochain venans en la ville et cité de Cambray, c'est assavoir : maistre Loys d'Amboise, évesque d'Alby, cousin du roy; maistre Jehan de Montchenu, évesque de Vivers, commandeur, Adet d'Aidie, conte de Commignie, seigneur de l'Escu Boufle de Juge, conte de Castre, maistre Jehan Chambon, maistre des requestes en l'hostel du roy, et Raoul Pinchon, conseiller en la cour de parlement à Paris. »

Ces trèves furent accordées sur espérance de parvenir au bien de paix final. Et pour coinquer avec les six personnages députés du costé du roy, furent pareillement ordonnés du party de monseigneur le duc d'Austrice, très reverend père en

Dieu monseigneur l'evesque de Tournay, monseigneur de Fresnes, monseigneur l'abbé d'Affleghen, monseigneur de Ligne, monseigneur le prevost de Saint-Donat en Bruges, monseigneur de Labregement, maistre Thomas de la Pappoire, maistre Jehan d'Auffay et aultres, qui se mirent en leurs diligences de eux trouver en la cité de Tournay, où ils sejournèrent l'espace de deux mois, surattendans et expectans lesdicts commis de par le roy; mais oncques n'y voulurent venir ni comparoir, et n'approchèrent plus près de Saint-Quentin. Ainsi se passoit toujours le temps sans besongner au principal.

Tournisiens, qui pendant la guerre, tant par leur garnison que par leurs manans, avoient piteusement foullé le pays de Flandres et de Haynault, trouvèrent façon, par le moyen d'aulcuns personnages de ce quartier, d'avoir leur traicté à monseigneur le duc d'Austrice. Et fut faict et accordé, environ la Saint-Martin, par tel si, que jamais ne debvroient recepvoir garnison pour les François, si le roy n'y estoit en personne; et tous leurs biens confisqués pour les Bourguignons jusqu'à ce jour demouroient perdus pour eux, avec aultres poincts et conditions qui sont hors de ma congnoissance.

CHAPITRE LXI.

De l'horrible conspiration et meurtre qui advint en ce temps en la ville de Florence.

Deux lignages famés par le monde univers pour leur merveilleuse richesse, semblables d'estat et de vocation, mais différens de meurs et de condition, regnoient en ce temps en la très renommée et opulente cité de Florence. L'un estoit de la secte et parenté de Medicis, laquelle on disoit estre humaine, benigne, affable, très large et agréable au peuple, dont les principaux estoient Laurens et Julien, enfans germains de Cosme de Medicis. L'aultre estoit la génération ou famille de de Pacis et de Salviatis, lesquels ensemble estoient reputés prodigues, seditieux, rudes, ambitieux, et plains de grans présumptions, et à ceste cause estoient hays et desplaisans à aulcuns citoyens. Et pour ce que maudicte envye se conchoipt, engendre et pullule entre gens de pareille sorte, la faulse tortue serpente, ensemble hayne couverte, s'estoit secretement nourie entre les haults cœurs élevés de ces deux bandes florentines. Tant embrasés furent d'ardant courroux, que les brandons de ire se allumèrent tellement que sept citoyens de Florence, c'est assavoir Jacques de Pacis, Jacques Salviatis, l'archevesque de Pise, Jacques son frère,

Jacques Poge, filz de Poge le très éloquent orateur, Bernard et Baulduin, machinèrent, comme la voix courroit, et conspirèrent en la mort du lignaige de Medicis. *Item* et aulcuns estrangiers, comme Jehan Baptiste, messire Estienne, chapelain Jacques de Pacis, Anthoine Volateran, Regnier et Guillaume, furent souillés et maculés de cest horrible malefice. Pour lequel mettre à exécution, fut advisé que par un dimanche devant l'Ascension, en l'an soixante-dix-huict, ledict messire Estienne chanteroit la messe en l'église cathédrale de Florence, à laquelle se trouvoient de coustume et se trouvèrent ce jour Laurens et Julien, enfans de Medecis, ignorans toutes fois la conjuration. La pluspart des conjurateurs furent présens à divin service pour mutiler lesdicts deux frères germains; et quant le chapelain eut levé la très sainte et sacrée hostie, prolongeant son dernier memento, pour perpetrer ce meurtre lorsque le peuple estoit en grande devotion, par certain signe qui fut donné, Bernard, Bauduin et François envahirent Julien, qui de rien ne se doubtoit. Et de faict ledict Bauduin tira sa dague, et le férit parmi le corps, tellement qu'il cheut quasi mort. Cela faict, François de Pacis, d'un poinchon qu'il avoit en main, luy fit plusieurs playes mortelles. Ainsi rendit son esprit à Dieu ce jouvencel, comme agnel sacrifié au ventre de sa mère. Pendant le temps que ceste prophane impiété estoit executée, Jehan Baptiste, Anthoine et leurs complices, esprins d'un maling esprit, quéroient Laurens de Medicis pour le mettre au point de son frère; et de faict Anthoine mit l'uue main sur son espaule, et de l'autre lui vouloit coupper la gorge; mais quant Laurens sentit le coup, sans point estre navré à mort, soubdainement dévestit son manteau, dont il couvrit son bras senestre, et du destre, comme preux et hardy, tira son espée, et fit signe de charger sur ses ennemys. Et ceux, à demy espouvantés, prestement tournérent en fuite; mais Baulduin, qui luy avoit occis son frère, non saoulé de commettre sacrilege, luy vint livrer un grand assault; et celuy avec ses amys se saulva en la tresorye. Quant ce malheureux Bauduin se vit frustré de son exécrable attente, pour paroultrer sa rage furibonde, au rencontre qu'il fit du prévost de la famille de Medicis, luy donna tel coup et non plus qu'il le rendit mort dessus la place, et luy trespercha l'estomach. A l'heure que ce meschef advint estoient en ladicte esglise messire Raphael, cardinal de Saint-George au voile d'or, nepveu au conte Jeromin, l'archevesque de Pise, Jacques Poge, Jacques Salviati, suspicionnés et notés de ceste machination, ensemble multitude de révérentes personnes ecclesiastiques de leurs familles et sequelles; lesquels voyans ce trouble dissolu, pour eviter pestilence mortelle, se saulvèrent au palais de Florence. Une grosse compagnie de jouvenceaux embastonnés de la maisnie de Medicis firent ouvrir la trésorie, et conduirent seurement jusques à son hostel Laurens, leur bon seigneur et maistre, assez honteusement navré. Lors fut Julien fort plouré; lors fut Florence toute esmeute; lors s'armèrent josnes et vieux; lors furent femmes désolées; lors firent enfans piteux cris; et estoit chose lamentable à voir ceste horrible tempeste. Pour ce que la plupart du peuple florentin avoit trouvé la secte de Medicis humble, courtoise et liberalle, il se adhéra à sa querelle, et se tira devant son domicille, le preservant de toute hostilité, et luy presta faveur, force et subside. Puis quant ce peuple ouyt nouvelle qae le cardinal, l'archevesque et aultres de leur tire adverse s'estoient boutés au palais, pensans qu'ils se deffendroient, et que par l'ayde et secours de leurs fauteurs, adhérens et complices, ils pourroient piller la ville et la livrer aux sacquemans, ils se tirèrent celle part et par force entrèrent léans. Le cardinal fut de bien près gardé; l'archevesque fut tenu prisonnier, et les aultres si rudement traictés, que oncques depuis ils n'eurent joye au cœur. Jacques de Pacis, chef principal de la conjuration, ayant perdu l'espérance de mutiler son ennemy, cuida faire une grosse armée de citadins sur le marché, et se travailla moult de les alier et convertir à son party; mais ils avoient son détestable cas en telle abomination que nul ne voulut s'adjoindre à sa querelle. Ceux mesmes qui estoient en la souveraine arche du palais le bersauldèrent de dards, de flesches et de pierres, et fut très durement navré. Quant il se trouva destitué d'honneur, d'amys et de santé de corps, il cuyda vuider hors des portes. Se fut suivy à grant effort, et fut apprehendé par un rude vilain, auquel il donna sept ducas, priant qu'il le voulsist occir; mais le vilain ne s'i voelt consentir, et refusa or, argent et prières. Ainsi qu'ils estrivoient ensemble et marchandoient de sa dolente mort, le frère de ce mesme vilain, rude et robuste, appellé Scipion, accompagné de huit aultres rustins, le prindrent à force de bras, et le menèrent bon gré maugré, au plus bel bourg de la cité, où sans endurer quelque torture, confessa son cas plainement, et puis fut pendu par le col. Jehan Baptiste, persécuteur de Laurens de Medicis, Anthoine et sire Estienne, prestre, qui la grande messe avoit chantée, se tappirent en une abbaye; mais ils furent tirés hors, menés au dernier supplice, et estranglés d'un bout de corde. Tous aultres qui furent vaincus et attaincts de ce faict enorme furent prins, proscripts ou tués. Pendant le temps que ceste zizanie, fureur maudite et oultrageuse rage, brusloit les cœurs des mutins allumés de rechef, vindrent au palais sergeans, souldars, satellites, sattrapes et sacquemains furibondeux, lesquels par aspre violence brisèrent huis et fermetures; et sans crainte du perdurable juge ne des censures de l'église, mirent la main sur ledict cardinal et le tindrent prisonnier bien estroict, et comme loups rabis et foursenés devourèrent les simples ouailles. Ils occirent et de faict suffoquèrent sa très venerable famille, ensemble tous ceux de Perouse, lesquels accompagnoient ledict archevesque; et qui plus est, en detestant les supposts catholiques, ils pendirent Francisque de Pacis à une fenestre du palais de Florence; et à celle mesme fenestre, et en commun spectacle, s'il faut que je le dise, ils pendirent l'archevesque de Pise. O terrible commotion de peuple, derision desordonnuée, proterve génération, et tyrannie insatiable! Penses-tu point que Dieu se vengera de l'opprobre faict à son serviteur? Penses-tu point que le saint apostol te maudira pour ta griefve insolence? Soiez certains, peuple desraisonnable, que le ciel, le monde et les quatre élémens te feront grosse guerre ouverte jusques à ce que tu auras reparée ceste grande esclandre. Encoires ne suffisoit-il aux miserables ruraux d'avoir patibulé Jacques de Pacis en son vivant, se de rechef n'estoit perçu après sa mort; car il advint peu de jours après, que les pluyes et terribles lavaches furent si grandes aval les champs, que laboureurs furent constraincts de retourner en la cité; et pour ce que le corps dudict Jacques estoit bouté en terre saincte, ils imaginèrent que c'estoit contre droict et raison, car il avoit polu le temple de Nostre Seigneur; se n'y debvoit reposer un seul jour, mais en debvoit estre expulsé du tout; et à ceste cause, par l'indignation que Dieu en avoit prins, il envoyoit ce pluvieux deluge qui destruisoit les bleds croissans en terres. Chascun crut ceste opinion; dont à corps plus drus que fremions arrivèrent au sepulchre de Jacques, et desfouyrent sa charongne puante, et l'enterrèrent arrière en un jardin. Trois jours après, multitude d'enfans le desfouyrent, et puis en dérision le trainèrent parmi la cité avec le licol dont on l'avoit pendu. Lors fut gabé des habitans, pilé aux piedz, retourné en la fourche, servy d'ordures et batu de ramons; et quant le jour fut couvert de tenebres, il fut conduict de faloz et lanternes, et de plain vol rué en la rivière. Ce zizanieux litige et impétueux opprobre, venu à la coignoissance de la court romaine, despleut grandement à nostre saint père, tant pour l'emprisonnement de son cardinal que pour la très honteuse mort de son reverend archevesque, si inhumainement traicté. Parquoy il destina son légat en la cité de Florence, requérant aux facteurs et participans du mesus, qu'ils restituassent ledict cardinal en sa francise et liberté : ceulx rendirent plainement de vive voix que rien ils n'en feroient. Dont nostre saint père, non content de ceste ruse, comme hommicides, infames, sacrilèges et coupables de crime de leze majesté, les denonça pour excomuniés.

CHAPITRE LXII.

Comment aulcuns mutins de la ville de Gand s'eslevèrent contre messeigneurs de la justice.

Quant mortelle division, laquelle peu sommeille, se vit expulsée et bannie d'entre les princes pour une espace de temps par la vertu de trèves et de abstinence de guerre, celle, sans point estre en oyseuse, quérut aultre domicile pour monstrer ses cruelz exploicz. Et de faict, en la fin du mois de febvrier, se logea en Gand, et anima les mutins de la ville, tellement qu'ils s'eslevèrent contre messeigneurs de la justice, pource qu'ils vouloient haulser d'un denier au lot la maletolte de la petite cervoise. Secrètes rumeurs, grandes murmures et monopoles se tenoient de plusieurs Ganthois, souverainement d'aulcuns mestiers, comme febvres et tisserans, lesquels secrétement s'armèrent, et firent grosses emblées en leurs maisons, sur l'intention de ruer jus et mettre à mort les principaux mediateurs ayant cause de ceste haulce. Messeigneurs les officiers, le soubz-bailly et aultres, advertis de ceste conspiration, affin d'éviter plus grands inconveniens, et résister à leur soubdaine machination, firent mettre leurs gens en poinct, cuydans mettre les mains sur les conspirateurs; mas iceux mesmes vindrent à main armée sur lesdicts seigneurs et leurs sequelles, contendans de toute leur force à les mutiler et deffaire; et hurtèrent les uns contre les aultres si rudement que trois ou quatre hommes des mestiers demourèrent mors sur la place. Aucuns aultres de leurs complices, armés et sortys de bastons, se boutèrent en une chapelle de laquelle ils firent forteresse, et la deffendirent contre la puissance desdicts seigneurs. Mais pour le monstre d'aucunes serpentines affutées devant eux ilz vindrent tost après à mercy, et eurent les testes trenchées. Les doyens des febvres, des tapissiers et des tisserans de toiles, et soixante aultres, furent bannis, et les aultres emprisonnés. Environ huit ou dix mutins, soulliés et vaincus de ce crime, jugés à estre decapités, congneurent au destroict de la mort que leur volonté estoit, s'ils pouvoient parattaindre la fin de leurs conceptions, t. uer les deux baillys de Gand, les deux doyens, les eschevins des deux bancs, et finablement tous ceux qui se fussent opposés à leur folle insurrection. Pareillement estoient conclus de piller les églises de Saint-Pierre, Saint-Bavon, les trois ordres mendians, les riches bourgeois de la ville et les lombards; et avoient proposé de marier riches vefves aux joesnes mutins de leur bende, et de renouveler la loy pour gouverner Gand à leur mode.

CHAPITRE LXIII.

La prinse du chasteau de Soles de Bohain et de Beaurevoir.

Ja soit ce que le roy de France à son dernier partement de Cambray eut fait retirer ses enseignes de la cité en restaurant les armes impériales, et commandant à tenir neutralité comme dit est, toutesfois soixante ou quatre-vingts François, desquels estoit capitaine Louys de La Salle, se tindrent au chasteau de Selles, et mirent peine à fortifier pour dompter les Cambresiens et les tenir en grande subjection. Sur quoi aulcuns notables personnages de la ville, doubtans que le roy ne mesist une très fière et très forte garnison dedens ledit chasteau vindrent à refuge à ceulx de Vallenchiennes, où tant exploictèrent par remonstrances ou supplications que les Vallenchienois leur baillèrent cinquante Allemands hacquebutiers, une grosse bombarde, dix bombardiers, ung gros voglaire, un serpentin, trois tonneaux de pouldre avec quatorze chariots à mener manteaux et pavais. Monseigneur de Boussu, lors estant en garnison à Bouchain, pareillement le seigneur de Herchies à tout quelque nombre de gens, donnèrent faveur, assistance et secours aux Cambresiens, lesquels tous ensemble avoient grant desir d'affuter bombardes et engiens pour assiéger les François. Mais aulcuns riches bourgeois de la ville favorisans à leur party avóient la pluspart de leurs biens dedans ledit chasteau. Se fut ceste emprinse rompue. Néantmoins les François tiroient assez souvent sur lesdits bourgeois, tellement qu'ils en occirent à plusieurs fois de seize à vingt. Finalement ils se deslogèrent par appoinctement. Et pour ce que la place estoit ou debvoit estre neutre, partie des gens de messire Jacques de Luxembourg et partie des gens de monseigneur de Fiennes, également portionnés en quantité, en eurent le gouvernement; messire de Boussu et de Hercies retournèrent à leurs affaires; et l'artillerie dessus dicte sans quelque perte fut rendue aux Vallenchiennois.

Assez paisiblement, l'espace de neuf mois, se maintindrent ces deux parties dedans le chasteau de Selles; mais quant vint le vingt-huitième jour d'avril, an soixante-dix-neuf, les Bourguignons, par aulcuns adhérens qui les favorisoient subtillement, entrèrent audit chastel et mirent les François qui léans estoient prisonniers en fond de fosse. Puis lendemain de matin, nos seigneurs de Boussu et de Habourdin, en tout deux cents lances, et les archers entrèrent par la porte Saint-Jehan dans Cambrai; puis en belle bataille se rangèrent sur le marché; dont Cambrisiens furent moult esbahis, car guaires de gens ne savoient leur veuue. Toutefois monseigneur de Boussu par ainsi

parler les reconforta moult; et leur dit en subtance : « Messeigneurs, ne vous fourmonnez de
» riens ; car ce que nous faisons vous tournera
» à grant profit et utilité, et la besognance en
» sera bonne ». Lesquels François prisonniers
en la foeillie furent délibvrés ; se remenèrent leurs
bagues. L'aprés-diner mesdits seigneurs et leurs
compagnies se trouvèrent devant Crevecœur, Oisi,
Esne, Laidaing et Houecourt, qui leur firent obéissance.

Peu de jours après, Philippe, monseigneur de
Ravestain, messire Jehan de Luxembourg, monseigneur de Boussu et monseigneur de Habourdin, ensemble leurs compagnies, considérans que
fortune leur estoit favorable, avec la grande volunté qu'ils avoient de bien besongner, se tirèrent
vers Bohain, et tant exploitèrent qu'ils prindrent
la ville. Les habitans d'icelle voyans que le chasteau de Selles estoit tout réduit au parti des Bourguignons se contentèrent de leur prinse, en espérant meilleur conséquence ; mais les gens de
guerre se tenoient au chasteau de Bohain atendans
toutes adventures, parquoi ceulx de la ville furent
assez, dolans pensans que la pareille division, si prochaine que de chief au membre ou de ville à
chasteau, leur porteroit horrible préjudice, si ils
n'estoient ensemble unis en un parti. Non repugnans
en humbles prières et aigres remonstrances faisoient
les dicts habitans à cest noble seigneur, affin d'assaillir ledict chasteau, et leur présentoient secours,

aide et adresse à leur povre petit povoir. Or estoit la place quasi imprenable, forte oultre mesure, et la mieux sortie d'artillerie que nulle forteresse prochaine; et à ceste cause la seigneurie mettoit ce faict en la balance, car elle doubtoit enconvenancer chose, se la fin n'estoit glorieuse. Prouesse d'aultre costé les incitoit aux armes et leur promectoit d'acquérir grant renom d'honneur perpétuel; et tellement que, tout pesé et mis le foible contre le fort, parce que monseigneur de Boussu les encouragea plus que nulle riens, ils se conclurent à l'assault,

Les sommations accomplies, trompettes firent leur debvoir; gens d'armes mirent main à l'œuvre; archiers tirèrent de bon hayt; ceux de la ville s'acquittèrent; eschelles, pavais et taudis furent en bruit à cest estour; iceulx du chasteau d'aultre costé se défendoient puissament. L'assault qui fut faict de six costés ou lieux dura de deux à trois heures, pendant lequel temps il y eut plusieurs proesses faictes du parti des Bourguignons, lesquels entrèrent ens par les moisnets et aultres trouées. Il y avoit une fenestre barrée de fer, laquelle, de grandes coignies et aultres instruments propices à ce, fut toute rompue, cassée et réduite à plaine ouverture. Le premier qui dedans entra perdit la vue; le second eut si bon secours qu'il obtint fin de son desir; tant que finablement le chasteau fut gaigné d'assault. Les assaillants y perdirent six hommes; entre lesquels termina ses jours Antoine de Lebeque, un vaillant homme d'armes au seigneur de Boussu. Les onze de ceux de dedans, qui estoient environ dix-huit hommes de deffense, furent incontinent exécutés; ledict chasteau conquis par force d'armes et pourveu de bonnes gardes. Mes devantdits seigneurs en poursuivant leur prospère fortune, allèrent devant Beau-revoir pour le réduire en ce parti et lui donner un aspre assault; mais les François qui dedans estoient n'osèrent attendre le cop, ains s'enfuirent, abandonnans leur fort; et Jacques bastard de Sainct-Pol, surprit la place avec cinquante lances. Et par ainsi furent reprinses par les Bourguignons ces deux fortes places appartenantes à monseigneur le comte de Sainct-Pol, ains le terme des trèves expirées. François advertis de ces nouvelles, furent en grand esmai pour reconquerir les forteresses perdues. Environ la fin du mois de mai, ils amassèrent les garnisons des frontières voisines, et firent une armée de huit cent à mille lances, et grand nombre de franc-archers soubs la conduite du seigneur Des Cordes, du marissal de Gey, du seigneur de Vaulx et aultres, lesquels, de prime venue, re-prinrent Oisy, Crevecœur, Laidaing et Esne; et la nuit de Pentecouste en suivant, se trouvèrent devant le chasteau de Beaurevoir, où ils affutèrent leurs engiens et livrèrent un gros assault, lequel dura jusqu'à la nuict. Plusieurs François perdirent leurs vies. Jacques de Sainct-Pol et les siens se deffendirent vaillamment; mais pour ce qu'ils avoient faulte de vivres et que la rareté d'icelles vivres ne pouvoit suffire à la quantité de ceulx qui estoient là dedans, ils se partirent, saulfs leurs corps, leurs biens, leurs chevaux et leurs armes. De ce mesme train iceux François et leurs batailles environnèrent la ville de Bohain; monseigneur de Habourdin estoit dedans avec cinquante lances, attendant leur puissance, qui avoit très grande volunté de résister à leurs emprinse; mais sans faire semblant d'assault retournèrent avec leurs proies.

CHAPITRE LXIV.

Comment François mirent grande peine d'embler la ville de Douay.

Sur toutes aultres villes en l'obéissance de monseigneur le duc d'Austrice, François cueillirent en haine la bonne ville de Douay; et l'avoient en telle despection qu'ils ne la daignoient nommer son nom propre, ains l'appeloient la *Rouge-Ville*. Et n'est pas merveil se ceulx de ladite ville estoient fort ennuyés de leurs ennemis, veu que toujours firent forte guerre et leur monstrèrent bon visaige; et aussi, avec leur garnison qui estoit assez felle et fière, ils avoient haults et puissans seigneurs, monseigneur le comte de Romont, le seigneur de Fiennes, le seigneur de Chanteraine, Salezar et aultres, lesquels les induirent à ce faire, et lesquels par grant labeur, advis et subtilité fortifièrent eurs villes en divers quartiers de bastillons, boluverts, trenchis, moisnets et faulses braies.

Plusieurs attemptats cauteleux quirent François journellement pour les avoir en leurs attrapes, par promesses, par fallaces, par menaces, par sommations, par aguets, par espouventement de famine, en faulchant et ardant les bleds, par courses et diverses rencontres, par engiens tirés en leur ville, par faicts d'armes et singulier champraige de hommes contre hommes, et finablement par emblée. Advint, le seizième jour de juin, an soixante-dix-neuf, que plusieurs compagnies françaises, environ trois ou quatre mille, s'assemblèrent dedans Arras, lesquels cautelleusement conclurent d'embler la ville de Douay. Dont, pour achever leur emprinse, ils chevauchèrent cautelleusement toute la nuict, et amenèrent avec eux pieds de chièvres garnis de fer, gros baulz et certains instrumens, sur intention de saisir la porte d'Arras, et la tenir ouverte jusques à ce d'avoir tué et occis les portiers, et que leurs gens se feroient les maistres; et de faict firent quatre embusches. Les uns se couvrirent des bleds et avoines; aultres se habillèrent en manière de paysans et hostiers, portans pain et vivres pour abuser les guides de ladicte porte et ville; mais un bon Bourguignon en coraige manda leur cavillation secrètement par une femme à un sien ami à Douay. lequel en advertit messeigneurs de la justice, emsemble ceux lesquels regard y debvoient avoir. Lesquels à bon compte advenir tindrent ce jour la porte close du matin assez longuement. Et pour taster s'il y avoit couleur de vérité en ce qui leur estoit donné à entendre, affutèrent une serpentine, et tirèrent au quartier où ils espéroient que la plus grosse embusche povoit estre logiée. Du cop de ceste serpentine furent François descouverts, tous lesquels assez confus s'en allèrent frustrés de leur folle prétente. Apres ceste retraite, ès lieux visités où ils se tapissoient furent trouvés les baulx et les ferrailles servans à leur cauteleux larchin; et de ce jour en avant furent Douay et les villes sur frontières merveilleusement sur leurs gardes, tant pour résister à leur malicieux aguet que pour les trèves, lesquelles brief se déclinoient.

Monseigneur de Boussu print en garde la cité de Cambray que les François menaçoient souvent; et avoit en sa compagnie cent lances, deux cents archers et quatre cents piétons, lesquels furent payés et livrés par la ville de Vallenchiennes. Le roy d'autre costé ne se confioit guères à son peuple de la ville d'Arras, nouvellement converti à sa loi, et doubtoit beaucoup d'estre mesuré de pareille mesure dont il voloit mesurer les aultres. Se fit bouter et chasser hors tous les manans et habitans, tant de la ville que de la cité, gens d'église, femmes et enfants; si les envoya demeurer à Paris, à Tours et à Rouen; et ceux desdites villes de France, bourgeois, marchands et gens connus, delaissèrent leurs maisons et vindrent résider, demeurer et habiter en ladite ville et cité d'Arras, laquelle fut de ce jour en avant par eux nommée *Franche-Ville* ; et l'official de l'evesque s'escrivoit en latin, *Officialis libertinensis*. Pensez quel doeil au cœur debvoient avoir autant les uns que les aultres, à l'angoisseux département du lieu de leur nativité, et delaissant leurs héritages, maisons, gardins et lieux plaisans, et quérant estrange patrie différente à leur nation.

L'église de Sainct-Vaast d'Arras, la plus seignourieuse et notable abbaye de toutes les marches voisines, et laquelle par avant avoit esté servie, décorée et furnie de vénérables personnages et honnestes et en grand nombre, fut pour un temps tant mise au bas qu'il n'y avoit religieux qui chantast une seule messe ; ains estoient tant prieurs et proffès dispers, fugitifs, vacabonds et mendians par les pays. Et estoient leurs cloistres, dortoirs et dévotes chapelles pleines des religieux de Mars, de gendarmes et compaignons de guerre, lesquels, en lieux de plains chants notables et à Dieu adreschans, chantoient chansons infames et deshonestes et à lui desplaisans, jouoient à dez, à tables, cartes et aultres jeux méchants, et en lieux de saincte lecture, disoient à Dieu injure.

CHAPITRE LXV.

La reddition de Verton faicte à monseigneur le comte de Chimay, lieutenant-général de monseigneur le duc d'Austrice au pays de Luxembourg.

Pendant ces trèves, la ville de Verton estoit garnie de François, Bourguignons, Espagnols, Lorrains, et Barrois entremeslés ensemble, et de plusieurs routiers et grands pillards de guerre, tant de cheval que de pied, lesquels tenoient la ducé de Luxembourg, et ceux de Metz en très grande subjection. Dont, pour délivrer les pays à l'environ de ceste cruelle et misérable servitude et extirper la proterve rachine de ceste faulse et horrible laronnerie, monseigneur le comte de Chimay, La Barbe, le sanglier d'Ardenne, le marissal de Luxembourg, le seigneur d'Autel, le seigneur Du Fay, le seigneur d'Estroen, le Veau de Bouzenton et les Namurois, en nombre quasi de dix mille, assiégèrent la ville, et laquelle fut horriblement battue de bombardes et gros engins.

Ceux lesquels estoient dedans doubtoient l'assault; et, comme domptés et moult descouragés, voyans que plus avant ne polrent tenir serrés, furent contraints par pure nécessité de querir leurs appointemens; et trouvèrent en substance traicté tel qu'il s'ensuict.

» A l'humble supplication et requestre de Perico de Lorado et gens de guerre, mayeur, justice, et habitaus de la ville de Verton, monseigneur le comte de Chimay, premier chambellan de mon très redoubté seigneur, monseigneur le duc d'Austrice, de Bourgongne, et son lieutenant-général en son pays de Luxembourg; aujourd'hui, vingt-septième jour de ce présent mois de juin, a passé le traicté en la manière qui s'ensuict.

» Premier, la ville de Verton sera mise ès mains de mondict seigneur le lieutenant, et de ce en seront baillés de bons hostages.

» *Item*, tous prisonniers qui sont des pays et serviteurs de mon très redoubté seigneur, de madame la duchesse sa compaigne, et qui sont ès mains des gens de guerre estans audict Verton et où qu'ils soient, seront quites; et autres prisonniers, tant de Metz et autres lieux, seront mis ès mains de mon dict seigneur le lieutenant, et de ce en bailleront lesdicts gens de guerre bons hostages.

» *Item* tous gens de guerre, tant de cheval que de pied, qui seront des royaulmes de France et d'Espaigne, s'en iront à pied et en pourpoint, un blanc baston en leur poing, sans povoir porter aulcune chose de leurs bagues et biens.

» Et tous aultres qui sont des pays de mondict seigneur et madame la ducesse sa compaigne, ou manans et habitans en leursdits pays, demoureront en la bonne grâce et plaisir de mondict seigneur le lieutenant.

» Et tous ceux qui sont des pays de Lorraine et Barrois, ou qui sont infracteurs de paix ou traicté faict par messeigneurs des alliances de la Haulte Allemagne, demoureront au bon plaisir et volunté de mondict seigneur le lieutenant.

»Et sera compris le Grand Gillet au traicté de ceulx qui s'en iront un blanc baston en leur poing.

« Et ne polront lesdits gens de guerre estre pour le présent en ladite ville de Verton, ni aller dedans un mois ès places de Dampvillers, Marville, Chamecy et Loupper; et mondit seigneur le lieutenant fera conduire lesdits gens de guerre jusques oultre la rivière d'Othan surement et saulvement des sujets et serviteurs de mondict seigneur et de ceulx de la cité de Metz.

» Toutes lesquelles choses, et une chacune d'icelles, nous Perico de Lorado, pour moi et pour toutes les gens de guerre, tant de cheval que de pied; et nous mayeur, justice et communauté de ladite ville de Verton, avons promis et juré de bien et loyaument entretenir le traicté dessus dict et le contenu d'icelui, témoins nos seings manuels de moi Perico et de nous lesdits mayeur, justice et bourgeois cy mis ledit vingt-septième de juin l'an mil quatre cents soixante-dix-nœf. »

Monseigneur de Chimay en ce voyage conquist sept chasteaulx, places imprenables et quasi inaggressibles.

CHAPITRE LXVI.

La journée de la Viefville que l'on dict de Esquinegatte, emprès Terrewanne.

Tant excellents et de merveilleux comptes furent les haults et glorieux exploits du duc Maximilien et de sa baronie à la journée de la Viefville, que ma foible plume assez rude ne polroit escrire le dixiesme. Néantmoins ce peu que j'en ai peu sentir par le record de gens dignes de foi, présens lors et estans sur le camp où s'engendra l'honneur de la victoire, je l'ai cueilli et amassé sous la verge et correction de ceulx lesquels plus avant en sceurent, en protestant, se besoing est, de eslargir et de sincoper le moins ample et le superflu.

Le très redoubté duc d'Austrice voyant expirer le temps de la trève, terminant au mois de juillet, par l'ardent amour et bon zèle qu'il avoit au bien des pays et au salut de la chose publique, se tira sus frontières d'ennemis ; et à l'entour de la ville de Sainct-Omer assembla très grosse puissance, laquelle parmi ses ordonnances, Bourguignons, Allemans, Flamends, Picquars, Anglès et aultres nations, sans comprendre les armées de monseigneur le prince d'Orange et monseigneur le comte de Chimay avec aulcune garnison, fut estimée au nombre de vingt-sept mille et quatre cents combatans. Quand le duc Maximilianus se trouva si bien accompagné et honorablement servi de ses bons et léaulx subjects, lesquels désiroient moult le reboutement des François et l'avanchement de son honneur, il se partit de Sainct-Omer le vingt-cinquiesme jour de juillet, et tint son ost à Arques environ trois jours. Et pour ce que la ville de Thérouanne possessée des ennemis, estoit la prochaine frontière qui grevoit la comté de Flandres avec le demourant d'Artois, par la mauvaise fenestre dont le vent françois se dégorge ; pour restouper ceste trouée et gouffre, il proposa de tirer celle part et fit trois ou quatre logis avant de venir devant la ville, tant à Clarques que aultre part. Finablement, le joedi en suivant, se logea devant Terrowaine, et fit semblant de l'assiéger, car il fit affuter bombardes, lever manteaux et abattre murailles ; et fut logé de sa personne en une maison de bois derrière l'abbaye de Sainct-Jehan-au-Mont. Il fut servi à l'aborder de traits à pouldre drus et menus, car les François affutérent une serpentine, laquelle tiroit directement dedans le portail de ladicte abbaye; aussi fut toute son armée assez durement recueillie.

Il y avoit dedans la ville quatre cents lances bien en poinct, et quinze cents arbalestriers, desquels estoit principal capitaine monseigneur de Sainct-Andrieu, lequel ne tint pas ses souldars en oyseuse, mais très souvent resveilloient les Flamens. Pendant ce temps, le duc fut adverti que François se mettoient sus à grand effort pour le desloger à l'espée, et lui livrer grosse bataille; et de faict trois cents lances de leurs gens estoient desjà en Tenen, un gros village, lesquels cherchoient leurs bonnes adventures. De ces nouvelles le duc fut merveilleusement resjoui, car il ne desiroit que à soi joindre à ses ennemis face à face ; et de faict les voloit querir au logis où ils séjournoient. Nonobstant son haultain voloir, il remit la chose en conseil ; et lui fut remontré par une raison apparente, comment il n'avoit en tout son ost que huit cents et vingt-cinq lances, dont la pluspart ne suffiroit à rompre ceulx dudit village, et l'autre ne seroit vaillable à préserver son exercite. Mais sur ce fut délibéré que Salezar, accompaigné de cent à six vingts chevaliers, porjecteroit lesdits François. Salezar doncques, lequel ne fut jamais lassé de faire quelque bonne emprinse, hardi comme un Hector, subtil comme Ulysse, heureux comme César, plus asseuré avecque ses petits Scipions que n'estoit Achille entre ses myrmidons, chevauchant jusques à Tenen, trouva les François audict village, et lesquels furent de prime venue desfaicts et mis à grand desroi. François tournèrent le dos ; Salezar les poursuivit ; furent rués jus par terre et eurent qui les recueillit. Ils perdirent leurs chevaux ; Salezar les attrapa ; lequel avec cinquante ou soixante bons prisonniers et autant de chevaliers, tous lesquels il amena en l'armée de Bourguignons, pour donner certain témoignage qu'il avoit veu ses ennemis ; et perdit des siens moult petit nombre.

Et lors couroit la renommée que les François estoient à Blangey. Le duc, plus désirant de voir

leurs estandards que n'est le cerf de boire à la
clère fontaine, les voelt à toute fin quérir sur
ledit lieu ; mais le conseil de sa noble baronie,
d'aulcuns expérimentés en ce très noble mestier
d'armes, porta comment Blangey estoit quasi inagressible, moult forte de sa propre nature, tant de
canals que de rivières, et desquels mots le duc se
contenta. Salezar, qui souvent avoit l'œil au quartier de ses ennemis, print de reohef un prisonnier,
lequel afferma pleinement au duc et à sa seigneurie que les François estoient résolus de le
combattre dedans heure de none, le sabmedi septième jour d'aoust. A ces mots, le duc Maximilian renouvella son hault ardent desir, et redoubla
sa joye oultre mesure : car aultre rien ne desiroit
au monde que de soi joindre aux batailles françoises; mais pour ce que son armée estoit séparée en
trois parties, et que l'une ne povoit aider l'aultre, il
eut conseil de desloger sans les attendre celle part
et de les quérir au fer de la lance. Il fit lever son
artillerie, tentes, pavillons et manteaux ; et fit
mener ses bombardes à Aire. Si ne retint que ses
engins volans, puis retourna à son premier logis.
Nul ne polra penser, viser ne mettre en escript les
hideux opprobres, infameux scandales et venimeux languages que les François jectèrent, dirent et desgorgèrent au département de l'armée,
cuidans que les Bourguignons s'enfuissent et se
retirassent à Aire ; et mandoient aux François
estans à Blangey, qu'ils les chassassent; et toutesfois
il en advint autrement. Les Flamens, qui les enten-

dirent, furent fort animés sur eux; et proposèrent de eux-mesmes, si jamais dompter les povoient, d'en prendre une horrible vengeance. Monseigneur de Fiennes, comme maressal de l'ost, eut charge de faire les ponts; et fut accompagné de messire Josse de Lalain et de messire Jehan de Berghes; et monseigneur de Mingoval, fut envoyé de par le duc pour trouver passage décent à conduire engiens et charroi, lequel trouva un pont tout faict sur la rivière de Cresecq; et pour ce qu'il ne suffisoit à passer toutes compagnies, il fit faire un grand pont, des manteaux et des bombardes du duc, lesquels manteaux furent rués en l'eau après que l'armée fut passée, afin que les ennemis ne les suivissent. Et ce fit monseigneur de Nassau, lequel mit sus archers en l'eau pour garder ce passage, messire Loys de Cene et messire George d'Escornet avec quatre mille Flamens.

Quant l'aube du jour fut crevée, le sabmedi dessus nommé, le duc fit passer son armée en notable et belle ordonnance. Premiers cheminèrent piétons, chantans et demenant grand resveil, aussi joyeusement ou plus que les femmes qui vont aux nopces; puis le charroi s'en alla son train; et les gens d'armes en suivant passèrent au pont, et piétons à guet. Et se les Bourguignons avoient grand desir de combattre aux François, les François desiroient autant ou beaucoup plus de eux joindre aux Bourguignons; par quoi ils deslogèrent de Blangey, et passans par Libourg, menèrent charrois, vins et vivres droict sur la montagne de

Enqui. Ils avoient vingt-deux estendards, dix-huit cents lances, quatorze mille francs-archers, grand nombre d'artillerie volant, dont les deux principales pièces estoient la Gringade et la Girade, bourbonnoises. Et quand l'armée des François fut venue sur la montaigne, icelle montaigne sembloit mieux estre de fin acier poli que de terre, car le soleil resplendissoit sur leurs salades et armures.

Or est que entre icelle montaigne d'Enqui et l'armée des Bourguignons y avoit une autre montaigne qui se nommoit d'Esquinegatte, dessus laquelle le seigneur de Baudricourt, avec deux cents lances se monstroit pour s'escarmoucher; et au val de ces deux montaignes estoit le charroy des François. Le duc, voyant ses ennemis en front et en ordre terrible et cruel, considérée sa tendre adolescence, ne changea par espouvantement semblant de face ni couleur, mais il monstroit chair joyeuse, hault voloir et grand hardiment, plus asseur en ses noirs lions que Julius Cesar en ses légions; car par meure diserétion, il disposa de ses batailles, et donna charge à Salezar de soustenir les escarmouches; lequel duroit ceste journée besogne très momentanée. Toute son armée fut mise en une seule masse; et ne fit ruer que une seule bataille, tirant sur la fachon d'une herse; et mit premièrement en pointe cinq cents archers anglois piétons, sur la conduite de Thomas d'Orican; lesquels furent accompagnés d'autres archers, arbalestriers, culeuvriniers et Allemans hacquebustiers jusques au nombre de trois mille; puis les engins du duc entresuivoient, qui faisoient très bon debvoir de tirer sur François. Conséquemment la bannière du prince tenoit son ordre, laquelle portoit pour lors Anthoine de Duzée, natif de Bourgogne, escuyer d'escuyerie. Josse de Hem porta le penon d'Allemaigne, où il avoit très grande confidence et singulier refuge, ensemble messeigneurs les comtes de Romond, de Nassau et de Joigny, lequel fut blesché en la gorge et fort batu, et aultres puissants chevaliers expérimentés de la guerre, dont il avoit conseil et recréance. Et fut ce jour accompagné de Philippe, monseigneur de Ravestain, monseigneur de Bièvres, monseigneur de Croy, monseigneur de Fiennes, marissal de toute l'armée, messire Josse de Lalaing, messire Jehan de Luxembourg, messire Baulduin de Lannoy, monseigneur de Ham, messire Jehan de Berghes, monseigneur de Habourdin, monseigneur d'Erchouwez, monseigneur de Ligne et Brabenchon, monseigneur de Montigny, monseigneur de Mingoval, messire Jehan d'Adise, le grand bailli de Gand, monseigneur de Pieruez, messire Olivier de Croy, monseigneur de Chanteraine, monseigneur de Brimeu, monseigneur de Wargny, monseigneur de Famars, Charles de Croy, seigneur de Quieuvrain, aisné fils du comte de Chimay, messire Jehan de la Gruthuse, Salezar, Cornille de Berghes, Claude de Zucre, Le Moine de Renti, et plusieurs aultres grands personnages bons vassaulx et léaulx subjects, qui plutost la mort choisiroient que reproche de leur honneur.

Monseigneur le comte de Romont estoit principal ducteur des Flamens, accompagné du comte de Solre, Allemand, qui milita vaillament ceste journée; de monseigneur de Salenove, natif de Savoye, du seigneur d'Auby, de Claude de Zucre, et aulcuns compagnons bien instruits au mestier d'armes.

Monseigneur de Nassau avoit aussi une très grosse charge de Flamens picquenaires; et avoit en sa compagnie un noble escuyer de Bourgogne, nommé la Mouche, lequel honnestement besongnoit en cest estour. Pareillement Jehan de Vy, Philippe d'Ale, Robin Gaillard, Claude de Roussillon, natif du pays de Bourgogne et aultres en grande multitude, capitaines et routiers de guerre, conduirent lesdits Flamens si bien, que l'honneur leur en demoura. Et avoient iceulx grands personnages, et la pluspart de leurs serviteurs et sequelles, chacun le bras dextre nud, pour démonstrer que peu ou néant ne doubtoient leurs ennemis. Les huit cents et vingt cinq lances que le duc avoit seulement, tous par nombre de vingt cinq, furent ordonnées hastivement sur esles de toute la bataille.

Ce temps pendant, François pensoient à leurs affaires; car ce jour, monseigneur Des Querdes, lieutenant-général du roi, et haultement accompagné de monseigneur de Saint-Pierre, monseigneur de Baudricourt, monseigneur de Magny, messire Maurice Brandelies de Champagne, François de la Saulvague, monseigneur de Saint-Andrieu, monseigneur de Belloy, Conbrian, le Moisne, Clochier de Beauvoisie, Kerkelevont, Jacques d'Aillon,

Pierrin des Aiges, le lieutenant du marissal de Loheac, le lieutenant de monseigneur de Torsi, le lieutenant de monseigneur de Joyeuse, le lieutenant de monseigneur le gouverneur de Limosin, Jehan de Chanu et Maunoury, avec plusieurs routiers de guerre, disciples de Mars, ennemis de paix, flagelleurs de peuples, durs comme métal, legiers comme daims, nourris en fer, et usités de respandre le sang humain. Messire Philipe de Crèvecœur seigneur Des Querdes, chevalier de la Toison-d'Or, qui tout le temps de sa jeunesse avoit été eslevé et nourri en la triomphante maison de Bourgogne, avec le très puissant duc Charles, estoit principal conducteur de l'armée françoise. En faisant aulcuns chevaliers, comme le seigneur de Crequy et aultres, il divisa son ost en trois batailles, et le rangea contre le duc d'Austrice, son naturel prince, seigneur et maistre ; puis pour inciter les François à faire très bien la besongne, il proféra ces mots, ou pareils en substance :
« Noble fleur de chevalerie, les odorans par toute
» Europe, gens les plus famés du monde, qui par
» vos bras chevalereux avez tiré fin glorieuse de tant
» d'excellentes besongnes; et de tant de mortels
» perils estes eschapés sans dangier, monstrez vos
» hardis coraiges; desploiez vostre grande prouesse;
» servez le roi; gaignez honneur. Si vous savez rien
» de secret en subtilité de guerre ou bataille, si l'em-
» ploiez à ceste fois. Voyez ci l'orgueilleuse assem-
» blée de vos ennemis capitaux, que tant desirez à
» combattre ! véez-ci les chiens mastins et rebelles

» persécuteurs de ce royaulme, qui derognent à la
» couronne. Livrez-les tous aux tranchants de vos
» espées; faites debvoir, car il est heure. »

Pareillement le très hault duc d'Austrice amonestoit ses vassaulx à bien faire; et comme ceulx qui le recordoient qui les mots cuidoient entendre, monstrant semblant doux et riant, se print à dire en telle manière.

« Rejouissez-vous, mes enfants, rejouissez-vous de
» bon cœur, voi-ci la journée venue que long-temps
» avons desirée. Nous avons les François en barbe,
» qui tant de fois ont courru sur nos champs, des-
» truict vos biens, brulé vos hostels, travaillé vos
» corps. Employez vos sens et toutes vos forces;
» il est heure, mes beaux enfans, il est heure de
» besongner. Nostre querelle est bonne et juste. Re-
» querez Dieu en vostre aide, qui seul peut donner
» la victoire, et lui promettez de bon cœur, que en
» l'honneur de sa passion, vous jeusnerez contens de
» pain et d'eau par trois vendredis ensuivants; et s'il
» nous veult sa grâce estendre, la journée sera pour
» nous. «

Adonc chacun leva sa main en lui promettant ainsi faire. Flamens furent tant resjouis et contens de son bon voloir, que plusieurs fondoient en larmes de léesse qu'ils avoient. Se disoient en leurs couraiges! « O noble fleur d'adolescence, royale semence,
» impériale branche, duc, archiduc, duc le plus
» grand du monde, qui de ton arche paternelle,
» très sacrée inclite maison, est descendu en Flan-
» drine contrée pour nous oster de la grande ser-

» vitude. Nous sommes tes propres oailles, tu es
» nostre père et pasteur; et nous voyons les loups
» famils qui pour nous mordre et engloutir vien-
» nent sur nous les gueulles béeés. Ne fais doute, duc
» très auguste, nous viverons et mourrons avec toi.
» Si tu vis oncques bons sujets léalment servir son
» seigneur, tu le verras en cest estour. »

Le duc, pour exaulcer noblesse et esmouvoir les bons couraiges à tout hault vertueux emprendre, créa nouveaux chevaliers : Charles de Croy, seigneur de Quieuvrain, fils aisné du comte de Chimay, Adrien de Blois, Jehan Grecy, qui vaillamment se porta, George de la Roche, Pierre de Noyelles, Loys de Praet, Jehan de la Gruthuse, Michel de Condé, Anthoine de Barlette, Thomas d'Aurican et autres, esprins de bon voloir pour l'honneur de leur prince en soustenant la bonne querelle.

Sitost que le cri fut donné, et qu'il estoit temps de marcher, les Anglois qui furent en poincte à la mode d'Angleterrre, se prémunirent du signe de la croix, baisant la terre ; Bourguignons et Flamens avoient vent et soleil à l'avantaige ; il estoit deux heures et plus quant la bataille commença. Combien qu'ils fussent travaillés de la chaleur, qui estoit grande, ils eurent telle ardeur de combattre que guaires ne leur fut de menger ne de boire ; et d'une voix assez resonnante, crièrent Sainct-Georges ! Bourgogne ! de très bon couraige.

Pour ce que les engins de monseigneur le duc d'Austrice travailloient fort les François, monseigneur Des Querdes fut contraint de diviser par grosses esquadres pour environner les Bourguignons, à cinq ou six cents lances et grant nombre de francs archers, avecque les archers des ordonnances qui le suivoient à la queuwe, et lesquels eslevèrent ung haultain cri, moult terrible et impetueulx, et commencèrent à marcher à la file du lez vers Dunquierke; et en passant devant un bois, tirèrent à main droicte, faisant un demi tour pour venir bailler sur les èles des gendarmes de cheval de Bourgogne. Si donnèrent rudement sur iceulx et d'un très grand couraige; et Bourguignons, à peu de marche, leur donnèrent visaige et les sustindrent puissament. Et se joindirent les compagnies des Bourguignons, qui paravant marchoient par esquadres sur l'esle qui soustenoit les piétons; mais, par puissance ennemie, la compagnie des Bourguignons fut séparée et coupée hors de l'aile des Piquards, tellement qu'ils furent constraints de prendre chemin vers Teruane. Aussi les seigneurs de Brimeu, Guillaume de Bouzenton, monseigneur des Pierres, messire Holquestain, Allemand, et aultres, furent poursuivis jusques sur les fossés de la ville d'Aire, par une compagnie de François, avecque une autre bande qui se mirent à ruer jus les vivandiers des Bourguignons. La compagnie des François avoit derrière elle les francs archers avec ceux des ordonnances, qui trouvèrent en barbe la compagnie de monseigneur de Nassou, qui les despescha et print si verd, qu'ils n'eurent loisir de bander arcs ne de tirer espées ; et furent rués jus en un villaige auprès d'une haye, par Allemands, Picards, Bourguignons, Anglois et Flamens, lesquels en firent horrible boucherie.

A la desconfiture desdits archers voloient venir les Bourguignons piétons ; et avoient les capitaines d'iceulx beaucoup de peine pour les entretenir ensemble, afin de non rompre la grosse armée pour les adventures qui survenir porroient. Et est à assavoir que, à celle mesme heure que les compagnies françoises et bourguignones hurtèrent ensemble, y eut peu de gens morts, mais grand planté de lances rompues. Lesdicts François, archers de France et de l'ordonnance, furent despeschés par les Bourguignons, comme dit est. Or pensez quel estonnement, quel cri et quelle horrible noise se firent en ces deux batailles d'engins, de gens et de trompettes. Le son reverberoit en l'aer tant violent et merveilleux, que se Dieu euyst lors tonné, ils n'euyst point eu d'audience. Traict voloit en l'aer plus dru que grésil en temps de gelée ; et là y eut maint horion donné, maint penon abattu, maint cheval enfondré, maintes lances brisées, maint homme renversé, maint heaulme cassé, mainte flesche tirée, maint archer esgueulé, mainte gorge coppée. Là combattoient, par manière de dire, croix fourchues contre croix droictes, hallebardes contre agus tranchants, picques contre couteaux prageois, lions contre loups ravissants, et liéppars contre cerfs-vollans,

14.

Bourguignons, Flamens et Anglois contre Mamelus et François. Tous ceux qui soustindrent ce faiz, tant de cheval que de pied, sont dignes de très grande loenge. Et dict-on que le duc d'Austrice chargea dessus un homme d'armes, sur lequel il brisa sa lance en trois pièces, et abbatit ung franc archier d'ung baston qu'il avoit en sa main; et depuis print un prisonnier, nommé Alexandre, de la nation de Bretagne, lequel lui donna sa foi.

Advint en ce très dur rencontre que Philippe monseigneur, très preux et vaillant de son corps, jeusne d'eage et plein d'esprit, donna dedens comme les aultres, où il acquit honneur et bruit; mais il se fourra si avant, pour ce qu'il estoit fort monté, que quand il se cuida rejoindre en sa bataille avecq les aultres, il trouva les François en poincte, et fut couppé et sequestré des Bourguignons. Il avoit une manteline de drap d'or, riche et gorgiase. Si cuidèrent ses ennemis avoir trouvé le duc d'Austrice; il fut accueilli de dix lances qui lui tindrent le fer au dos et lui donnèrent une chasse jusques à demi lieue d'Aire; lequel se vint à Aire; et semonnoit et requist tous fuyants qui estoient à Aire, de retourner en la bataille avecq lui. Dont, avecq tous ceulx qu'il en peult recouvrer, revint en l'ost et fut bien venu et recoeilli. Au premier hurt de ce très dur rencontre dessus dit se partirent par aultre sorte aulcuns Bourguignons, environ trois cents chevaliers, comme don Ladron et aultres. Autres trois cents lances françoises, voyant que lesdits Bourguignons estoient fort embesongniés à despescher les francs-archers pour les embrascher d'une aultre esle et leur donner nouvelle besongne, se partirent de la grosse puissance ; et en passant par devant la Viefville, vindrent charger sur le charroi du duc, et occirent les vivandiers, prebstres, séculiers, mendians, religieux, femmes enchaintes, paiges, ladres et les enfans qui pendoient à la mamelle. Ceulx qui estoient ordonnés à l'arrière garde pour les protecter et deffendre, se joindirent à la grosse bataille ; et avoient tel ardent desir de combattre leurs ennemis, que leur sembloit bien que jamais n'y poroient venir à temps ; et habandonnèrent richesse pour gaigner honneur par prouesse. Toutefois il y eut grosse perte, tant de joyaus, vestures, vaisselles et bagaiges, comme de pouvres vivandiers occis et piteusement mutilés.

O très noble maison de France, renommée très chretienne, qui par la doulceur et suavité et miséricorde, qui en toi doibt resplendir plus que en nulle aultre, es doée des fleurs de lis dorées ; tu as faict criminel excès. Tu combattois jadis les Sarrazins, et tu occis les povres orphenins ; tu exaulchois l'église et ses pasteurs, et tu destruis ses povres serviteurs ; dompter sollois tyrans et frelles gens, et tu deffais les povres innocens. France ! France ! tu as faict grant souffrance, aux impotens ; tu as accis les mors, ladres et meseaulx, et commis grief oultraige, voire et la plus honteuse playe qui jamais advint en ton règne.

Souvent François rassemblés en bon nombre se travailloient d'effondre la compagnie des piétons qui fut conduicte sous la main de monseigneur le comte de Romont et le comte de Nassou ; mais les Flamens estoient tant bien duits et usités de bastons et de picques, qu'ils n'osoient fourer en eulx, ains en planant retournoient confus. Ce jour n'y eut si courrageux François, qui les poelt descocher ne esbranler. Pareillement, la compagnie que conduisoit le comte de Nassou eut plusieurs mortels grans assaults, et demora ferme en estant sur le camp; mais il survint une grosse puissance de la grant masse des François, qui tant bouta par force d'armes, qu'elle gaigna l'artillerie du duc, vent et soleil qui très fort l'empeschoit. Chose admirable, et chose retournée ils servoient les Bourguignons du traict de leurs propres bastons. Bourguignons eurent ce hasard, qui furent esbahis et troublés; mais monseigneur le comte de Romont voyant le faict des Bourguignons en bransle et en grand dangier de perdre la journée, retourna tout soubdainement vers la seconde compagnie, pour lui donner ung surcroi de renfort ; et lui, plus animé que ung tigre entre ses petits lionceaulx, et chevalereux, champion comme inspiré de divine proesse, reconquit l'artillerie du duc en reboutant les François à puissance ; et, qui plus est, en poursuivant leur bonne fortune, tous embrasés du brandon de vaillance, puissans de bras et hardis de couraige, conquirent le camp des François, leur vin, leur chaire et leurs vivres, et trente-sept pieces d'artillerie serpentines et gros bastons.

Là trouvèrent les Bourguignons, pain, sel, farine et moutons cras ; là furent très bien rafraischis Allemans, Piccars et Anglois ; là beurent Flamens du meilleur, faisans hanaps de leurs hunettes ; et furent François deslogés de leur camp par grant vasselaige. Plusieurs archiers des ordonnances estoient descendus à pied, sur intention d'esgueuler ceulx que leurs lances abbateroient. Se furent chassés de si près qu'ils n'eurent loisir de monter sur leurs chevaulx ; et furent mesme esgueullés par les picquenaires, qui gaignèrent leurs hocquetons chargés de riche orfavrerie.

Quant Bourguignons furent maistres du camp, les François tournèrent en fuite, et Bourguignons leur donnèrent la chasse ; les uns, sans courir gaires long, passèrent par le tranchant des épées ; et les aultres furent chassés jusques aux portes de Sainct-Pol, de Hesdin, de Béthune et de Dourlens. Au destroi des passages prochains, comme à Bony, Enequin, Ripemont, Ergny, Cohen et Loricourt fut la terrible occision. Ceulx qui tenoient leur parti, comme les paysans d'Arthois, qui estoient bons Bourguignons en coer, voyants les François mis en chasse et racourir tristes et desconfis, s'appensèrent qu'ils avoient combattu contre eux et en faveur du duc d'Austrice, et les occirent en plusieurs lieux. Ceulx aussi des bonnes villes ne leur voulurent ouvrir leurs portes, jusques à ce que leurs capitaines, qui vindrent à grosse compagnie, leur donnèrent à entendre que la journée estoit pour eux. Et est facile à croire qu'ils se rendoient Bourguignons, si le duc ou quelque puissance y fust rudement venue; et jà-soit ce que la poussière fut ce jour grande et horrible, toutesfois l'armée du duc s'entretint assez en état; et celle des François estoit ce jour dispersée çà et là, tant par fuyes et par desroi; et ne se peulrent la vesprée trouver cinq enseignes ensemble. Et advint que plusieurs François qui retournoient de la chasse, à file et sans tenir ordre, arrivèrent à leur charroi, duquel ils s'estoient partis, cuidans trouver leurs compagnons pour eux rafreschir et bien boire; mais ils furent fort esbahis quand ils trouvèrent nouveaux hostes qui payèrent leur bien venue d'une picque à travers leurs corps. Les aultres, qui furent plus fins, arrivèrent pareillement sur le vespre; mais pour doubte de l'aventure, afin qu'ils ne fussent connus, ils traînoient leurs estandars. Les Bourguignons les attendoient sans dire mot; et quand bon leur sembla, ils chergèrent sur eux; si les exécutèrent.

Ainsi doncques le très victorieux duc d'Austrice, à l'aide de Nostre-Seigneur, et par la proesse de ses haults et puissans barons, nobles chevaliers et vassaulx, bons subjects et vaillants souldards, qui très léallement le servirent, gaigna le camp, la journée et victoire de la bataille nommée d'Esquineguetes ou de la Viefville. Et aulcuns François qui mieulx aimoient le butin que le hutin, gaignèrent, plus par pillage que par vasselaige, trois ou quatre colliers de l'ordre de la Thoison-d'Or, robes, joyaulx, vasseaulx, et utencilles. Et coucha le duc ceste nuict au lict d'honneur, tendu de glorieuse renommée, au logis des François, auquel il print la patience, et se passa de leurs biens tels qu'il les trouva. Et pour ce que lui et son ost avoient esté environ vingt-huit heures à cheval sans desbrider, et estoient fort travaillés, tant de sommeil et aultres nécessités, le lendemain se deslogea et se logea dedans la ville d'Aire. Le seigneur Des Querdes logea à Blengy, accompagné de quatre enseignes seulement, et au poinct du jour il rentra en Hesdin.

Ceste bataille dura puis deux heures jusques à huict; et demourèrent morts en la place, du parti des François, le comte de Pureux, le seigneur de Maigny, le capitaine Argenterel de Beauvoisis, le lieutenant de monseigneur de Torsi, le lieutenant de messire Meurice seigneur de Dourdan, le Moisne de Broeucq, deux capitaines des piétons de cent hommes d'armes, de six à sept mille francs archiers et aultres en bon nombre; et monta la totale somme jusques à dix mille combattans. Et de la partie du duc d'Austrice furent morts sur le camp, le grand bailly de Bruges, le seigneur d'Alvredinghes, souverain de Flandres, le fils de Cornilles, bastard de Bourgoigne, messire Anthoine de Hallewin audiencier, messire Loys du

Cornet, messires Marquades, de Bussières, Gormot, Charles de Salmes, Jehan de Moleroucourt, Anthoine Lequien, avec environ cent hommes d'armes, six cents vivandiers parmi trente prestres, six ladres, femmes et petits enfans.

Monseigneur le comte de Romont, qui entre tous aultres avoit acquis grant bruict dans la journée, fut navré d'ung vireton à la cuisse; monseigneur de Ligne, qui très honnestement s'estoit conduict en ladicte bataille, fut prins au retour de la chasse des Franchois. Si furent prins, messire Olivier de Croy, lequel se deffendit fort d'une mache d'acier, si que à grand peine en vindrent à chief les François qui le prindrent, messire Michel de Condé, seigneur de Frasne, le grand Pouchain, Allendand, messire Anthoine de Barettes, le seigneur de Grantmez, Flamend de Brusselles, Charles de la Marche, Jehan de la Gruthuse, Bastien de la Tilloy, Quesnoy et aultres.

Les francs-archers qui là gissoient par mons, par cents et par milliers, ès celliers, ès puys et ès hayes, estoient si très fort armés, que à grand peine les povoit-on occir; car chacun d'eulx avoit sallade, gorgerin, longue brigantine à baults colles, espée, dague, gouge, arc, et trousse. N'y avoit en tout le camp quasi nulle lance entière; il estoit semé de bastons, arbalestres, culeuvrines, hallebardes, crannequins et harnais, ou d'aultres armures assez et en telle abondance, qu'on donna cent brigandines pour un double patard la pièce. Les paysans povres et nus qui venoient gens despouiller, s'en ralloient en leurs villages armés comme de petits Sainct George. Les paysans artésiens, espérant que les Bourguignons avoient tout gaigné, tindrent les bois, et firent tant forte guerre aux François, qu'ils n'osoient vuider leurs forts, sinon à grosse compaignie.

D'autre lez, monseigneur Des Querdes fut très mal en grace du roi, à cause que, sur un hazard il avoit mis l'honneur de France. Dont, pour mestre avant ses excuses devant aulcuns qui l'accusoient, il manda tous les capitaines des garnisons à l'environ qui furent à celle journée, et leur fit telle remonstrance.

« Le roi est assez averti du dommaige qui nous
» est advenu. Aulcuns de vous m'ont chargié sans
» raison. J'ai besongné à mon possible ; si vous
» eussiez fait aussi bon debvoir contre les gens de
» guerre que vous avez faict contre les vivandiers,
» prestres, ladres et les femmes enchaintes, qui
» est grande inhumanité et esclandre perpétuel au
» roy, vous eussiez gaigné la bataille ; mais péché
» vous faict grand encombre. Et n'est pas grand
» merveil, se povres paysans ont tué de vos gens,
» car tousjours les avez inhumainement traictés :
» pourquoi je vous conseille que vous leur par-
» donniez ; aussi si nous avons encor un tel essecq
» ils nous donneront le mat et si nous destruiront. »

Et adonc conclurent ensemble de rappeler les

paysans, et seroient prins à merchy; et fut crié de par le roy, que chacun deslaissast les bois et vinst faire sa besongne, et que tout estoit pardonné.

Et ne fut, de vivant d'homme, bataille de plus longue durée, sans cognoistre qui en auroit la victoire, fors celle bataille devant nommée, dicte de Quinnegate, qui fut le septième jour d'aoust an mil quatre cent soixante-dix-nenf.

Et jà soit ce que le très illustre et le très victorieux duc d'Austrice demoura victeur sur le camp, ce ne fut pas sans estre en grand danger de sa personne, veu que le duc estoit comme le signe du bersaud, après qui ses ennemis tiroient, et qui, à l'abordement des deux batailles, avoit vigoureusement sur ses ennemis rompu sa lance, et ne cessoit de bien encourager ses gens à bien faire, par plusieurs fois et en grand péril d'estre attrapé.

Et advint ainsi, que messire Charles de Croy, nouvellement créé chevalier, trouva messire Guillard de Gouy, seigneur de Wildegrade, soi combattant à ung homme d'armes de France. Icelui Charles de Croy cuidant secourir ledit seigneur de Gouy, eut telle fortune que ses estriers rompirent en combattant audit homme d'arme; et ce temps pendant arriva le duc, accompagné de dix chevaliers allemans, entre lesquels estoit Josse de Brant, son escuyer d'escuyerie, portant un penon aucunement semblable au grand estendard, par lequel le seigneur de Quieuvrain re-

cogneut que c'estoit le seigneur duc son maistre;
et après estre séparé dudit homme d'armes
françois, le suivit à la chasse des francs archers, qui
donnoinet la fuite, où cestui s'employa de bon
vouloir. Mais une compagnie de François, en
grande abondance, marchoit pour clorre le passage
de la rivièrette courant le village; laquelle, comme
aulcuns disoient, estoit toute rougie par l'effusion
du sang des francs-archers occis en la bataille
Parquoi chacun print la retraicte arrière d'iceux,
sinon ledit seigneur de Quieuvrain, qui cuidant
prendre nouveau cheval et estriers, à l'aide d'un
archer qui le recongneut, fut en grand dangier d'estre enclos; mais lui remonté fut habile
de rataindre le duc, qui retournoit à la grande
bataille. Et icellui duc illecq venu avecq aulcuns
piétons de la compagnie du comte de Nassou,
s'en alloit fourrer en ung ost d'hommes d'armes
françois, cuidant que ce fussent ses gens, n'eust
esté le seigneur de Quieuvrain, qui s'en perceut; et
le duc, pour en sçavoir la vérité, choisit ung gentilhomme de Picardie, nommé Jennet de Cour-
teville, et lui dit qu'il allast veoir s'ainsi estoit, et
qu'il en rapportast certaine nouvelle, ensemble et
de sçavoir où estoient les anltres seigneurs, capitaines et conducteurs de la bataille. Ledit gentilhomme, pour obéir au duc son maistre, en postposant crainte de mourir, paour et hide qui lui
povoit survenir, se mit à toute diligence pour
achever sa charge. Esprins de grand couraige, s'en

alla celle part; mais en chemin trouva si merveilleux rencontre, que son cheval fut tué et abbatu sur lui; et tost après, cinq francs-archers eschappés de la tuison des aultres, s'amasèrent et reposèrent sur ledit cheval tué, en regardant ledit Jennet soubs ledit cheval, cuidants qu'il fuist expiré; et se prindrent à dire ensemble : « Quoy que soyons fort reboutez, au moins celui-ci » y est demouré ». Ledit gentilhomme se sentant mal à son aise, pour le faict du cheval qu'il portoit sur lui, retira les bras à soi. Parquoi les cinq archiers, voyans qu'il n'estoit encore mort, lui coururent sus de tous lez. Ne faut doubter se ledit Jennet estoit fort estonné, car il se sentoit agressé tant du cheval que de ses ennemis; toutefois iceulx archiers ne le sçavoient comment attaindre, pour la pesanteur du cheval mort qui leur donnoit empeschement. Néanmoins l'ung d'iceulx lui mit la dague sur la gorge; et ledit gentilhomme lui arracha à force de bras, et se coppa les doigts; et quand il gecta sa veue, perceut un homme d'armes de sa connoissance, nommé Jéhan de Walers, auquel il escria aide; et icellui mit lance en arrest, deffit les francs-archiers, délivra ce gentilhomme d'angoisseux péril, et le monta sur son cheval pour achever son message; et se trouva vers le duc, auquel il recita son adventure; et demanda au seigneur de Quieuvrain qui estoit ce gentilhomme ; et lui dit sa nation, son nom et son estat. Parquoi le duc de ceste heure le print en sa grâce, et lui fit depuis beaucoup de biens; et ne fault doubter que pendant le temps que ledit gentilhomme avoit achevé son voyage, il avoit passé par un petit purgatoire.

Les François en bon nombre, et par plusieurs fois, firent leurs affaires d'entamer les devant dicts piétons; mais iceulx, voyans qu'ils tenoient bons termes, les laissèrent, cuidans copper leur assemblée et emporter le duc d'eulx, non sachans que ce fust lui; mais toujours encourageoit ses gens, et mit paine de soi contregarder, jusques il fut parvenu aux aultres, comme dict est. Et trouva, par le rapport dudit gentilhomme, que ceulx pour qui il estoit envoyé estoient ses ennemis, selon ce que lui avoit dit le seigneur de Quieuvrain. Et lors le duc se joindit au grand tas de ses gens, qui estoient en grand souci pour sa personne; et donna tel courage à iceulx, qu'ils marchèrent ensemble virilement et si bien qu'il regaigna son artillerie et en débouta ses ennemis, lesquels avoient tant trouvé d'arcs et de saiettes, qu'ils les firent voler en l'aer comme bouillons de neige en temps d'iver. Parquoi le comte de Joigny, qui vigoreusement s'estoit conduict ceste journée, fut navré en la gorge. Monseigneur le comte de Nassou ayant le bras destre descouvert, se combattit main à main contre un grand puissant homme franc-archier, et le vainquit. Messire Jehan de Crimaighes, seigneur de Palmes, eut deux chevaulx tués sous lui, l'un après l'aultre, et chevaleureusement se porta. Philippe de Mamines; releva l'enseigne que l'escuyer d'escuyrie avoit laissé cheoir, lequel escuyer avoit eu son cheval perché de deux lances et plusieurs coups d'estoc ès lames de sa cuirasse; et fut bien battu ceste journée. Aultres faicts d'armes par plusieurs compaignons de guerre furent achevés en ce jour, en plusieurs et divers quartiers, qui ne sont venus à cognoissance, et dont le record causeroit attédiation aux escoutans.

CHAPITRE LXVII.

La destruction des chasteaulx de Malannoy et de Liette, ensemble aulcunes courses d'ung parti et d'aultre qui lors advindrent.

Environ le mois d'octobre, l'an mil quatre cent soixante et dix-neuf, très illustre prince, monseigneur Maximilian, duc d'Austrice, remit sus une grosse armée, et assembla en aulcunes places autour de la ville d'Aire, de neuf cents à mille chevaux de ses ordonnances, et trente-six mille piétons, Bourguignons, Flamens et Brabanchons, puis se tira devant ung chasteau nommé Malannoy, où il y avoit trois forts qui n'estoient de petite estime. Toutesfois le duc le fit assiéger et battre de gros engins par le comte de Romont, qui puissamment s'en acquitta. La batterie férit par l'espace de trois jours continus. L'assault fut donné audict chasteau, duquel estoit capitaine pour les François, ung vaillant homme de guerre, nommé Cadet Ramonet, accompagné de six vingt compagnons, bien en poinct pour résister aux assiégeans. L'assault fut tant aspre et virilement conduict, que les assiégés perdirent deux forts et furent constraincts de eulx retirer au troisième, où ils furent tant rudement poursuivis et oppressés par les Bourguignons, qu'ils se rendirent à la volunté de monseigneur le duc. Aulcuns d'eux eurent les vies saulves, et les aultres furent pendus. Et entre les aultres, Cadet Ramonet, capitaine dudit chasteau, fut si piteusement ramonné, qu'il fut pendu par un sien vallet aux gistes d'une maison, à deux pieds près de terre, auprès de la ville d'Aire. Ceux qui le despouillèrent trouvèrent en ses souliers seize nobles d'Angleterre.

Et advint que ceulx qui furent trouvés au donjon dudit chasteau lorsqu'il fut assailli, projetant le malheur qui leur survint d'estre pendus, comme ils furent, avoient illec, pour venir plus aisément à leur fin misérable, semé soubs l'estrain grande abondance de pouldre de canon, afin de ardoir soubdainement. Aulcuns butiniers qui se trouvèrent audit donjon, fort aspres de saisir les despouilles, y furent, par y bouter le feu, que bruslés, que rostys et eschaudés environ le nombre de six-vingt hommes.

Il y avoit au pied d'illec un chasteau nommé Liettes, nouvellement édifié par messire Simon de Luxembourg, prévost de l'esglise de Sainct-Omer, où se tenoient aulcuns compagnons de guerre tenans le parti de France. Iceulx, voyans la piteuse désertion de Malannoy, ensemble le povre paiement de ceux qui l'avoient en garde, boutèrent le feu audit Liettes, abandonnèrent la place, et s'en allèrent qui mieulx mieulx.

Les Bourguignons entrèrent en la ville de Lillers, appartenant au seigneur de Waurin, tenant pour le roy de France. Ils ne trouvèrent personne qui leur donna résistance, et y boutèrent le feu; puis retournèrent en l'armée du duc d'Austrice, lequel avoit grand desir de soi joindre aux François; et à ceste cause envoya à Hesdin Thoison-d'Or, son roi d'armes, vers le seigneur de Gueldres, lieutenant-général du roy, duquel il rapporta très crue et estrange response. Nonobstant, le duc ne se tint à tant; mais sur l'espérance de trouver ses ennemis en barbe, fit tirer son armée devant la ville de Sainct-Pol-en-Ternois, où estoient vingt-deux cents Allemans, lesquels saillirent assez vigoureusement sur les Bourguignons, desquels ils furent bien recoeillis. Le duc pareillement se tira vers l'abbaye de Sainct-Eloy, et devant la ville d'Arras, où il monstra son armée, cuidant que les François les dussent combattre. Mais ame d'iceux ne sortit de leur fort. Et à cause que le temps d'iver donnoit son approche, et male paye estoit en regne, et que les Flamens se commençoient à refroidir, le duc d'Austrice deffit son armée; mais environ le jour des Ames ensuivant, une armée des François de plusieurs garnisons rassemblées, se mit sus, en nombre de six à sept cents lances, pour venir courre sur le Haynault; et s'arrêtèrent à un gros village nommé Solermes, lequel estoit demoré entier, à cause qu'il est sous la seigneurie de monseigneur de Sainct-Denis, en France. Nonobstant, lesdits François bruslèrent les halles et les marchés, ensemble les meilleures maisons dudit Solermes; et de faict boutèrent le feu en l'église. Un petit nombre de gens s'estoient boutés au clochier, lesquels, voyant leur manière de faire, pour saulver leurs vies, se rendirent prisonniers.

Aultres compagnons s'estoient retirés en une tour auprès d'illecq, laquelle ils tindrent puissamment. Les François firent amener deux pièces d'artillerie faisans semblant de tirer, mais ils n'avoient pas de pouldre; puis environnèrent ladite tour de charriots, comme s'ils la volsissent miner. Mais ceulx qui dedans estoient ruèrent de hault en bas grand planté de bouges d'estrain avec pouldre de canon, tellement qu'ils ardirent lesdits charriots; et par une sieulte de grosses pierres dont ils servirent leurs ennemis, ils tuèrent le fourrier de la compagnie, accompagné de cinq ou six, lesquels rendirent illec leurs esprits; et les corps d'iceulx morts furent bruslés et jetés par iceulx mesmes qui bruslèrent et ardirent lesdits charriots.

En ces jours, les François de la garnison de Béthune, Thérouanne et Sainct-Pol se mirent sus en grand nombre, à pied et à cheval, et se préparèrent pour courre en Flandres jusques emprès de Bourbourg, où ils boutèrent les feux et prindrent prisonniers à leur choix. D'aultre part, la garnison de Chimay, tenant le parti des Bourguignons, fit une course au pays de Liège, dont ils ramenèrent pour proye quarante boefs. Et le jour de Noël en suivant, à l'heure que l'on chante matines, François se fourrèrent en l'église de la ville de Denain, à deux lieues de Vallon, où ils pillèrent la chambre de l'abbesse et trois ou quatre aultres chambres de ses consœurs, avce prisonniers et bestiaulx qu'ils ramenèrent à leurs garnisons. Plusieurs aultres courses et pilleries d'ung costé et d'aultre se firent en ce temps, dont le compte polroit attédier les escoutans.

CHAPITRE LXVIII.

La nativité de madame Marguerite d'Austrices, ensemble aulcuns exploicts de guerre qui lors advindrent.

Le dixième jour de février, l'an mil quatre cent soixante dix-neuf, environ onze heures, au jour, madame Marie de Bourgogne, espouse de monseigneur Maximilien duc d'Austrice, fils unique de l'empereur Frédérick, troisième de ce nom, accoucha en sa ville de Bruxelles de son second enfant, qui fut une fille, laquelle fut baptisée en l'église de Saint-Goule, par reverend père en Dieu maistre Ferry de Clugny, évesque de Tournay; et le tindrent sur fons, madame Marguerite d'Yorck, duchesse de Bourgogne, espouse à très redoubté prince monseigneur le duc Charles, que Dieu absolve! madame de Ravestain et monseigneur le prince d'Orange.

En ce temps monseigneur le duc d'Austrice fit son caresme en Hollande, afin d'accorder les Houlx et les Cabillaux. Monseigneur de la Vère, fut mandé à la journée, et le seigneur de Chantereine print, ce temps pendant, une petite ville marchissant au pays de Gueldres; et les ducs de Clèves et de Julliers, au nom de monseigneur le duc d'Austrice tindrent siège devant Nimeghe.

En ce temps, le petit Salezar, tenant le parti de Bourgogne, associé de la garnison de Saint-Omer fit une course devant la ville d'Estaples; les manans d'icelle se retirèrent au chasteau; la ville fut pillée; et ceulx qui estoient audit chasteau le rachetèrent du feu une grosse somme de deniers.

Pendant ce susdict temps de caresme, l'ordre des Jacobins de Vallenchiennes, alors fort desreglé, fust réformé par le pourchas principalement du seigneur de Fiennes, ensemble d'aulcuns notables personnages ses adhérens, qui le repeuplèrent de religieux fort dévotieux et de grande recommandation, tellement qu'ils prosperèrent en multipliant, et multiplièrent en prospérant.

Le joedi absolu, vindrent nouvelles à ung gentil compagnon de guerre demorant à Lisle, nommé le bastard de Fiesnes, que aulcuns François, en nombre de cent à six vingts chevaliers, s'estoient missus pour piller aulcuns villages à l'environ ; et de faict estoient très fort chargés de proye. Quand le bastard en fut adverti, à toute diligence, accompagné de trente chevaliers et autant de piétons, exploicta tellement qu'il les trouva à Fretin, où les paysans s'estoient embuschés pour clorre le passage et leur donner empeschement et clorre le pas; à l'aide desquels paysans, le bastard donna sur eulx, et besongna si bien, que de six vingts François, les quinze demourèrent morts sur la place et le demourant fut ramené à Lisle, environ cent chevaliers et autant d'hommes ; et y avoit trois cornettes d'enseigne, et aulcuns trompettes, lesquels, à peu de joie, furent constraints de sonner leur entrée dedans la ville.

CHAPITRE LXIX.

Comment les gens d'armes furent boutés hors de la comté de Haynaut.

Après que les trèves furent données entre François et Bourguignons, et que gens d'armes se tenoient en défense, aulcuns compagnons de morte paye, bannis des pays, et aultres du quartier de Haynault, se mirent à la pillade, et furent associés d'aulcuns maulvais garnements paysans de mesme sorte, qui leur tindrent route. Aulcuns d'iceulx tenoient les bois, aultres guettoient les chemins, et aultres se fourroient ès censes des bons laboureurs, comme si plaine guerre eust esté en sa vigueur et force. Et par ainsi, pelerins, marchands, conseurs et labourans estoient en piteuse désertion. Dont, afin d'extirper ceste mauldite race, fut conclud par le conseil de ceulx qui le régime et police avoient des bonnes villes de Haynault, que tous ceulx qui polroient prendre iceulx malfaicteurs, et les amener et livrer en main de justice, ils auroient de chacun homme une livre ; et par ceste manière de faire, paysans se mirent sus en leur diligence de les attraper, tellement que les gibbets, potences et fources des bonnes villes, en furent en peu de temps bien estoffés, bien refais, et rapprouvandés; car, en moins de trois semaines, en furent exécutés par plusieurs fois le nombre de vingt-sept en la ville de Vallenciennes. Et ainsi que les petits chats sont de plus légère prinse que ne sont les grans chats moufflus, qui desveloppent les griffes de leurs pates quand ils sont ahors, les petits compagnons se laissèrent prendre et pendre ; mais les gros routiers de guerre, qui estoient favorisés et portés d'aulcuns grans seigneurs, ne souffroient eulx approcher du menu peuple, ains les griffoient et mordoient horriblement, obstinés et endurcis en leurs roberies, pillades et larronneries. Dont, pour remédier à cest angoisseux inconvénient, messire Philippe de Croy, comte de Chimay, premier chambellan de monseigneur le duc d'Austrice et son lieutenant-général au pays de Luxembourg, en présence dudit seigneur et des trois estats du pays, fit remonstrance comment le povre pays de Haynault, frontièrese et de mesne, estoit plus molesté piteusement que nul des aultres, tant par les tailles que payent les nobles et gens d'église, que par le piteux regne qui lors courroit sur le povre peuple; parquoi, par longueur de temps, les bannières deviendroient civières, les croches se convertiroient en broces, charrues, charriots et charettes en beneaux, traineaulx et brouettes. Et disoit le noble comte, ayant grand zèle à la chose publique, que tout ce provenoit par faulte de justice, et que ceulx qui la debvoient garder, estoient ceulx qui la perturboient, déperdoient et pilloient. Ladite remonstrance fut tant notablement proférée, de si bon estomach et de si doulx organe, qu'elle fut acceptée de monseigneur le duc d'Austrice et de tous les assistans; si que, aulcuns grands personnages estant illec présents volrent emprendre de faire la place bonne, en donnant repulse aux malfaicteurs; mais, quand ce vint au fort, riens ne fut faict.

Messire Jehan de Trasegnies, seigneur d'Ircouwez, voyant ce cruel désordre, et que ce que monseigneur de Chimay avoit proposé, riens ne se mectoit à exécucion, se trouva devant les trois membres de Flandres, auxquels fut narré la remonstrance qu'avoit faict ledit comte, requérant que, pour le bien du pays, provision y fusist mise. A laquelle requeste iceux trois membres entendirent voluntiers ; et besongnèrent tellement, sans advertir aulcuns grands personnages favorisans aux susdits delinquans, que en un jour préfix ils envoyèrent mil picquenaires sous la conduite de messire Adrien de Rassenghes, et de Adrien de Licherke, ensemble six cents aultres de la chastellerie d'Ath, soubs la conduicte du seigneur d'Irchouwez ; et tous ensemble se acheminèrent vers la ville de Mons, lesquels, avecq ceulx de Vallenciennes, leur avoient promis les aider et conforter, considéré que c'estoit le bien du pays.

Tous ceulx qui firent ceste emprinse portoient parure de blanc et de sanguin, tant les nobles que les aultres, et ils furent devant Mons. A grande difficulté leur furent les portes ouvertes ; néantmoins ils y entrèrent avecq le seigneur d'Aymeries, grand bailly de Haynault, et le seigneur de la Marche, qui les accompagnèrent, ensemble aulcuns aultres nobles, qui tous ensemble promirent d'esloger la gendarmerie, par qui tant d'exactions, de tyrannies et inhumanités estoient perpetrés au pays de Haynault ; et tous ensemble esprins de bon voeil, se tirèrent vers Maubeuge, où il leur sembloit que la pluspart des malfaicteurs avoient leur repaire ; et y trouvèrent illecq plus de mil en plusieurs compagnies ; et fut par iceulx grands personnages tellement besongné avec eulx que sans coup férir, ils furent reduicts. Ceux qui vouloient servir leur prince, furent retenus, et promirent que le feroient bien, et seulement aulcuns aultres se rendirent François; aultres entrèrent en aulcunes garnisons sur les frontières, et les aultres, cœurs faillis, fort pesans, et qui n'avoient volunté de bien faire, passèrent par le pendant; car jà soit ce qu'ils fussent favorisés des seigneurs, grandes exécutions en furent faictes en la ville d'Ath et ailleurs, et les maistres desquels ils se renommèrent en portèrent la patience ou la passion; et par ceste manière de faire justice elle reprint son train, et le comté de Haynault fut en paix pour un espace de temps.

En ceste année, fut le plus angoisseux yver, et de semblable n'avoit esté faict quarante ans par avant; et encommencha le destroit de la froidure le vingt-troisième jour du mois de décembre, finant le septième de febvrier sans desgeller un seul jour; et plusieurs gens de cheval engellés par les champs, moroient à leur logis au descendre. Pélerins, bosquillons et gens qui habitoient et hantoient les bois, furent les aulcuns tout roides engelés, mesme les petits enfants estant en leurs berceaux; les oiseaulx de l'aer chéoient morts sur la terre; les bestes saulvaiges, et les arbres, qui oncques puis fruict ne portèrent; et par faute que le vent ne se deslogea de bise, le printemps, apvril et may furent froids et moistes, continuants jusques à la Sainct-Jehan. Parquoi, l'esté suivant, tant pour le desroi de la gendarmerie que pour l'horrible froidure de cest yver, la famine s'engendra, et espandit par païs tant grande, qu'un seul witel de bled se vendoit soixante gros à Vallenchiennes.

CHAPITRE LXX.

La dure oppression que les manans et habitans de Cambray eurent à souffrir pendant le temps de ceste guerre.

Nul ne polroit penser la piteuse souffrance que la ville et cité de Cambray eut à porter pendant ceste pestillence de guerre, à cause qu'elle estoit ès frontières des deux partis, et tenue de l'Empire, par quoi elle debvoit demorer comme neutre entre François et Bourguignons. Toutefois chacun d'iceulx se confortoit d'en avoir la saisine, comme de faict, après la journée de Nancey, le roy Loys de France envoya audit Cambray, maistre Jehan Portefais, faire plusieurs remonstrances tendant à fin de l'avoir; ceulx de Cambray envoyèrent leurs députés à Péronne vers le roy, pour monstrer neutralité; lequel roy les retint prisonniers et demanda à la ville de Cambray la somme de quarante mille escus, promettant les rendre en dedans deux ans ensuivant, parmi ce qu'il leur bailla lettres confortans leurs priviléges. Les ambassadeurs de Cambray se mirent sus pour aller vers mademoiselle Marie, héritière du duc Charles, sur espérance d'obstenir lettres de neutralité, mais ils furent detenus prisonniers en Vallenchiennes. Néantmoins ils furent delivrés par procès, et n'osèrent rentrer en Cambray, pour ce que ledit roy Loys avoit envoyé le seigneur de la Charité, nommé Maraffin, audit Cambray, où il faisoit exhorbitantes oppressions. Et pour ce que les citoyens n'estoient accoustumés estre si durement mesnés comme ils estoient par ledit Maraffin, et comme iceulx citoyens ne leur monstroient nul signe d'amitié, il pensa qu'ils voloient conspirer contre lui; et de faict manda au seigneur de Lude, estant à Arras, qu'ils le voloient occir, ce que non. Ledit seigneur de Lude vint à toute diligence, accompagné d'une forte bande de François furnis d'engiens, lesquels en grosse bataille, se rangèrent sur le marché de Cambray, comme s'ils voulussent destruire ladite cité. Les manans et habitans, voyans la puissance desdicts François préparée pour tout mettre au feu et à l'espée comme il povoit sembler, ne laissèrent leur besongne à faire, car de riens ne se doubtoient, et les gens d'armes illec nouvellement arrivés ne trouvèrent quelque deffense. Toutesfois, aulcuns prisonniers conduits droict en prison, et sans procès furent descollés sur le marché. Les aigles impériales des portes de la chambre et aultres notables places furent effacées, et les armes de France impressées; dont l'empereur Frédérick, père du duc d'Austrice, très mal se contenta, comme j'ai apperçu par la coppie d'une lettre missive envoyée au roy de France.

Alors firent tous ceulx de Cambray serment au roy. Le seigneur Maraffin demanda une grosse somme de deniers aux Cambrisiens ; et pour ce que promptement ne se povoit trouver, l'on livra douze ou treize prisonniers, lesquels furent vers le roy Loys à Amboise ; et fut la ville contrainte de payer six mille escus d'or ; et, pour trouver ceste somme, furent fondus deux calices d'or, l'un de l'église Nostre-Dame et l'aultre de Sainct-Aubert, desquels lesdits Maraffin et de Lude, ensemble leurs complices, firent des chaisnes ; et lors les damoiselles de Cambray, rices bourgeoises et marchands, desployèrent chaintures et vaisselles pour redimer lesdits prisonniers. Tost après vindrent quatre cents lances de France à Cambray, où ils furent deux ans routiers ; pendant lequel temps ils firent un dommaige innumérable, tant à la cité comme au dehors ; car ils fustèrent, pillèrent et abbastirent toutes les maisons qu'ils scavoient appartenir aux Bourguignons. Maraffin dilapida et fit ruer par terre une grosse tour pour y faire un boluvert et édiffier une porte contre la ville.

Et quant une trève fut faicte au Pont à Werdin, François vuidèrent de la ville du Quesnoy ; et le roy, passant par Cambray, dit aux Cambrisiens, qu'ils tinssent leur neutralité comme ils avoient faict anciennement. Et lors furent les fleurs de lys cassées en la chambre et portes de la ville, et les aigles furent assises en leurs lieux comme devant, et par ainsi vuidèrent François hors de la ville et cité de Cambray, et les Bourguignons y entrèrent; desquels ils eurent assez à souffrir, car lors advint la prinse du chastel de Soles durant la trève.

En ce temps trespassa Jehan de Bourgogne, évesque de Cambray, et le vingt-sixième de may, nuict de Sainct-Urbain, an susdict, fut esleu évesque dudit lieu, par la voie du Sainct Esprit, en la ville de Vallenchiennes, Henri de Glanes, prothonotaire, et fils du seigneur de Berghes, comme en appert la date de son élection par ce qui s'ensuist : *Ecce sacerdos magnus qui in diebus suis placuit Deo.*

Après que ledit évesque fut esleu, Camilles de Berghes, son frère, fut faict capitaine dudit Cambray; et lequel, afin d'obvier aux embusches, emprinses, aguets et assaults que les François povoient faire, il fit abattre et brusler les faubourgs de la ville, ensemble l'église de Sainct-Ladre. Et cinq ans après cette horrible persécution de guerre, le roy de France renvoya les hostagiers, parmi payant mil escus d'or pour leurs despens; et l'évesque de Cambray impétra la neutralité, tant vers le roy que vers le duc d'Austrice, et ledit roy renvoya en Cambray la somme de quarante mille escus d'or qu'il avoit empruntée aux manans, lesquels furent restitués à chacun selon sa portion.

CHAPITRE LXXI.

Du voyage de Luxembourg et de la prinse d'aulcunes places à l'environ.

Estoit advenu, l'an soixante-dix-neuf, que monseigneur le comte de Chimay, lieutenant-général de monseigneur le duc d'Austrice au pays de Luxembourg, avoit mis le siége devant la ville de Verton, laquelle fut fort battue d'engiens; toutesfois elle se rendit par appoinctement. Puis advint l'an sequent, an quatre-vingt, environ la Pentecouste, que monseigneur de Chaumont, gouverneur de Champaigne, à grande armée, environ de vingt à vingt-quatre mille François, battit ledit Verton d'artillerie, tenant le siége devant icelle; et fut donné l'assault tellement, qu'il l'emporta; et de ceulx qui y estoient, hor le duc, furent les uns morts et les aultres prisonniers.

Depuis, François vinrent à Yvuy, qui est terre de Luxembourg, devant laquelle ils firent affuter leur artillerie; et en cependant monseigneur le comte de Chymay vint de Namur celle part, pour coinquer avec lesdits François et avoir aulcun traité; et lors fit l'appoinctement d'Yvuy, tellement que les habitans demourèrent François, pour ce qu'ils n'eurent point secours dedans un jour qu'ils avoient assigné. Monseigneur de Chimay, toujours dissimulant avec les François, et les entretenant de paroles, parlementa avec eulx en ung parc, assez près d'Yvuy, par l'espace de plus de six semaines, puis retourna au Pont-à-Mousson, vers le gouverneur de Champaigne. Environ six cents chevaliers partirent d'Arlon, et coururent devant Luxembourg, où ils furent escarmouchés par ceulx de dedans, qui saillirent sur eux; puis se retirerent aulcuns à Rodemacq, et les aultres ès villages à l'environ.

Tytefrelen.

Monseigneur de Boussu en chef, le comte de Bisse, Allemand, et le seigneur de Fay, avecq les gens de monseigneur le comte de Chimay, et quatre cents chevaliers vindrent avecq engins devant le chasteau de Tytefrelen, appartenant au seigneur du Fay; il y avoit dedans trente-six compagnons, qui se rendirent à la volonté de monseigneur de Boussu et de monseigneur du Fay, leurs vies saulves; et furent amenés à Luxembourg prisonniers.

Hasprem.

Monseigneur le comte de Chimay, monseigneur de Boussu, les seigneurs du Fay et de Perwez et deux mille combattans de cheval et de pied, partirent avecq bombardes et serpentines, et vindrent devant un chasteau nommé Hasprem emprès Luxembourg, et firent faire les sommations afin de rendre la place. La dame du chasteau, qui dedans estoit, respondit que riens ne feroit; pourquoi la place fut battue de bombardes et de gros engiens, tellement que, au bout de trois jours, elle se rendit. Ladicte dame du lieu et ses femmes s'en allèrent atout leurs bagues à leur volonté; et les paysans qui dedans estoient, se rendirent à la volonté de monseigneur le comte de Chymay, leurs vies saulves. Et à cause que ceulx dudit chasteau avoient esté contraires aux gens d'armes de monseigneur le duc Charles, que Dieu absolve! au retour de la journée de Nancey, par l'advis desdits seigneurs, ladicte place et chasteau furent ards et bruslés.

Rebu.

Environ le mois d'aoust, monseigneur d'Austrice arriva en Namur, ensemble madame la ducesse, le prince d'Orange. Monseigneur de Chantereine en chief, et environ quatre mille combattants, vinrent devant le chasteau de Rebu, dedans lequel se tenoit Thierry Pouillon, Liégeois. Il fut traicté de telle manière, que monseigneur de Chantereine eut dix mille florins. Les François qui dedans estoient, s'en allèrent, saufs leurs corps; les aultres furent prisonniers, et ledit Pouillon fit serment que jamais ne s'armeroit contre le duc d'Austrice.

De Longues.

Toute l'armée revint à Namur, laquelle fut sur pays environ huit jours; et fut conclu que monseigneur de Chantereine, chief d'aulcunes compagnies desdits seigneurs, iroit devant Longues, appartenant à messire Guillard de la Marche, nommé la Barbe; mais le sanglier d'Ardennes, gouverneur de Luxembourg frère audit Barbe, vint au devant; et fut appoincté que ledit Chantereine auroit dix mille florins et chercheroit ailleurs ses adventures.

De Staulot.

L'abbaye de Staulot fut butinée, et les biens des moines mis à merci. Le signet de l'abbé prins, qui valoit cent couronnes d'or, lui fut rendu, et monseigneur fut très dolent de ce butinage.

De Same.

Monseigneur de Chantereine et les compagnies passerent oultre sept ou huit lieues pour assiéger le chasteau de Same, dedans lequel estoit un conte renommé d'estre grand pillard, car il destruisoit fort ceulx du parti d'Austrice. Quand ledit de Chantereine fut environ demy-lieue près ledit comte, envoya pour traicter; et afin que la place ne fust pillée, il paya six mille florins audit de Chantereine et ne se bougea de son pays. Il avoit prins huict charriots de marchandise venans de la feste d'Amiens, qui valoient plus que tant, les deux à ceux de Thionville, autant à ceulx de Metz et les aultres à ceulx de Trèves et Strasbourg; et n'en fut rien restitué.

De Beaumont.

Monseigneur de **Chantereine** et les compagnons tirèrent oultre huit lieues et se trouvèrent devant Beaumont, une ville où il y avoit ung très fort chasteau. La ville fut très puissamment assiégée d'engiens, affuts, bombardes, courtaulx et serpentins, lesquels tirèrent par trois jours. Entre les aultres engiens, monseigneur le duc avoit une grosse bombarde que ceulx de Vallenchiennes lui avoient baillée, laquelle abbatit au premier jour, une grosse tour au chasteau, laquelle fut radoublée de terre et de fiens. Pareillement, elle abbatit un pan de mur bien long de la closture de ladite ville ; et doubtèrent les assiégés d'avoir l'assault. La dame de Beaumont estoit dedans, espouse au comte de Vernenbourg, et sœur à monseigneur de Croy, laquelle conduisoit ses gens et deffendoit son chasteau moult vaillamment ; mais quand elle vit sa ville ainsi desrompue par engiens, elle fit parlementer aux assiegeans. Et toujours tenoit son propos de point rendre ladite place, jusques au quatrième jour en suivant, qui estoit ou debvoit estre un jeudi ; et ce jeudi passé, elle se conseilleroit qu'elle debvroit faire.

En ces jours vint une ambassade d'Allemagne, qui cuida mettre d'accord les parties, et ne peult. En la présence d'icelle ambassade, la ville fut emportée d'assault, laquelle fut pillée et bruslée, et les assiégés se boutèrent au chasteau, lequel vigoureusement fut assiégé et très fort battu d'engiens; et souverainement la grosse bombarde perchoit d'un coup tout oultre la muraille; les assiégés tousjours fortifioient. Monseigneur le comte de Chimay et monseigneua de Boussu, ensemble leurs compagnies, vindrent planter le siége à ung lez du chasteau, lequel fut très fort battu: car engiens ruoient jour et nuict, et quant vint le mercredi, une ambassade vint à trente chevaliers, où estoit comme l'on disoit le frère du comte de Vernenbourg, et bientost fut crié à son de trompe que chascun cessast de tirer; et lors fut l'accord faict; et porta que la dame videroit elle et son estat, laquelle debvoit ou povoit emporter trois chariots de bague à sa volunté; et vuida le joedi à beau pied, plorant, avecq son estat. Pareillement vuidèrent par composition quatre vingt souldars, ensemble ceulx de la ville; et le chasteau fut donné en garde à monseigneur de Roullers, gouverneur de Bastongne. Le comte de Vernenbourg, seigneur de ce dit lieu, estoit à Neuf-Chasteau en Allemagne, lequel estoit sien et ladite son espouse s'en alla celle part.

De Luxembourg.

Monseigneur le duc d'Austrice, accompagné de monseigneur le prince d'Orange, monseigneur de Chimay, de Nassou, de Croy, de Boussu, et autres grands seigneurs et barons, et de leurs compagnies, print possession de la ducé de Luxembourg, où il sejourna environ seize jours; il estoit logé au chasteau, dont estoit capitaine Domar.

Ce temps pendant vint l'archevesque de Trèves son oncle, ayant quatre cents chevaliers bien empoinct à merveilles; et lors fut pourparlé et moyenné du comte de Vernenbourg, lequel tenoit la place de Rodemacq, pource qu'il avoit presté au seigneur d'illecq la somme de dix mille florins; et estoit content, ledit comte, de rendre la place au duc d'Austrice, s'il voloit payer ladite somme; et ne fut riens faict; et estoit mesme devers le duc ledit comte de Vernenbourg; lequel, quand il fut parti, pareillemeut l'archevesque de Trèves, fut faicte la tuison des Allemans.

CHAPITRE LXXII.

Comment aulcuns Allemans qui se vouloient rendre et bouter en Rodemacq furent exécutés.

Monseigneur le duc d'Austrice logé au chasteau de Luxembourg, aulcuns Allemans vouloient estre payés pour un mois, et on leur offroit paye de quinze jours seulement; ils ne se volrent contenter, ains commencèrent à murmurer et dire, comme la voix coroit : « Nous avons mis à fin le duc Charles, » encoires y mettrons nous cestuy-cy. » Ces paroles furent notées et recueillies de quelques uns qui pensèrent qu'ils avoient maulvaise volunté. Toutefois ils se partirent de Luxembourg par la porte du chasteau : l'une partie print chemin à Trèves, et l'aultre partie pour aller à Rodemacq; et furent espiés et pourjectés. Et quand ils furent à demi-lieue près dudit Rodemacq, les gens de monseigneur le prince d'Orange, dont estoit conducteur le bastard de Vergy, et les gens de monseigneur de Croy, conduits par le bastard d'Avelu, avecq aulcuns archiers, les défirent sur le champ une quantité, et les aultres se boutèrent en une court, à l'encontre d'une maison où ils se fortifièrent. Toutefois ils levèrent la main, et furent prins; et au bout de trois jours, ne sçais si ce fut le sceu et commandement du duc, ou s'ils estoient coulpables du faict, mais ils furent pendus, noyés, tués et decoppés; car aulcun seul archer en décapita cinquante-deux.

CHAPITRE LXXIII.

Comment aulcuns Wallons comparèrent la tuison des Allemans.

Monseigneur le duc d'Austrice estant aux champs, monseigneur le comte de Chimay et aultres seigneurs wallons, et leurs compagnies, estoient demourés à Luxembourg. Et celle propre nuict que les Allemans avoient esté occis, autres de leur parti et querelle s'eslevèrent contre les Wallons, lesquels assiégèrent l'hostel de mon dict seigneur de Chimay, estant sur le marché, et occirent autant de Wallons qu'ils poelrent trouver. Monseigneur le comte de Chimay mesmes fut en grand danger; et butinèrent les gens de Charles de Reubenpré, de monseigneur de Bièvres et de monseigneur de Harchies. Ceulx de la ville se fourroient avecq et attendoient qui auroit le plus bel; les portes estoient closes, et il n'y avoit lieu de refuge pour les Wallons. Horrible chose et piteuse estoit d'ouyr et de voir ceste cruelle pestillence. Aulcuns desdits Wallons se tirèrent à une porte de la ville, cuidans ou pensans vuidier; et illecq en y eut plusieurs occis, comme Jehan de Fontaine, deux Bourguignons, aucuns Piccars; et de ce cruel trouble mourut monseigneur de Pannethière, qui fut fort plainct, et aultres, environ vingt-six. Domarien, capitaine du chasteau, voloit vuider au secours des Wallons, mais, pour éviter un plus grand inconvénient, monseigneur de Chimay et les seigneurs ne le souffrirent. Lesdits Allemans furent trois jours en suivant dedans Luxembourg.

De Rodemacq.

Quelques jours fut monseigneur d'Austrice devant Rodemacq, veoir et pourjecter comment on la polroit assiéger. Toutesfois, deux jours devant la Toussainct, an quatre-vingt, monseigneur le comte de Chimay, monseigneur de Boussu, les gens du prince d'Orenge, les gens de monseigneur de Croy, vindrent devant Rodemacq, faisant signe d'y mettre le siège; et tournèrent autour de la ville pour veoir s'ils parlementeroient; et ils dirent que oyl, s'ils vouloient reculer. Le seigneur du Mont-Sainct-Jean alla à Rodemacq et parlementa à monseigneur le comte de Vernembourg, son cousin, et monseigneur le comte de Chimay retourna à Luxembourg ; et lors furent faictes trèves trois mois et un jour. Et à la vérité, il estoit besoing d'ainsi faire pour un mieulx, car six cents lances françoises et six mille Suisses venoient à puissance pour assiéger, si le siége se fut clos ; ainsi gens d'armes retournèrent à Luxembourg, car ils estoient illecq à grande crainte et à grand danger ; et le duc retourna pas à pas à son pays.

CHAPITRE LXXIV.

Le siége de Rodes.

La ville et cité de Rodes est assise en une grande île toute environnée de mer, fort fertile et opulente, où il y a bon port et l'ung des plus grands passages du Levant. A l'opposite d'icelle est la Turquie, terre ferme, et un très grand pays ; à l'aultre faut passer dix-huit milles de mer. Ladite ville est forte, bien tourée, murée et avironnée de fossés à fond de cuve ; et est la muraille de trente-deux pieds d'épaisseur, et fort bien garnie d'artillerie grosse et menue, ensemble de plusieurs austres bastons et de nobles chevaliers chrétiens de toutes nations du monde, militant contre les ennemis de la foi catholique, lesquels font plusieurs invasions et courses ès limites desdits infidèles. Tout autour d'icelle sont jardinaiges, vieilles murailles, maisons, chapelles et édifices, où les ennemis voeillans l'assiéger se povoient taudir pour éviter le traict à pouldre de la ville ; pourquoi facilement les Turcs povoient approcher sans attaincte de gros engiens.

Le troisième jour de mai, les Turcs descendirent par plusieurs ports de mer devant la ville et cité de Rhodes ; cent voiles ou environ, comme galères, fussent palendres, gapernes et aultres navires chargés de gens et d'artillerie et aultres choses nécessaires et convenables à mettre siège. Et de prime face montèrent sur une petite montaigne plate, nommée le Mont Saint-Etienne, de laquelle on descouvroit plusieurs lieux de la ville ; et illecq tendirent leurs pavillons et deschargèrent leurs engiens de guerre. Lesdits navires deschargés retournèrent à Fusto, ung port de mer séant en Turquie, à dix-huit milles de Rodes, auquel port estoient venus chevaucheurs et piétons à grande quantité, pour arriver audit siège.

Le siège mis devant la ville, le grand-maitre de Rodes, nommé messire Pierre d'Aubusson, preux et vaillant homme, de son premier et dernier aux assauts et exploicts de guerre, donna bon ordre et police aux capitaines et chevaliers, pour résister aux emprinses desdits Turcs ; et advint que une bande de Turcs, tant à pied comme à cheval, portans blancs plumas sur leurs testes, firent une course aux fossés de la ville, et furent servis de traicts tant lourdement, que la pluspart d'iceulx y demourèrent. Ung aultre jour se trourent les Turcs devant Rodes; aulcuns Grecs, et ceulx de la ville firent une saillie sur eulx. Si les chassèrent ung traict d'arc loing, et pour recoiellir iceulx Grecs, ung chevalier chatelan, nommé messire Pierre de Bourges (Burgos), sortit sur iceulx par le boluwerd du palais; se fut surprins et enclos de Turcs; et combien qu'il se deffendoit moult fort, ung Turc le férit d'un dard en la teste ; si cheut par terre; ils lui coppèrent la teste. et le corps fut recoeilli et amené en la ville. Le bachal, souverain coducteur de l'armée des Turcs, fit asseoir trois grosses bombardes du costé de l'église Saint-Antoine, auprès de la ville, pour abbattre la tour Saint-Nicolas, estant au droict de ladite église, deux cents pas en mer; et est ladite tour, grosse, ronde, ayant vingt pieds d'espesseur. Semblablement le bachal fit asseoir plusieurs engiens ès jardins dudit Saint-Antoine, pour tirer au palais du grand-maistre. Ceulx de la ville voyans cest affutement, affutèrent à l'encontre trois bombardes, par lesquelles ils tuèrent plusieurs affuteurs. Ung Allemant nommé maistre George, se partit de l'ost des Turcs, approcha la muraille, supplia aux gardes que pour le bien de chrétienté il peusist entrer en la ville ; et fut tiré dedens et examiné; et dit qu'il estoit chrétien renoyé, dont il se repentit, priant d'estre illecq receu. Il estoit fort élégant de corps et de faconde, froid et discret, et son parler fort excellent en artillerie. On lui demanda de l'estat de l'armée du Turcq. Il respondit qu'il y avoit cent mille hommes, de toutes manières et conditions de gens; il y avoit seize grosses bombardes de trente-deux pieds de longueur, ung pied et quatre doigt d'espesseur, de métal, jectant pierres de onze palmes de rondeur, onze gros mortiers jectans pierres de pareille rondeur, et plusieurs aultres petits bastons à feu.

Et environ le dernier jour de mai, tirèrent les Turcs aulcuns mortiers, lesquels brisèrent plusieurs édifices sur l'hostel du maistre de Rodes, mais ils ne grévèrent personne. Le bachal voyant la situation de la cité, imagina que s'il povoit avoir la tour de Saint-Nicolas, estant sur la motte où sont plusieurs moulins à vent, il conquerroit légèrement Rodes; et fit par quinze jours battre ladite tour des trois bombardes susdites, lesquelles tirèrent trois cents coups, tellement que du costé de ladite batterie, il sembloit que ladite tour fust ung gros mont de pierre, et du costé vers la mer sembloit estre toute entière.

Le maistre de Rodes voyant ladite tour piteusement dilapidée d'ung lez, deputa certains capitaines, chevaliers, et expérimentés de la guerre pour la tuition d'icelle; et aussi, pour conserver ladite motte, il fit faire taudis et bastides, tant de pierres et de bois, comme de tonneaux et vaisseaux plains de terre; et assirent et affutèrent engiens, serpentines et aultre artillerie convenable à la deffense, et apprestèrent certaines barques et vieux navires plains de mixtions et de feu, afin de brusler les galères, fustes et aultres navires, s'ils estoient assaillis de leurs ennemis. Le bachal fit approcher navires et gens pour donner l'assault, en faisant le plus horrible cri de jamais, tant de bouches, de gros tambourins et aultres certains instruments, comme de canons et couleuvrines. En cest horrible et espouvantable estonnement, fit le bachal approcher ladite tour et motte; et quant ils eurent mis pied à terre pour donner l'assaut, ils furent tant virilement acueillis et servis d'engiens et de cops de main par les capitaines, illecq expectans leur descente et projectés de leur faict, qu'ils reculèrent honteux, tristes, et à leur très grande confusion, fort esmerveillés de trouver illecq si vert recueil; et ne sceurent iceulx Turcs si hastivement reculer, qu'ils ne demourassent morts sur la place sept cents, sans ceulx qui furent noyés, sans perte de nuls chrétiens, et il n'y en eut guaires de bleschés.

De ceste victoire le maistre de Rodes et les chevaliers rendirent grâces à Nostre-Dame de Philermes, qui lors estoit en la ville, en une petite église des Grecs.

Ce temps pendant que le bachal faisoit battre la tour de Saint-Nicolas, les Turcs, de l'aultre costé, battoient le boluwert du palais; mais riens n'y profitèrent, car ledit boluwert estoit massis et plain de terre jusques aux creneaulx. Les pierres des bombardes demourèrent fichées dedans ledit boluwert sans guère l'endommager. Le bachal voyant que riens ne povoit gagner audict boluwert, disposa de faire battre la ville du costé de la juifferie, afin d'attraire illecq la force qui estoit en la tour Saint-Nicolas ; et combien que la muraille de ladite juifferie eut dix-huit pieds d'espesseur, ils firent illecq grand dommage par continuellement, asprement et furieusement le battre, si que le son et tombissement desdites bombardes fut ouy de Langon, estant à cent mille loing de Rodes, et pareillement du chasteau Rouge, une petite isle du costé du levant, pareillement à cent milles loing dudict Rodes. Le maistre, les chevaliers, capitaines et gens expérimentés de la guerre, voyans ce terrible abbatis, fortifièrent un fort par dedans de taudis, pierres, clayes, bois de tonneaux furnis de terre ; et avoient fait préparer de trois à quatre mille fagots, ensemble soulfre, pouldre et mixtions à ce convenables pour jecter sur les Turcs, si l'assault y donnoient ; et lors n'estoit personne, de quelqu'estat qu'il fust, qu'il ne mist main aux deffenses.

Quand le bachal apperceult la diligence des assiégés, et que ce qu'il avoit abattu la journée estoit edifié par nuict de tonneaux plains de terre et aultres besongnes, il advisa d'affuter ses engiens au mesme quartier et place où il avoit tiré du jour, et tirer illecq de nuict, afin d'occir ceulx qui réédifioient ; et en ce faisant il fit destruire plusieurs de la ville; et oultre plus, ledit bachal fit affuster plusieurs engiens et tirer jour et nuict de travers la ville, afin de dilapider les édifices et maisons d'icelle; et fut celle batterie tant espouvantable, que nuls des manans ne s'osoient tenir en leurs maisons, ains se tenoient au loing des murailles par dedans; et tiroient de courtaux dont les pierres estoient plus grosses que de bombardes : mais toutefois lesdits courtaux ne tuèrent guères de gens, car le coup chéoit sur places vagues et lieux inhabités. Tout le peuple de la cité, en quelqu'estat qu'il fust, estoit en grande dévotion ès églises, confez et repentant, attendant d'heure en heure estre ès mains de leurs ennemis infidelles et mescréans.

Durant ce siége plusieurs chrétiens renoyés, se vindrent rendre, faindans qu'ils se repentoient d'avoir prins aultre loi, promettans faire merveilles; mais le grand maistre ne s'y confioit en riens, car l'un d'iceulx fut trouvé variable. Si fut livré à la torture, et confessa que le bachal l'avoit illecq envoyé pour l'empoisonner; il lui fit mestre une pierre au col et le ruer en la rivière.

Un jour advint que les Turcs feirent plusieurs approches par tranchis et taudis, tellement qu'ils ruoient grosses pierres ès fossés de la ville pour les emplir. Le maistre de Rodes bouta hors de la ville environ quarante compagnons, qui entrèrent en leurs tranchis et fossages et en tuèrent dix, desquels ils rapportèrent les testes, qui furent mises sur fusts de lances pour en faire monstre aux assiégeans, et les autres Turcs se retirèrent en leur siège. Le bachal fit faire un pont de tonneaux, vaisseaux et aultres bagages pour donner assault à la tour Saint-Nicolas; et estoient lesdits tonneaux attachés et cloués l'un à l'aultre et couverts de tables, et assellés tellement que six hommes alloient de front bien à leur aise; et estoit si long que de l'église Saint Antoine il touchoit à la tour Saint Nicolas, et empavoisé d'un costé et d'aultre comme une galée. Pendant une obscure nuit, les Turcs jetèrent une ancre en mer auprès de la tour Saint Nicolas, lequel ancre estoit loyé et attaché d'une grosse corde, dont ils tenoient le bout devers eulx, pour mieulx tirer et varrer leur pont estant en mer et mieulx à leur aise; mais les chrétiens gardant la tour Saint Nicolas s'en apperçurent; par quoi incontinent envoyèrent un marinier qui plongea et alla au fond de l'eau et couppa la cable et leva l'ancre, qui fut tiré dehors et porté à monseigneur le maistre. Et les Turcs voyant leur cable couppé, et que rien ne profittoit de ce que faict avoient, ils ordonnèrent aulcunes barques pour mener et tirer leur pont en mer avec trente de leurs galées et grande quantité de fustes et aultres navires pour mettre leurs gens sur la motte de ladite tour; et ès dites barques et navires, le capitaine des galiaces des Turcs et Natalie et Merlebey, gendres du fils du Turc, gens de grande réputation en leur armée, ensemble plusieurs routiers de guerre, furent mis sur ledit pont, qui oncques puis ne retournèrent au siége, ains furent tués à l'assault qui se fit devant la tour ; car, ainsi comme après minuict ils eurent affuté leurs barques, ils mirent leur pont en mer, l'un des bouts d'icelui vers ladite tour de Saint-Nicolas, et de l'aultre costé de ladite tour vers la mer, vindrent galées, fustes et aultres navires en grande puissance, pour eux jecter sur ladite motte, faisans grands et épouvantables cris et horrible noise de tambours et autres, plus que paravant n'avoient faict, pour cuider espouvanter les gardes et gens de ladite tour et motte, afin de les faire abandonner ; mais les puissans chevaliers chrétiens estans illec bien armés et accoutrés, esprins de grande hardiesse, se défendirent fort bien, tenans pied ferme, et les servirent si vaillament et si dru de bombardes et autres traits, de cops de hache et de feu en telle manière que quand ils mettoient pied à terre ils estoient occis, hachés en pièces et bruslés. Et pour ce que ceulx de ladite motte avoient esté advertis de l'approche dudit pont, ils affutèrent trois grosses bombardes du costé où le pont debvoit venir, tellement que quand il fust venu et prest d'aborder à ladite tour Saint-Nicolas, ils tirèrent leurs dites bombardes; et fut ledit pont rompu tout aultre par le milieu et mis en pièces, la plus grande partie des Turcs qui estoient dessus ledit pont tués ensemble la pluspart des principaux capitaines; et au regard des galées, fustes et autres navires, plusieurs furent effondrées en mer de coups de bombardes, ensemble les Turcs qui dessus estoient morts et noyés. Là furent prises neuf de leurs barques, et morts tous les Turcqs qui dedans estoient, avec trois capitaines dessous nommés.

Et y avoit audit assault sur ladite motte, un cordellier qui fit merveilles d'armes ; car quand lesdites barques approchoient du motte, il entroit en mer jusques à la ceincture, en tirant les Turcqs hors de leurs barques, et leur coppoit la teste ou hachoit en pièces, et les jetoit en mer. Bref il fit merveilles d'armes, toutefois il fut blesché en la fin; mais monseigneur le maistre le fit bien panser. Et par ainsi furent lesdits Turcqs vaillamment reboutés trop plus que la première fois ; et dura cest asault depuis peu après minuict jusques à dix heures du matin ; et y furent tués deux mille cinq cents Turcqs et des plus principaux capitaines qui fussent audit siége ; et grande quantité d'iceulx Turcqs furent navrés ; et ne demourèrent des chrétiens morts sur la place que onze ou douze, deux frères chevaliers et aultres plusieurs bleschés et navrés.

Ceste victoire accomplie, monseigneur le maistre et aultres illustres et nobles personnages allèrent rendre graces à Nostre Dame de Philerme et à monseigneur saint Jehan Baptiste.

Le bachal appercevant ses gens reboutés vaillament et la dommageable perte d'iceulx grands personnages fort auctorisés Turcqs, print telle douleur et mélancolie, qu'il se bouta seul en son pavillon, où il fut l'espace de trois jours, sans vouloir parler à quelqu'un de ses gens.

Advint tost après que la solennité de la nativité de saint Jehan-Baptiste, patron de Rhodes, approcha; et quand la veille d'icelle fut venue, les Rodiens firent, comme ils ont accoustumé, grands feux sur les tours, clochiers et édifices de la ville; dont les Turcks à l'environ ne povoient imaginer ce que povoit estre; et s'approchèrent des fossés de la ville pour en avoir connoissance. Or avoient ceulx de la ville affusté tous leurs engiens grands et petits, pour les descharger tous à un coup, comme ils firent, tellement que de ceulx qui s'estoient approchés pour sçavoir ce que ce povoit estre, furent morts et tués le nombre de trois cents, de traits à pouldre, à la descharge desdits engiens.

Quand le bachal eut perdu l'espérance d'avoir ladite tour Saint-Nicolas il fit faire grands fossés et puissans tranchis en approchant la muraille de la Juifferie, laquelle muraille estoit fort bâstue, tellement que les Turcqs venoient en couvert jusques au pied des fossés de la ville, lesquels ils emplirent tant de pierres comme de bois et aultres choses. Mondit seigneur le maistre voyant ces tranchis et approches, et que l'artillerie de la ville ne les povoit grever, il fit faire tribus de bois, c'est-à-dire instrumens jectans pierres par pair; si les fit jetter souvent et dru, tellement que beaucoup de leurs approches furent effondrées, et toujours y demouroit quelque Turcq mort; et leur firent les dits tribus plusieurs dommages et inconvéniens. Et monseigneur le maistre fit subtilement retirer les dites pierres dedans la ville, et nettoyer les fossés à grande diligence.

Maistre George, Allemand, chrétien renoyé, fut amené un jour sur la muraille, en lui monstrant comment elle estoit battue, et les repaires et approches des Turcqs, pour ouïr son opinion, qui fort lui fut demandée; à laquelle il respondit que l'artillerie des Turcqs estoit tant puissante et furieuse, que muraille du monde n'y povoit résister, quelque espesseur qu'elle eut; et disoit la ville estre en grand péril d'estre prise veu les tranchis, approches et replétion des fossés, ensemble la grande quantité de Turcqs dont ils estoient environnés; et de tout ce dont il fut interrogé, respondit fort laschement et chose ou il n'y avoit apparence; et lui fit-on tirer deux ou trois coups de bombardes, mais ne fut chose de value. En la fin fut suspicionné, car l'on tiroit flesches en la ville: «Gardez-vous de maistre George.» Et à ceste cause fut mis à torture; et de faict confessa comment il avoit servi le Turcq par long temps, et duquel il avoit reçu beaucoup de biens, et comment il lui avoit faict avoir par trahison villes et cités par plusieurs manières, et comment le Turcq lui avoit proumis faire plus de bien que jamais, s'il lui povoit faire avoir Rodes, pour laquelle il estoit venu en la ville afin de la trahir par aulcun trafique. Et pour ce que les habitans désiroient fort qu'il fust éxécuté, monseigneur le maistre, qui longuement le vouloit garder, pour sçavoir quelque chose de lui, car il avoit expérimenté plusieurs choses, le fit pendre et étrangler au milieu de la ville, pour contenter et donner meilleur courage aux assiégés, en donnant espouvantement aux mauldits infidèles.

Le bachal fit tirer en la ville aulcunes lettres, contenans comment, si on se vouloit rendre, il donroit la vie et les biens saulfs, car il ne cherchoit ou demandoit avoir sinon la souveraineté d'icelle ; desquelles lettres le maistre de Rodes et les chevaliers ne tindrent nul compte, mais demourèrent unis avec tout le peuple, comme bons catholiques, proumettants de tenir pied ferme, eteulx deffendre virilement, et vivre et mourir ensemble comme certains et léaulx chrétiens.

Un jour advint que une course fut faicte sur l'ost des Turcqs, et que par maladventure iceulx Turcqs prindrent un frère de l'ordre et de ceulx de la ville qui furent mis au pal sur le bord des fossés, avecq un aultre de la ville, qui estoit allé pour les espier. Le pal est un martire que les Turcqs font souffrir aux chrétiens, pour les faire mourir plus angoisseusement. Quant monseigneur le maistre vit qu'ils les avoient mis audit pal, le lendemain y fit mestre cinq Turcqs, lesquels il fit picquer et mettre en hault sur la muraille, à la veue de tous les Turcqs, en leur demonstrant que pour un chrétien il y mettroit deux Turcs.

Quant le bachal apperceut que par trahison, adulation, proumesse ou force d'armes, ne peult conquerre la cité de Rodes, il envoya un Grec renommé, lequel aultrefois s'estoit parti de la ville pour soi rendre Turc; et s'approcha d'une église des Grecs, nommée Nostre-Dame de Limonistre, auprès des fossés de la ville, et appela les gardes estans sur la muraille, disant que le bachal l'avoit illec envoyé pour dire à monseigneur le maistre, que icellui bachal parleroit voulentiers à lui, et qu'ils donnassent sauf conduict l'ung à l'aultre pour parlementer. A quoi fut respondu que le lendemain il vint illecq près desdits fossés, et il parlementeroit à lui. Le bachal n'y alla praint, mais son ambassade s'y trouva, à laquelle monseigneur le maistre ne se voulut monstrer ne parler; mais ordonna le chastelain de la ville, nommé Saint-Anthoine Gaulthier, bon chevalier, fort entendu, pour respondre à ladite ambassade du bachal, laquelle commença à dire ces mots en substance.

« Messeigneurs, il nous semble que licite et bon
» seroit pour nous et pour la ville, que monsei-
» gneur le maistre et aultres chevaliers de la ville
» fissiez paix et union avecq monseigneur le Grand-
» Turc et son bachal, et que ce seroit le grand bien
» et prouffit de la ville et de ceulx de dedans; et si
» vous le voulez entendre, nous le traiterons par la
» meilleure manière que nous pourrons. Et nous
» esbahissons fort comment monseigneur le maistre
» et vous de la ville, ayez résisté à un prince tant
» puissant comme monseigneur le Turcq, lequel

» de son temps a conquis grandes et belles terres, et
» quantité de beaux pays et grands, comme deux
» empires, douze royaulmes et plusieurs aultres
» seigneuries, en vous advertissant que ayez pitié
» de vous et de vostre ville, et ne vous laissez
» faire si cruelles choses comme fait faire le ba-
» chal à ceux d'une ville, quand il la prend par
» force. »

Et plusieurs aultres choses disoient qui seroient longues à racompter. Le chastelain, commis à donner la response, dict ainsi :

« Mais sachiez que monseigneur le maistre, et
» nous de céans, nous sommes fort esmerveillés
» de vostre bachal et de vous, qui estes cy venus
» à si grande puissance, et avez tant de si belle
» et si bonne artillerie et tant d'aultres engiens,
« et que estes vaillans gens si en grand nombre et
» si puissans, comme vous dictes que est vostre
» seigneur le Turcq, pourquoi nous exhortez faire
» paix et union avecq lui, et puis d'aultre part
» vous nous menacez ; nous ne savons si le faictes
» pour esprouver nos couraiges ; mais sachiez que
» tout ce que vous avez dict et faict auparavant, ne
» nous mouvent point à faire chose qui soit desho-
» neste à nostre foi et religion chretienne ; ni vos
» menaces ne nous font aulcunement paour. Nous
» sommes tous unis en un couraige, et croyons
» fermement en Nostre Seigneur Jésus-Christ,
» qui est un Dieu, pour lequel nous sommes plus
» prests et appareillés de combattre et mourir, que

« d'estre conjoincts à vostre Mahomet, qui est un
» Dieu faulx, et sa loi faulse et maulvaise, et la
» nostre est bonne et juste, et de tout nostre pou-
» voir la garderons. Puis qu'estes venus à grande
» puissance, parfaictes, ce qu'avez encommanché ;
» et en la grâce de Nostre Seigneur Dieu, nous vous
» respondrons si bien et de bon courage, que vous
» connaîtrez que vous n'avez point affaire aux
» Asiens ne à gens de meschants courages. Et dictes
» à vostre bachal fort hardi, aimant le proffit du
» grand Turcq son maistre, qu'il ne despende
» plus tant qu'il a fait pour tirer ses bombardes
» et mortiers, mais qu'il s'en vienne à toute sa
» puissance, et que les deux portes de la ville,
» telles qu'il eslira, lui seront ouvertes à plain et
» face du mieux qu'il pourra. »

Quand les ambassadeurs du bachal veirent qu'ils ne pouvoient avoir aultre response, baissèrent les testes et s'en allèrent à leur bachal compter la réponse du chastellain. Le bachal oyant icelle, fut courroucé amèrement, et jura par son Mahom que, s'il povoit prendre la ville, il les feroit tous mettre au pal ; et fit faire quatre cents pals propices, et extrême diligence de battre la muraille, de remplir les fossés, et de montrer à ceulx de la ville deux cents échelles, faignants qu'ils voulsissent prendre la ville par icelles, afin que les assiégés s'espandissent plus avant à la muraille, et qu'il y eut moins de gens à la Juifferie où ils battoient.

Le vingt-sixième jour de juillet, battit fort à merveilles la muraille de la Juifferie, et les tours prochaines de huit grosses bombardes, et sans aulcun repos ; de telle manière que ladite muraille fut rasée et battue au rez du fossé, et ledit fossé tout rempli de pierres, tellement que un homme à cheval fut monté du costé des champs sur ladite muraille; et la firent battre jour ensuivant si fort, que en peu de temps tirèrent cent coups de bombardes grosses ; et tiroient communément hault, pour desloger les gardes de dessus les murailles, et rompre les tauldis que ceulx de la ville avoient faict la nuict sur icelle muraille batue. Cependant qu'ils tiroient ainsi fort, les Turcqs s'approchoient des fossés à moult grande puissance, tellement qu'ils estoient près du fossé à grand nombre et tant que à peine povoient contourner l'un pour l'aultre; et ne les apperceurent point ceulx de la ville, pour ce que tenir ne se povoient sur muraille n'en lieu haut, pour la fureur des bombardes; mais estoient bas, où ils avoient faict leurs repaires ; et y demoura peu de gens, car la plus part se reposoit pour le travail, et les aultres servoient Dieu, cuidans qu'ils dussent tirer comme ils avoient accoustumé.

Quand il fut jour, comme une heure après soleil levant, et qu'ils eurent tiré environ cent coups desdites bombardes, ils tirèrent un mortier pour le signal; et incontinent les Turcqs qui estoient près du fossé en grande puissance, saillirent hors de leurs approches, et montèrent sur la muraille, tellement qu'en peu d'heures furent sur ladite muraille deux mille cinq cents Turcs et plus ; et furent ceulx de la ville ainsi soubdainement surprins par leur malgarde. Et de prime face que les Turcqs eurent ainsi gaigné la muraille et qu'ils furent dessus comme dict est, et sans trouver résistance, mirent et assirent le grand étendard du Turc sur une tour laquelle ils avoient gaignée, ensemble plusieurs étendards et bannières, car les assiégés ne les apperçurent jusques à ce qu'ils montoient. Incontinent la trompette sonna, et les chevaliers et gens de la ville sortirent en armes; mais quant vint à monter sur la muraille, les Turcqs gardèrent les montées conquises par l'artillerie et autres bastons de défense; et lors furent faicts plusieurs beaux faicts d'armes; car les assiégés de la ville assailloient les assiégeans, qui bien se défendoient. Toutesfois ceulx de la ville joignirent les degrés vigoureusement à force de traits, de lances et de voulges, et montèrent à mont par grande prouesse; et d'aultre part les Turcqs se défendoient moult asprement, tirans flèches et jectans pierres; et estoient si près joincts, fort espès et serrés, qu'ils ne se povoient aider les uns pour les autres, par quoi plusieurs tombèrent de la muraille en la ville, qui furent tués et mis en pièces.

Monseigneur le maistre, qui n'estoit guères loin, accompagné de plusieurs chevaliers et autres gens, vint à l'une des montées, et de grand courage commença à monter le premier, faisant armes merveilleuses, donnant et recevant grands coups; et fut jecté

deux ou trois fois en bas; mais il fut vigoureusement
secouru des siens; et combien qu'il fut blesché en
deux lieux, il monta sur la muraille et illec combattit ses ennemis main à main ; et fit mondit seigneur le maistre desployer une bannière où estoit
la figure du crucifix, Nostre Dame d'un costé et
sainct Jehan-Baptiste de l'autre ; alors les Turcs
voyans ceste bannière desployée, commencèrent à
baisser les testes, comme s'ils ne vissent goutte, et
saultèrent de hault en bas sans faire semblant de
deffendre. Alors estoient tués et assommés comme
pourceaulx, et eux-mesmes tuoient l'un l'aultre;
car ceulx qui venoient les derniers pour entrer en
la ville, rencontroient les aultres qui s'enfuyoient, et
frappoient dessus comme sur chiens; bref il y eut
si grande desconfiture de Turcqs que merveilles;
et fut gaigné le grand estendard des Turcqs, lequel
estoit de soye vermeille et dessus une pomme d'or
faicte à manière d'un cœur plat et large d'une
palme ou plus ; et si furent gaignés tous les autres
estendards et bannières qui estoient sur la muraille; car en eux retournant, n'eurent l'espace de
les reprendre, tant furent près chassés de ceux de
la ville ; mais au venir, gaignèrent l'estendard de
monseigneur l'hospitalier, qui estoit l'un des principaux capitaines de la ville; et fut toute la gaigne
que les Turcs y firent, qui leur fut chèrement
rendu. En effet ceux de la ville, tant hommes que
femmes, se portèrent bien à merveilles ; et n'y avoit
celui qui n'en porta les enseignes, car ils tiroient

si dru, que les murailles des maisons au droict du dit assault estoient si piccotées de leur traict, qu'il sembloit encore à les voir chose merveilleuse ; et dura cestui assault environ deux heures.

L'assault passé, les Turcqs reculèrent ; si recueillirent leurs grosses bombardes, et se tinrent serrés comme brebis ; et ceulx de Rodes sortirent de leur fort pour recueillir les morts, et tuer ceulx qui vivoient, et furent trouvés dedans la ville, que morts, que vifs, cent et trois, les plus beaux hommes du monde, lequels furent jetés et traînés en mer ; et autour des fossés et dedans iceulx y furent trois mille cinq cents morts, sans les navrés qui depuis moururent, et sans ceulx qui furent enterrés ès champs labourables à l'environ de leur dit siége ; et furent iceulx Turcs trouvés morts, bruslés, avecq leurs taudis, fustes et bois qu'ils avoient faict amener pour remplir les fossés.

De ceux de la ville furent trouvés environ quarante, desquels y avoit seize frères, des plus notables commandeurs qui pour lors y fussent, et y eut plus de six cents bleschés ; et brief, chose digne de mémoire fut des haults exploicts d'armes qui lors furent achevés d'un costé et d'aultre. Toutefois les Turcqs cuidèrent avoir prins la ville, car ne fut nul de ceulx qui furent trouvés sur la muraille, qui ne portast sur lui cordelles et chaînes pour soi mestre au-dessus des chrestiens. Nonobstant toute leur vaillance et prouesse que firent ceux de Rodes contre leurs ennemis, en recouvrance de leur muraille et fort, il est à croire que ce ne se povoit faire sans la faveur, grâce et assistance Nostre Seigneur Dieu, lequel print pitié de son peuple, qui le requist en sa tribulation ; car quant monseigneur le maistre eut faict desployer la bannière du crucifix, comme dict est, les Turcs virent en l'air, sur ladite bannière, une grande croix d'or ; et d'aultre part vinrent sur ladite muraille une belle pucelle vestue de blancq, tenant en main une lance, et en l'aultre un escu blancq ; et pareillement virent un homme povrement vestu, accompagné de grande planté de bonne gens, qui leur donnèrent tel espouvantement et frayeur, qu'ils n'avoient povoir d'eulx deffendre, si non fuir et reculer ; et ceulx de la ville ne perçurent nulle chose, sinon, trois jours après que le siége fut mis par les Turcqs, se monstra en eulx une moult grande et merveilleuse estoille, figurée à manière de croix, de laquelle ils perdirent la veue trois jours avant que les Turcqs levassent leur siége.

Pour laquelle chose, il faut dire que la victoire et résistance de ladite ville procéda plus de la grâce de Nostre Seigneur, que de la force des hommes ; et à ceste cause monseigneur le maistre, les frères et notables chevaliers de la ville, honnestes personnages, grands et petits, jeunes et vieux, femmes et enfans, rendirent grâce à Dieu, à sa très sacrée Vierge mère, et à monseigneur saint Jehan-Baptiste, et rendent encore journellement, quand par miracle cuident, que Dieu les a délivrés lors des mauldits chiens, hérétiques ennemis de nostre loi, et adversaires à tous fidèles et léaulx chretiens,

Quinze jours après, arrivèrent à Rodes deux grosses naves, que le roi Fernand de Naples envoyoit pour secours, d'icelle, chargées de toutes victailles et rafraichissements, et portoient mille hommes de secours. Les Turcqs ce voyants, affutèrent sur le bord de l'entrée du port, aulcunes bombardes pour dommager lesdits naves; et quant la première nave cuida entrer, les Turcqs, tirèrent en telle manière, qu'ils rompirent l'arbre, et les voiles plièrent et cheurent en bas, et demoura la nave sans voile; et une aultre bombarde frappa au travers de la poupe; si tua deux hommes, brisa un coffre où estoient les ornemens d'église, de quoi le patron faisoit chanter messe, et rua tout en mer, sinon les hosties à chanter estant au fond d'une boiste audit coffre, lesquelles demourèrent toutes entières en ladite nave sans nulle corruption; dont le patron et ceulx de la nave furent fort esmerveillés, vu que le demourant estoit rué et péri en mer. Et la nuict ensuivant, ladite nave fut tirée dedans le port, et l'aultre nave qui venoit après, voyant l'aultre nave mal en poinct, et sans arbre, par le traict et fureur des bombardes, print la volte de mer, et voltoya l'espace de trois jours; et ce temps pendant, les galées et fustes du siége des Turcqs la vindrent assaillir, mais ils se deffendirent tant vigoreusement, qu'elle eschappa de leurs griffes, combien que plusieurs Turcs y furent occis, ensemble l'un des principaux capitaines; et n'y eut personne occis des chrétiens, quoique plusieurs y furent bleschés; et finablement entrèrent au port, et tous ceulx de la ville furent fort joyeux et rafreschis à voulonté.

Le bachal voyant que rien ne proufiteroit en son emprinse, et que miraculeusement il estoit rebouté, et ne povoit prohiber ou deffendre que navires de chrestiens n'arrivassent au secours de la ville, sentant aussi l'approche de l'iver, fit retirer coyement son armée sans grand bruict, et retourna lui et les siens à très grande confusion.

CHAPITRE LXXV.

Course faicte par Salezar, seigneur de Saint-Martin, devant la ville de Massefort.

Maximilian, par la grâce de Dieu duc d'Austrice, estant à La Haye en Hollande, Salezar, seigneur de Sainct-Martin, print volonté de visiter monseigneur David de Bourgogne, évesque d'Utrecht, qui lors se tenoit à Wicq, une bonne ville fortifiée d'un gros chasteau et de forte muraille, située à trois lieues de ladite ville et cité d'Utrecht,

Ledit Salezar ayant lors assez bon bruict en armes touchant les escarmouches, fut à sa venue bénignement recueilli et festoyé du très revérend évesque; et quand vint au congé prendre, il lui supplia que son plaisir fust lui faire un petit service touchant le métier d'armes, car il estoit fort en poinct, bien monté et bien accoustré de gens de mesnie pour achever quelque bonne emprinse; et après avoir obtenu la licence et octroi du bon évesque, il délibéra d'accoeillir aulcun bestial estant à l'entour de Massefort; et de faict mit sa délibération à effet. Ceux de Massefort voyans cest accoeil, vuidèrent de leur fort, environ six cents hommes armés au cler de cornières, salades et picques, menans grand bruit, et faisans mine de tout emporter devant eux. Quand les gens dudit Salezar sentirent ceste dure approche, enflambés d'un très grand courage, furent à demi esperdus, pensans d'abandonner la proie; mais ledit Salezar, par doulces persuasions, les encouragea tellement, après qu'il les eut mis en fort belle ordonnance, qu'ils furent résolus de les attendre et combattre jusques à l'ame rendre; et quant les batailles d'une partie et d'aultre furent en train de joindre, environ le ject d'une pierre entre deux, cinquante chevaulcheurs conduirent le bestail; puis Salezar et la gendarmerie, fort expérimentés de la guerre, donnèrent dedans tant verdement que ceulx de Massefort furent desfaicts; et de tous ceulx qui vuidèrent de la ville, ne reschappèrent que treize, et de quarante à cinquante prisonniers ; car le résidu fut occis sur la place, à petite perte des gens de Salezar, qui lors acquist si bonne renommée, que ceulx de Hollande desirèrent l'avoir pour leur capitaine ; puis les cinquante chevaulcheurs qui conduirent la proie, retournèrent pour renfort à la grosse compagnie dudit seigneur de Saint-Martin.

CHAPITRE LXXVI.

La destruction de Hennes.

Hennes est un village assez long où sont deux églises, l'une arrière, et l'autre la distance et espace d'une lieue, située d'un lez sur la mer, et de l'autre sur les tourbières. Il y avoit illec deux milles hommes de deffense, dont les cinq cents seigneurs estoient arbalestriers. Monseigneur Salezar, de Saint-Martin, lors capitaine d'aulcunes nations estrangères, comme Espagnols, Piccars, Gascons et Allemans, fort adonnées au hutin pour en avoir le butin, firent le hardement de donner l'assault audit village. Les Allemans voulurent avoir l'honneur d'y estre les premiers assaillans, et en firent leur possible ; mais ils furent rudement recullés par ceulx dudit village, et tellement servis de traits qu'ils furent reboutés vigoureusement de prime face ; mais la poursuite du capitaine, ensemble du residu de la compagnie, fut tant viste bien conduicte et bien achevée, que ledit village fut prins d'assault, pillé, bruslé, destruict et desastré, et une partie des manans d'icelui furent tués en la place, aulcuns prisonniers, et les aultres fugitifs, et receus dedans Massefort. Ils se confioient tant à la force de leurs arbalestriers et la closture de leur fort, qu'il leur sembloit impossible qu'ils fussent vaincus de gens rassemblés sans prince, comte ou marquis, disans que le bon duc Philippe de Bourgogne ne les avoit suppédit64 par force d'armes; et se vantoient d'estre pourveus de gens et de vivres pour tenir l'espace de sept ans. Toutes fois ils furent piteusement succumbés par le sens, force et avis de Salezar et de ses adhérens; et fut ceste desconfiture la veille de Noël mil quatre cents quatre-vingt et un.

CHAPITRE LXXVII.

La course faicte devant Utrecht à la grande foulle et perte de ceulx de la ville.

Sire Josse de Lalain, gouverneur du pays de Hollande, et le seigneur de Saint-Martin, accompagnés de mille piétons, se partirent d'une ville nommée Narde, estant ès frontières de Frise et de Clèves, et firent une course à l'entour de la ville et cité d'Utrecht, commençant à bouter feu en aulcuns villages et censes, afin de faire sortir ceulx de ladite ville hors de leurs fort, et lesquels voyans ceste manière de faire, furent moult estonnés, sonnèrent leur cloche de l'effroy, mirent main aux armes, et vuidèrent hors de six à sept mille hommes fort animés, et en grande voulenté de obvier aux emprinses de leurs adversaires, en espérant de les combattre et deffaire à toute puissance; et avoient si grande affection de joindre à eulx pour eulx contrevenger qu'ils vidèrent à fil et sans ordonnance, comme l'on court au feu; parquoi, quand ils furent esloignés d'environ demi-lieue, ils se trouvèrent cloués, surprins et attrappés par telle façon, que possible ne leur fust donner dessus; ains furent par iceulx rudement envahis, reboutés et poursuivis ferrant battant jusques aux portes d'Utrecht; et n'eut esté la nuict, qui sépara la course, les gens de guerre fussent facilement entrés avecq ceulx de la ville, lesquels perdirent de onze à douze cents hommes; puis le capitaine Salezar se retira en Narde avecq sa bande, fort joyeux d'avoir exploicté si notable entreprinse.

CHAPITRE LXXVIII.

La prinse de Oustre.

Messire Salezar, seigneur de Saint-Martin, accompagné de mille hommes de langue wallonne, se partit de Narde, laissant illec aulcuns compagnons pour la garde d'icelle; et fut au mois de febvrier, que le terrible temps d'iver estoit en sa force et vigueur. Néantmoins, il délibéra d'assiéger la ville de Oustre, environnée de tous costés de la mer, sinon une seule dicq qui menoit d'une ville à l'aultre. Et combien que l'horribilité du temps pluvieux et venteux, fusist mal convenable à ce faire, et que jamais l'on ne se fust doubté d'assiéger ville en fin cœur de froideur, ledit Salezar fit charger sur traineaux, serpentines, engiens à pouldre, et telle artillerie qu'il pensoit lui estre propice en ce cas; et mesmes, qui fut chose merveilleuse, conduisit son armée, son charroi et son train sur la mer qui estoit gellée, la distance de trois grandes lieues; et trouvèrent en chemin une grande fente de glace, laquelle s'abaissoit plus de deux pieds, quant l'on sautoit d'un bord à l'aultre, qui leur fut reboutement grand; mais par l'aide d'aulcunes clayes, lesdits traineaux, engiens et gendarmerie passèrent oultre sans inconvénient, donnant approche à la ville. Quant ceulx de Oustre se virent tout soubdainement approchés et avironnés, comme surprins et fort espouvantés, ils boutèrent le feu en leurs maisons et fortifications, habandonnèrent le tout et s'enfuirent les uns par la dicque, les aultres sur les platins de Hollande, dont estoient tellement esprins, qu'en cheminant, courant et briolant, ils tiroient un coup de leur crannequins, puis se retiroient.

CHAPITRE LXXIX.

La prinse de Hornes.

Les Hollandois mirent sus une armée de cinq à six mille hommes desquels les principaux conducteurs furent messire Josse de Lalaing, gouverneur du pays, et Salezar, seigneur de Saint-Martin. Ceste armée print trois chasteaulx, les deux d'assault et le tiers d'appointement. Pendant ce temps vindrent nouvelles à ladite armée, que ceulx de Hornes avoient mis aulcuns ennemis en leur ville. Iceulx de ladite armée, advertis qu'ainsi en estoit, chevaulchèrent jusques à Alkemar, située à trois lieues de Hornes, où ils laissèrent leurs chevaulx; puis se boutèrent en basteaux et descendirent jusques aux barrières de Hornes. La ville de Hornes est environnée de la mer; il y a seulement deux dicques par lesquelles l'on entre en icelle; de l'une l'on vient du pays de Hollande, et de l'aultre l'on tire en Frise; et n'est murée que de terre et de pallis. Il fut ordonné par les conducteurs de l'armée, que Hutin de Hubert, accompagné de trois à quatre cents hommes, tindroit siége devant la ville, sur la dicque tirant vers Frise, afin de prohiber et deffendre aulcun secours s'il venoit de ce costé, et aussi que nul de la ville n'eschappast par icelle porte. Salezar et sa bande, environ de mille hommes, avecq autant d'Allemans qui suivoient, descendirent à l'heure de vespres sur la dicque venant du pays de Hollande, et deschargèrent leur artillerie, laquelle ils affutèrent devant un grand boluvert de la ville. Ceulx de la ville firent le semblable; et quant le jour fut venu, ils tirèrent de bonne sorte les uns contre les aultres. Plusieurs de l'armée des Hollandois furent occis et navrés, par quoi ils se prindrent à taudis et tournèrent leur engiens indirectement sur ledit boluvert, et tirèrent sur la muraille où estoient plusieurs gens de la ville, où ils firent très horrible dommage, car d'un seul coup de courteau furent tués neuf ou dix hommes. Nonobstant, lesdits Hollandois ne povoient avoir entrée ni par la porte, ni par ledit boluvert; et eurent conseil de descendre de la dicque ès fossés de la ville, tout plaint de broecq, fange et ordure, à cause que de ce quartier la mer s'estoit retirée, si que les assiégeans entroient en l'eau jusques au col ; et approchèrent si près leurs engiens de la muraille, que l'estendart dudit Salezar, que portoit Francisque de Roen, fut brisé de haches, et merveilleusement destranché par les assiégés, qui le cuidèrent tirer en la ville; mais virilement se deffendit; et s'efforcèrent tellement les assiégeans, qu'ils montèrent amont leurs murs de terre si puissamment, qu'ils rompirent deux palis de hallebardes, picques et instruments de guerre. Le capitaine de la ville, monté sur un sien cheval, fut abattu mort d'un coup d'espée. Cent vingt hommes de ceux de la ville se deffendirent merveilleusement, mais ceux du parti de Hollande leur donnèrent si cruel assault, que possible ne leur fut d'y donner resistance, car ils entrèrent par lesdits palis, rompus, brisés et endommagés, et gaignèrent le fort de la ville, où ils mirent à mort tous ceulx qui se tournèrent à deffense. Aulcuns fort estonnés, pour éviter ceste mortelle pestillence, courroient à la porte qui mène vers Frise, sur espérance de vider par icelle; mais ledit Hutin, qui y tenoit siége, faisoit tirer ses archers par ladite porte, tellement que le traict leur redondoit parmi le corps; et furent fort estonnés de trouver illec telle gendarmerie, parquoi ils tournèrent en desconfiture; ainsi fut la ville de Hornes gaignée, butinée et pillée sans estre bruslée, à cause d'aulcuns cabellaux qui estoient illec prisonniers. A cest assault eurent lesdits assaillans environ quarante hommes occis.

CHAPITRE LXXX.

La grande famine qui fut en ce temps au pays de Haynault, ensemble aulcuns incidents qui lors advindrent.

Dès l'année précédente avoit esté le temps d'iver tant aspre et angoisseux, que trente ans paravant n'avoit esté veu si cruel froid et horrible; il print son commencement dès le vingt-quatrième jour de décembre, et termina le septième jour de febvrier ensuivant, sans desgeller un seul jour, car le vent estoit continuellement en bise. Petits enfans estoient trouvés mors en leurs repos et berceaulx; plusieurs gens à cheval s'engeloient par les champs, et au descendre se mouroient. Pélerins, piétons, bosquillons et ceux qui hantoient les bois, non puissans de souffrir l'extrême froidure et intolérable, rendirent leurs esprits sur les champs, entre hayes, bois et buissons. Les oiseaulx du ciel estoient recueillis morts et trouvés par les champs, préaux et gagmières; plusieurs arbres perdant l'humidité et nourriture de la terre fort sèche, conglutinée et sans humeur, moururent gelés et stériles; et mesme le mois d'avril et de mai furent fort estranges et de mode non accoustumée, parquoi le temps ensuivant se trouva si débile à porter fruicts, parmi tant aussi que la gendarmerie avoit mangé et endommagé les biens de terre, que famine s'en engendra par tout pays de Haynault et les villes voisines, tellement que un vuitel de bled de la mesure de Vallenciennes, estoit vendu la somme de trente patars. Et par ceste grande chèreté, plusieurs povres eschappés en ladite vehémente froidure et gelée en temps d'yver, ne seurent eschapper à la famine en temps d'esté, et moururent piteusement sur les fumiers et par les rues.

En ce temps, le quatorzième jour de février, et le vendredi ensuivant, pleut sang meslé avecq eau en la ville de Digeon en Bourgogne, comme il apparut sur pierres, thieulles, et aultres couvertures de maisons, linges et buées estans lors au soleil, où les empraínctes dudit sang sont demourées, lesquelles furent lors monstrées au roi Loys de France.

En ce temps aussi advint que le seigneur du Bude, mignon du roi, chut en une maladie si horrible, qu'il ne vouloit cognoistre son créateur; et mourut en ceste erreur. Aulcuns disoient que l'acerbité ou aggravité de son mal, le privoit de salutaire cognoissance. L'opinion des aultres estoit qu'il le faisoit par cauteleuse malice comme désespéré; toutefois il fut enterré en quelque chapelle, et ainsi que le prestre se disposoit à chanter messe pour son ame, l'ennemi s'apparut à lui, affirmant que ledit seigneur du Bude estoit damné et emmené en enfer en corps et en ame. Et pour sçavoir la vérité, son tombel fut découvert; et n'y avoit ne chair, ne os, ne quelque partie de son corps; dont le roi et aultres de la court furent grandement esmerveillés. Ceste estrange besongne fut divulguée et preschée partout le royaulme de France.

En ce temps que regnoient en France mortalité, guerre et famine, comme dit est, cheut si grande abondance de pouillons en la ville de Paris et à l'environ, qu'ils estoient selon la rivière de Seine, plus d'un pied d'espais sur les ponts Nostre-Dame, Saint-Michel, et sur les cauchiées; et avoient iceulx pouillons courtes aeles; aulcuns estoient mors et d'autres en vie. Dont, pour nounouvelleté aulcuns escoliers les envoyèrent en leurs classes à leurs amis, après humbles recommandations.

En ce temps, le roi Loys print tellement en son amitié ung petit compagnon nommé Doyac, qu'il fit en sa faveur, fermer la ville de Cusset dont il estoit natif, et l'environner de tours, murailles et fossés cuvés; et en fit faire une cité, dont son fils ou son frère fut archevesque; et pour remplir ledit archevesché de Cusset, l'on emprunta partie de l'archevesché de Lyon et partie de l'evesché de Saint-Pierre le Moustier. Et pour la grande faveur que ledit Doyac avoit du roi, il monta en tel orgueil, que les plus grands princes de France en firent leur médiateur pour avoir royalle audience; mais après le trespas du roi Loys son maistre, ledit Doyac se trouva fort rebouté, et fort angoisseusement battu et persécuté du poindant fouet de fortune.

CHAPITRE LXXXI.

Le siége de Beaumont; l'entrée du duc d'Austrice en la Haye, et la prinse de Dordrech.

Le duc Maximilian, accompagné du seigneur Josse de Lalaing, de Suisses et Anglois, et plusieurs aultres nobles hommes expérimentés de la guerre, fit assiéger la ville et chasteau de Beaumont en Lorraine; et fit affuter une grosse bombarde que ceulx de Valenciennes lui envoyèrent; et tellement la fit battre, que par la vertu d'icelle, ensemble d'aulcuns aultres bastons, la ville fut prinse et bruslée. Le chasteau tint un espace, lequel assez tost se rendit. Le duc y fit bouter de trente à quarante compagnons pour la garde; mais il fut pris d'emblée par cent ou six vingts foeillars, qui les expulsèrent. Pareillement, le duc fit assiéger Rodemach, où pendant les trèves se tenoient aulcuns françois. Le duc d'Austrice, accompagné comme dit est, se trouva à demie lieu près de La Haye. Ceulx de la ville vindrent au devant de lui, ayans testes et pieds nus, demandans sa très noble grace; et amenèrent avecq eulx un docteur, qui très élégamment proposa devant lui, toujours demandant et requérant grace et merci; auquel le duc respondit qu'il leur feroit justice ; et ceulx de la ville requéroient que les Anglois n'entrassent point en leur fort. Néanmoins ils entrèrent à volonté en la compagnie du duc, qui fut reçu réveremment à grande compagnie de torses, mais à son département furent descapités aulcuns mutins, jusques au nombre de vingt-et-un.

Le bastard de Brabant, Michel de Berghes et Thomas d'Aurican conducteur de six vingt Anglois, ensemble plusieurs routiers de guerre, esprirs de grand hardement pour estre audessus de la ville de Dordrech, tenant le parti des houlx contre les cabillaux, se boutèrent en trois vaisseaulx chargés de tonneaux pleins de terre, et sacs plains de foin, à manière de marchandises, et dont il en y avoit aulcuns pour faire leurs monstres. En cesdits basteaux estoient absconsés iceulx conducteurs, ensemble ceulx qui debvoient faire l'emprinse, armés et embastonnés selon la nécessité du cas ; et avecq la guette se trouvèrent dedans Dordrech, quasi à la porte ouvrir. Ceulx de la ville voyans ces basteaulx, cuidans estre tous chargés de marchandises, furent moult joyeux. Se les bienveignèrent ; et les marchands tous froidement deschargèrent leurs bagues en approchant la porte, afin de la conquerre, en attendant une grosse flotte de gens d'armes qui les suivoient. Finablement la porte fut gaignée ; gendarmes approchèrent qui se fourèrent ens ; les houlx se réveillèrent ; les manans crièrent à l'arme ; les bourgeois se misrent en poinct ; ceulx de la justice vindrent à l'escarmouche ; le bourgmestre veult donner sur le seigneur d'Aighemont et fut navré aux jambes. Les houlx se joindirent aux cabillaux ; la meslée fut aspre d'une partie et d'aultre ; mais enfin ceulx de la ville furent rompus, desfaicts et succombés par les Anglès et aultres, qui firent grand debvoir. En ceste emprinse fut navré Thomas d'Aurica, capitaine des Anglès, fort hardi et entreprenant. La voix couroit que ceulx de la ville avoient entendement avec les Gueldrois, et favorisoient aux François, desquels ils avoient certaines parures, portans la croix droicte ; et furent trouvés en leurs tonneaux aulcunes monnoyes empreinctes de fleurs de lys à l'un des lez, et à l'autre les armes de Gueldres ; et à ceste cause, et pour plusieurs aultres, furent décapités la plus part d'iceulx qui furent cause de ceste commotio.

CHAPITRE LXXXII.

La déception qui fut faite à Hesdin, sur espérance de reprendre le chastel que tenoit le seigneur des Querdes.

Le seigneur des Querdes voulant decepvoir le demourant des Picquars tenans le parti de Bourgogne estans pour le duc d'Austrice, envoya un compagnon aventurier, nommé Robin, vers le seigneur de Cohen et aultres qui se tenoient en la ville d'Aire, feindant qu'il se venoit rendre Bourguignon ; et dist à cestuy seigneur, que s'il vouloit entendre et ajouter foi à ses paroles, il auroit le plus grand honneur et prouffit de jamais, tellement qu'il seroit maistre et principal gouverneur du chasteau de Hesdin, et seroit audessus du seigneur des Querdes, qui se tenoit illec. Les paroles dudit Robin furent jectées fort loin, doubtant la pipperie qui en advint; mais il jura, créanca, proumit et donna son ame à tous les diables, en cas que de précogitée malice, il y voulsist procéder frauduleusement. Et finablement continua tant en sa poursuite, que le seigneur de Cohen et ses adhérens adjoutèrent foi et crédence à ses déceptoires persuasions, et non sans cause, car elles estoient bien pour croire; et de ce s'esforcèrent faire, pour cause que ledit des Querdes lui avoit proumis le faire riche à jamais, si en ce cas s'employoit très bien; et pourtant il se travailla fort d'aller et venir à Hesdin. Et pour plus avancer la besogne vindrent de nuict aulcun François devant la ville de Saint-Omer, et se trouvèrent à la porte bourlisienne, où ils appelèrent le guet, requérant de parler au seigneur de la ville. La porte leur fut ouverte; et coinquèrent ensemble de ceste matière et en telle façon que conclusion fut prinse d'y entendre la manière comment, par qui, et quel jour seroit le plus convenable de ce faire. Le seigneur de Cohen fut chef de ceste emprinse, accompagné de quatre cents à cinq cents hommes de cheval et de pied; et se partit de la ville d'Aire, le dimanche après la feste Saint-Nicolas, sous la guide dudit Robin, avec

six aultres compagnons qu'il mena au parcq de
Hesdin ; et ledit de Cohen, ensemble sa bande, se
tint aux fontaines debvant la porte du parcq. Les
Bourguignons debvoient, comme ils firent, entrer
dedans le chasteau par une tour que le seigneur
des Querdes avoit fait trouer sur la pierre blanche
joindant au marbre, pour ce qu'il n'y avoit point
d'eaue ès fossés, et que ledit marbre portoit environ
six ou sept pieds par dessus terre. Dont, à ceste cause,
Robin portoit une petite eschelle, pour mieux advenir à l'attrape. Et icelui venu devant la tour, parla au guet du chasteau, qui lui respondit : « Il est
heure. » Et lors se partirent trois ou quatre hommes
de cheval, desquels ledit Robin estoit accompagné ;
et dirent au seigneur de Cohen ce qu'ils avoient faict
et trouvé ; et icelui, avec son esquadre, chevaucha
parmi le parcq ; et quand il fut devant le chasteau,
cuidant achever une noble emprinse, afin d'a-
masser honneur et grande louange par le monde,
il fit descendre et devaller ès fossés environ cinquante hommes, aultres disent le nombre de cent,
desquels Robin se boutoit en frontière, pour entrer au chasteau par la trouée dessus dicte ; et y
avoit debat entre eux pour y entrer des premiers,
afin d'avoir l'honneur de la conqueste. Le seigneur des Querdes adverti du faict, estoit au plus
hault d'une tour, où il regardoit le train des Bourguignons ; et y avoit mises certaines embusches de
gens propices, bien armés fort en point, en aulcunes
chambres pour les despescher et charger sur eux

par aulcuns signes qui leur seroient monstrés. Il estoit environ deux heures après minuict, quand Robin, premier entrant dedans l'attrape, fit entrer Bourguignons pour les attraper; et leur avoit enseigné paravant comment ils debvoient monter en la tour, laquelle ils tiendroient à force jusques à ce que ledit de Cohen et le demourant de ses gens seroient entrés.

Robin fit ses diligences et les aultres le suivirent, cuidans avoir fortune prospère selon le proposé; mais Robin qui sçavoit son refuge, trouva un huis ouvert auquel il entra et puis le ferma après lui; si ne fut plus veu d'iceulx pour cest nuict, car il avoit trop bien joué son personnage. Les entrans toutefois ne se feindirent à paroultrer leur besongne. Ils eslevèrent un grand cri en disant de très grand courage, Bourgogne! Bourgogne! ville gaignée! ils quéroient à toutes diligences après leur guide, cuidans monter à la forteresse selon l'advis qui en estoit prins; mais ils trouvèrent les huis et les entrées barrées et serrées; et soubdainement le seigneur des Querdes, fit dévaler une herce, si qu'ils ne povoient issir de l'attrappe; et les embusches préparées pour les despescher sortirent de trois à quatre places, qui les envahirent si tost que les signes furent donnés. Les Bourguignons, sentans qu'ils estoient trahis malheureusement, se deffendirent vigoureusement, et se rendirent, comme ceulx qui n'ont espérance de reschapper; et fut le conflit de la meslée fort

impétueulx d'un parti et d'aultre. Aulcuns
crioient tués! tués! et les aultres trahis! trahis!
Le seigneur de Cohen et le demourant des siens,
oyans ce piteux effroict et horrible desconfiture, comme tristes, honteux et confus, retournèrent vistement à Saint-Omer; et d'aultre part,
un homme d'armes de Picardie, nommé Jacot le
Boisteux, estant aux escoutes de la nuict, oït bien
par le tumulte des combattans, qu'il y avoit trahison. Aulcuns Bourguignons attrapés comme à
la ratière, trouvèrent façon d'entrer en une tour,
où ils se boutèrent et la deffendirent jour et nuict;
mais pour ce qu'ils n'avoient espérance de secours ni de vivres, ils se rendirent au seigneur
des Querdes, par appoinctement faict; lequel ne
tint ne foi ne promesse, car si tost qu'ils furent
hors du fort, il fit pendre deux hommes d'armes,
l'un nommé Pierrequin Catin, et l'aultre Broc-
quette; et toute la compagnie des entrans ne demourèrent que huict seulement, desquels le principal fut le bastard de Lannoy; et de la part des
François, y demourèrent aucuns hommes d'armes
du roi de France, morts. Et jasoit ce que le seigneur des Querdes eut faict mettre aulcnnes gardes
aux passages, comme à Bonny, à Rely et Faul
quenberghes, au Bois des Querdes et ailleurs, afin
de saisir et prendre ceulx qui retourneroient à
leurs forts, pour saulveté de leurs corps; toutefois, le seigneur de Cohen retourna, comme dit
est, sans quelque destourbier; et le seigneur des

Querdes envoya son Robin pour le beau faict qu'il avoit commis vers le roi de France, qui lui donna pour son vin, six cents escus et deux cents livres d'Arthois de pension annuelle sur la recepte de Hesdin ; de laquelle ne jouit et possessa guères longuement, car il advint un jour, ainsi qu'il se partoit d'illecq pour aller à Abbeville où sa femme demouroit, il fut rencontré d'aulcuns des parents de ceulx qui estoient morts à sa cause, en la pipée dessus dite; si le poussèrent jus de son cheval, et le mirent par pièces, tellement qu'il rendit l'ame. Sa vesture, son argent et sa bourse furent mis à la selle de son cheval, qui fut envoyé devant les portes d'Abbeville, pour témoignage que l'occision ne s'estoit faicte par avarice de pillerie, mais pour contrevenger la mort de leurs cousins et parfaicts amis.

CHAPITRE LXXXIII.

La feste de la Thoison-d'Or qui se tint à Bois-le-Duc.

Après que monseigneur le duc Maximilian fut quasi au-dessus du pays de Hollande, il tint et fit célébrer la feste et solemnité de la feste de la Thuison-d'Or, en la ville de Bois-le-Duc, le cinquième jour du mois de mai, en présence de l'ambassade de l'empereur, retournée de devers le roi Loys de France, et de l'ambassade de mon dit seigneur d'Austrice, où furent deux illustres chevaliers et un docteur d'Allemaigne et le seigneur Baudoin de Lannoy, lesquels avoient esté envoyés vers ledit roi Loys, vers le caresme, sur espérance de trouvre bonne paix.

Pour honorer et décorer ceste feste, estoit en chef mondit seigneur d'Austrice; et les chevaliers confrères de l'ordre qui lors l'accompagnèrent, furent le seigneur de Lannoy, le seigneur de Ravestain, le comte de Nassou, le comte de Romont, messire Josse de Lalaing, seigneur de Montigny, et le seigneur d'Aighemont. Ce jour dessusdit monseigneur le duc et confrères, habitués de manteaux de cramoisi doublés de satin blanc bordés de fusifs, ayans chapeaulx de mesme comme ils avoient eu en la précédente feste, allèrent aux vespres à la grande église collégiale, et lendemain onze, à la messe qui fut illecq célébrée par l'abbé de Saint Bertin, chancelier de l'ordre, accompagné de quatre prélats; et allèrent à l'offrande pour eux-mesmes; et aulcuns d'iceulx y allèrent pour leurs confrères absens, selon l'ordonnance des tableaux estans au chœur de ladite église, en la manière qui s'ensuit.

Premier, monseigneur le duc d'Austrice, chef de l'ordre, offrit pour lui-mesme; le seigneur de Lannoy pour le roi d'Arragon; le comte de Romont pour le roi d'Angleterre; le comte de Nassou pour le roi de Naples; le seigneur de Ravestain pour le roi de Castille; Toison-d'Or pour le seigneur de Croy, trespassé; Toison d'Or pour le seigneur de Monlembais, trespassé; le seigneur de Ravestain pour le seigneur de Clèves; le seigneur de Lannoy pour le seigneur d'Anthoin; le seigneur de Lannoy pour lui-mesme; Toison-d'Or pour le seigneur de Gheldres, trespassé; le comte de Nassou pour lui-mesme; le seigneur d'Aighemont pour lui-mesme; Toison-d'Or, pour le seigneur de Bièvres, trespassé; le comte de Nassou pour le seigneur de la Vere; le seigneur de Lannoy pour le seigneur de Chimay; messire Josse de Lalaing, seigneur de Montigny, pour lui-mesme; le comte de Romont pour le seigneur de Bresse; le seigneur de Montigny pour le seigneur de Fiennes; le comte de Nassou pour le seigneur de Saint-Pol; le seigneur de Romont pour lui-mesme; le seigneur d'Aighemont pour le seigneur de Liquestain. Aulcuns aultres blasons et tableaux d'aultres seigneurs, confrères de l'Ordre, estoient illec entremeslés avecq les aultres et assis en lieux selon leur appartenir; mais pour les démérites d'iceulx seigneurs, leurs tableaux furent ostés et séparés des aultres; et mesme le tableau et armure du seigneur des Querdes fut mis au portail de l'église, et renversé de hault en bas, comme appert en publications faictes par Toison-d'Or au chapitre de ladicte ordre, le huitième jour du mois de mai an dessus dict, comme il s'ensuist:

«Messire Jehan de Neufchatel, subject naturel de très humble très hault, très excellent et très puissant prince monseigneur le duc d'Austrice et de Bourgogne comme chef et souverain du noble Ordre de la

Toison-d'Or, et de ma très redoubtée dame, madame la ducesse, sa noble compaigne, natif de la comté de Bourgogne, estant chevalier fort et compagnon de ce dit Ordre, lequel, tant à cause dudit lieu de sa naissance, comme par estroict serment solemnel qu'il avoit faict audit Ordre, obligé et abstrainct envers mesdits seigneur et dame et icelui ordre, s'est allé rendre en France en l'obéissance du roi, tenant parti contre mondit seigneur, sans avoir renvoyé le collier ne gardé les règles et statuts dudit Ordre qu'il avoit juré, par quoi il est jugé hors d'icelui Ordre, et déclaré inhabile pour jamais plus porter ledit collier. Faict au chapitre de l'Ordre, tenant en la ville de Bois-le-Duc, le huitième jour de mai, l'an mil quatre cents quatre-vingt-et-un. »

» Messire Philippe Pot, seigneur de la Roche de Nolay, subject naturel de très hault, très excellent et très puissant prince monseigneur le duc d'Austrice et de Bourgogne, premier chef et souverain du noble Ordre de la Thoison-d'Or, mescognoissant et ingrat des grands biens et avancements qu'il a reçus de feu très noble mémoire messeigneurs les ducs Philippe et Charles, jadis ducs de Bourgogne prédécesseurs de mondit seigneur, et en la maison de Bourgogne en laquelle il a esté nourri en sa jeunesse, et oubliant la leaulté qu'il debvoit à mondit seigneur le duc, mesmement à madame la duchesse sa très noble compaigne, seule fille légitime dudit duc Charles, après le décès d'icelui feu, orpheline non mariée, oubliant aussi les serments qu'il a faicts audit noble Ordre de la Thoison-d'Or, dont il estoit frère et compagnon, de sa volonté a abandonné madite dame la ducesse orpheline, et s'est allé rendre au roi, adversaire et tenant le parti contraire de mesdits seigneur et dame, s'est armé et mis en monstre contre eulx sans avoir rendu le collier dudit Ordre, ni gardé les serments d'icelui, qu'il avoit jurés; par quoi il a esté privé dudit Ordre, et déclaré inhabile de jamais plus porter le collier d'icelui. Faict au chapitre dudit Ordre, tenu en la ville de Bois-le-Duc, le huitième jour de mai, l'an mil quatre cents quatre-vingt-et-un. »

« Messire Philippe de Crevecœur, seigneur des-Querdes, subject naturel de très hault et excellent prince monseigneur le duc Maximilian, par la grace de Dieu, duc d'Austrice et de Brabant, chef et souverain de la noble Ordre de la Thoison-d'Or, et de madame la ducesse, sa très noble compagne, mescognoissant et très ingrat des grands biens, honneurs et avancements qu'il a reçus en la très noble maison de Bourgogne et de Brabant, comme de feux de très digne mémoire, messeigneurs les ducs Philippe fondateurs, et mesmement de défunct monseigneur le duc Charles, son fils, jadis duc de Bourgogne et de Brabant, chef et souverain dudit Ordre, prédécesseur de mondit seigneur le duc Maximilian, nourri dès son enfance en sa dicte maison avec monseigneur le duc Charles, qui grandement l'avoit honoré et exaulcé, et par vraie confidence lui avoit baillé commission de garde de plusieurs ses bonnes villes, places, forteresses et pays, par serment solemnel lui avoit juré et proumis garder, sans les mettre en aultre main, estant aussi frère et chevalier de ce très noble Ordre de la Thoison-d'Or, et à cause de ce obligé et abstrainct par aultres estroits serments auxdits seigneurs feux ducs Philippe et Charles, et mesmement à madame la ducesse, fille unique et seule héritière dudit feu monseigneur le duc Charles, délaissée et demourée après son décès jeusne princesse et orpheline, encores non mariée, laquelle lui confirma tous les estats et offices dessusdicts; et, qui plus est, lui donna la capitainerie et garde du chastel de Hesdin, et le retint et constitua son chevalier d'honneur; et combien que, à cause desdits serments, et par vraie noblesse, ledit seigneur des Querdes fust tenu de les garder et défendre, ensemble lesdites places et pays dont il avoit la garde, néant-moins, de sa volonté, et contrevenant à tous sesdits serments, honneur, foi et léaulté, il a faict serment au roi de France, adversaire de mondit seigneur et dame, lui a baillé et délivré, ou par sa faulte abandonné ou laissé prendre lesdites villes, places et pays, dont la guerre et la plus-part des maux advenus depuis sont ensuivis; oultre il a délaissé à porter le collier dudit Ordre de la Thoison-d'Or, sans le renvoyer, recevant et portant l'Ordre du roi de France; et mesmement fut armé et a faict guerre contre mondit seigneur et ma dame, soi portant chef et principal capitaine de l'armée d'icelui roi de France, envahissant aux champs, présent son prince, chef et souverain d'icelui ordre, et lui livrant bataille devant la Viefville lès Terrouvane et à ses féaulx vassaux et amis, aidans et léaulx subjects, commettant pour ce et aultrement, comme dit est, faulceté, trahison et desloyauté envers mondit seigneur et dame : pour lesquelles causes, à grande et mure délibération, il a esté au chapitre dudit Ordre présentement tenu en ceste ville de Bois-le-Duc par mondit seigneur le duc, souverain d'icelui Ordre et messeigneurs les frères, chevaliers et compagnons d'icelui Ordre y estans, privé et débouté dudit Ordre de la Thoison-d'Or, jugé et déclaré inhabile et indigne de jamais porter ledit collier ; et s'il eust esté présent audit chapitre, aultre et plus grande correction lui eust esté déclarée, selon ses crimes, demérites, faulsetés, trahison et déloyautés.

« A esté déclaré et ordonné par mondit seigneur soùverain, et mesdits seigneurs chevaliers, frères et compagnons dudit Ordre, que le tableau de ses armes, mis en posé en ceste présente feste, au chœur de l'église collégiale dudit Bois-le-Duc, sera osté de la place où il a esté posé, et sera porté, et mis et attaché à la porte de l'église, et ses armes renversées et mises à rebours.

« Faict audit chapitre de l'Ordre, le huitième jour de mai, l'an mil quatre cents quatre-vingt et un. »

« Messire Jehan de Damas, seigneur de Clèves, si vous estiez en vie, veus et considéré les grands biens, honneurs et avancements qu'avez receu en la maison de Bourgogne, mesmement de feu de très noble mémoire monseigneur le duc Charles, jadis duc de Bourgogne et de Brabant, dernier defunct, que Dieu absolve ! et les destroicts serments que vous avez faicts audit Ordre de la Thoison-d'Or, comme chevalier, frère et compagnon d'icelui, et que vous avez esté noté de plusieurs causes suffisantes à vostre privation dudit Ordre; mais monseigneur le souverain, et messeigneurs les chevaliers, frères et compagnons dudit ordre, ont en leur présent chapitre esté acertenés de vostre trespas, par quoi ils en laissent le jugement à Dieu tout-puissant et souverain juge. »

« Messire Jacques de Luxembourg, seigneur de Ricebourg, combien qu'il fust prins en exploict de guerre honourablement, et pour la querelle et deffense de feu de très noble mémoire monseigneur le duc Charles, jadis duc de Bourgogne et de Brabant, comme chef et souverain du noble Ordre de la Thoison-d'Or, dernier defunct, néantmoins depuis sa liberté de prison, lui qui estoit et est subject naturel de très hault, très excellent, très puissant prince monseigneur Maximilian, archiduc d'Austrice et de Bourgogne, et de madame la ducesse sa compagne, chef et souverain du dict Ordre, et lui, chevalier, frère et compagnon d'icellui, à cause de ce grandement obligé et abstrainct par estroict serment audict Ordre, n'a pas seulement faict serment audit roy de France, adversaire de mondit seigneur et madame, mais a délaissé de porter le collier d'icellui Ordre de la Thoison-d'Or ; et sans rendre et renvoyer ledit collier, a receu et porté publiquement l'Ordre dudit roy de France, s'est montré en armes avec les ennemis de mondit seigneur, en exploicts de guerre, et a receu, par don et authorité d'icellui, et apprehendé à son prouffit villes, places, terres et seigneuries appartenans à mesdicts seigneur et dame, et à leurs féaulx vassaulx et subjets, ce que faire ne povoit selon lesdicts serments par lui faicts audict Ordre, par quoi il a esté jugé hors d'icelle Ordre, et déclaré inhabile pour jamais plus la porter. Faict comme dessus. »

« Quant à monseigneur le bastard, qui est par delà, pour ce qu'il n'est encores suffisamment apparu à mon dict seigneur chef, et les aultres seigneurs frères et chevaliers de l'Ordre, de ses conduicts et gouvernements, l'on a remis son faict jusques à la prochaine feste, et est tousjours son tableau armoyé, mis et posé avec les aultres. »

Icelles publications ainsi faictes, tant du seigneur des Querdes comme des aultres, furent assises posées et escriptes en lieux où leursdicts blasons et armes estoient attachées. Peu de jours après madame Marie duchesse d'Austrice et monseigneur Philippe, comte de Charolois, son fils, âgé de trois ans ou environ, arriva en la ville de Bois-le-Duc.

Un grand eschaffault fut faict sur le marché, où elle fit serment, prendant possession.

Monseigneur Philippe son fils, fut illecq fait chevalier par monseigneur de Ravestain; et lui fut donné le collier d'or, avec aulcuns autres dons, dont plus amplement apperra en la prochaine feste.

La nuit Saint-Jehan ensuivant, furent trèves publiées par pays sur estat et abstinence de guerre, pour un an commenchant le dernier jour de juin an mille quatre cents quatre-vingt-et-un, et finissant l'an révolu ce mesme dernier jour de juin, l'an mil quatre cents quatre-vingt-et-deux; et commencoient les lettres d'icelles trèves par la teneur qui s'ensuist :

»Loys, par la grâce de Dieu, comme nonobstant que les trèves fussent criées et données sur espérance de inventer paix finable, etc. » Toutefois les François et Bourguignons pilloient l'un l'aultre.

Advint en ce temps que le Grand-Turcq avoit fait son amas de trois cents mille Turcks pour destruire chrestienté; mais le souverain roi des rois, Nostre Seigneur Dieu lui retrancha son vouloir, car il mourut le troisième jour de mai; de quoi nostre sainct-père le pape fit faire à Rome procession solemnelle l'espace de trois jours. La mort d'icelui Turck fut célée quinze jours ains qu'elle vinst à la cognoissance du peuple; et pourtant quand la communaulté en fut advertie, elle assomma et tua ceulx qui avoient célé ceste affaire. Aulcuns eslurent pour estre grand Turck le fils aisné de son aisné fils trespassé, et les aultres choisirent le second fils dudit Turck trespassé, et à ceste cause, l'un ou l'aultre se vint rendre au grand-maistre de Rodes, comme il apperra cy-après.

CHAPITRE LXXXIV.

La nativité de François d'Austrice second fils du duc Maximilien et de madame Marie son espouse.

Le second jour du mois de septembre, entre sept et huict heures du matin, l'an mil quatre cents quatre-vingt-et-un, madame Marie, ducesse d'Austrice et de Bourgogne, espouse du duc Maximilian, s'accoucha de son second fils en son hostel de Conberghe en sa ville de Bruxelles ; et pour célébrer la solemnité du baptisement de celui enfant, fut faicte une baille commenchant audit hostel et finant à l'église de Sainte-Goule ; et y avoit une torche de six pieds de longueur ; et estoit honnestement couverte de draps de couleur, et les rues tapissées comme au jour du sacre. Au milieu de l'église de Sainte-Goule, richement tapissée, estoit un hourd somptueusement édifié, où estoient les fons notablement aornés, et aussi messeigneurs les prélats et ministres de l'église qui le baptesme debvoient accomplir.

En ceste noble compagnie allèrent sur un chevallet audit baptesme monseigneur Philippe d'Austrice, comte de Chorollois, et mademoiselle Marguerite sa sœur, enfans dudit duc et ducesse; et fut baptisé ledit enfant par monseigneur Henri de Berghes, évesque de Cambray; et le tindrent sur les fons, monseigneur Philippe de Croy, comte de Chimay, au nom du duc de Bretaigne, en la contemplation et faveur duquel il fut nommé François. Monseigneur Ferry de Cluny, cardinal de Tournay le tint pareillement avecq madame la princesse d'Orenge; et fut faict ce baptisement le vingt-septième jour du mois de septembre an dessus dict. Le jour Sainct-Estienne ensuivant, trespassa de ce siècle, ledit François; de quoi tout le peuple du pays fut fort ennuyé, souverainement les Bruxellois; car eux qui de sa nativité avoient eu esjouissance, eurent alors pour son trépas très angoiseuse desplaisance.

En ce temps Jehan d'Adiselle, grand bailli de Gand, estant à la foire d'Anvers, fut aguesté de nuict et murdriement occis par Frédérick, seigneur de Montigny et aultres ses complices, au très grand desplaisir des Ganthois qui lors vouloient gouverner la cour, et expulser aulcuns de la langue walonne; néantmoins lesdits Ganthois recueillèrent honorablement le corps de leur grand bailli, le firent passer par la ville, et en très grande compagnie de gens et de torses, le conduisirent jusques à la fosse.

CHAPITRE LXXXV.

Le trespas de très illustre dame madame Marie de Bourgogne seule fille de très preux et resplendissant prince le duc Charles de Bourgogne et espouse de Maximilien très victorieux duc d'Austrice.

Aprés que madame Marie de Bourgogne héritière et unique fille de très puissant et très hault duc Charles de Bourgogne eut prinse la possession du pays de Hainault et faict son entrée en la ville de Mons, principale ville de la comté de Haynault, descendit en Valenchiennes, où elle fut honorablement reçue. A son entrée furent faictes aulcunes histoires par personnages ès quarrefours des rues, sur les sept vers *Ave Maria Stella*, qui grandement lui plurent. Elle fut logée à la Salle-le-Comte; et le lendemain fit les debvoirs et serments tels que les comtes de Haynault ont accoutumé de faire à leur primitive venue. La nuict de son arrivée en Valenchiennes, qui fut le vingt-deuxième jour de novembre, pour lui donner effroi et réveiller les espris de guerre, les garnisons de Guise, Saint-Quentin et d'aultres villes de guerre, prindrent, par faulte de guet, la ville du Chasteau-en-Cambresis, et aulcuns compagnons desdites garnisons s'espandirent et boutèrent les feux autour de Condé, tellement que madame, à son partement, tirant illec, apperceut bien la gasture et arsure qu'ils avoient faicte la nuict précédente; et d'illec se tira en Flandres; et fit une partie de son quaresme en la ville de Bruges, avec le duc d'Austrice son mari; et pour passer temps, selon la mode des princes, seigneurs, dames et demoiselles, voulonté lui print d'aller veiller avec ses nobles gentilshommes. Lors si grande meschéance advînt tant pour elle que pour tous les pays, car elle cheut jus de sa hacquenée, qui lors deschanglée estoit; se fut bleschée aulcunement, et tellement que, trois semaines après, elle s'accoucha malade; puis, après avoir faict ses ordonnances et reçu les sacrements de saincte église, rendit l'ame à Dieu. en sa ville de Bruges, le vingt-septième de mars, environ deux heures à l'après diner, l'an mille quatre cents quatre-vingt-et-un.

Du trespas de ceste très haulte et très vertueuse ducesse estant en fleur de jeunesse, feut le duc son mari plus ennuyeux que jamais fut noble espoux pour la mort de sa chère espouse; car vive amour irréfragable les avoit ensemble unis en si amiable et doulce concorde, que ne sembloit possible les desjoindre sans le dard mortel de la mort. Tous les supposts de ses pays entièrement en furent désolés; et comme la vigne bien labourée engendre le bon raisin, dont procède la délicieuse liqueur de bon vin, qui les cœurs tristes létifie convenablement, ceste très excellente et fructueuse princesse, florissante en toutes bonnes mœurs, nous a germiné et produict et enfanté trois nobles cépeaux de moult haulte estime, desquels le fruict, en temps futur, donnera suavité de joie à ceulx qui sont encore à naistre. La très illustre et inclite dame avoit esleu sa sépulture en l'église Nostre-Dame de Bruges, où le corps fut honorablement porté, pour le lendemain, troisième jour d'apvril, célébrer ses obsèques. Et en partant de son hostel pour aller à l'église Nostre-Dame faire son enterrement, précédoient gens vestus de couleur noire en grande multitude, portans chacun un flambeau en main ; puis suivoient les quatre ordres mendians, les chanoines de l'église, messeigneurs les prélats, messeigneurs de la loi de Bruges, les gentils-hommes de la cour, chevaliers, gens du conseil, chanceliers, conséquémment roy et héraulx d'armes auprès du corps, que portoient dix nobles hommes, sur lequel corps estoit une riche pale que portoient en l'air, par les quatre bouts, quatre nobles personnages, et par dessus le chapeau ducal de fin or; et suivoient en habits de deuil, embrouchés de chaperons, très illustre et très resplandissant seigneur, monseigneur le duc d'Austrice, le jeune seigneur de Gheldres, Philippe monseigneur de Clèves, le comte Pierre de Saint-Pol, l'évesque de Metz, le comte de Nassou, et le seigneur de Bièvres ; et les dames qui furent auxdites obsèques : madame la princesse d'Orenge, la fille de Gheldres, la dame de Vere. Et le lendemain fut la seconde messe célébrée par l'abbé de Saint-Bertin, et la tierce par monseigneur de Salubrie.

CHAPITRE LXXXVI.

La prinse de la ville de Bohain par les François.

Par un lundi vingt-huitième jour de janvier, environ trois heures après minuict, aulcuns compagnons de guerre des garnisons françoises, prindrent, par faulte de guet, et entrèrent en la ville de Bohain, que tenoient les Bourguignons. Ils occirent un seul homme et constituèrent dix aultres prisonniers. Aulcuns manans et habitans se saulvèrent au chasteau, et les aultres tournèrent en fuite, qui mieux mieux. Quand les François furent au-dessus de la ville, ceulx du chasteau, au nombre de quatre-vingts, sortirent sur eulx à main forte, et en tuèrent cinq ou six, et ce faisant furent navrés; et afin qu'iceulx François ne leur donnassent l'assault et ne tinssent illec leur sejour, ils bruslèrent la pluspart de la ville; et par un contraire, les François bruslèrent l'aultre; et tost après y survindrent les garnisons de Guise, de Saint-Quentin et de Beaurevoir, sur espérance de faire quelque emprinse; mais ils perçurent que logis n'y povoient prendre, et que ceulx du chasteau estoient fort pourveus d'artillerie et de vivres, parquoi ils retournèrent chacun en son quartier. Tost après fut reprins le chasteau de Rincourt sur les François, mais Beaurevoir, qui tenoit, fut en danger d'estre prinse, car un mauvais garçon, natif de Hainault, nommé Radelet, tenoit un jour le parti de France, et l'aultre de Bourgogne; ainsi se transmuoit de çà et de là pour trafiquer et achever ses trahisons iniques. Icelui tenant le parti des François, espia une journée que la garnison de Beaurevoir estoit allé courre, et avoit laissé partie d'icelle pour garder le chasteau; et adonc se joindit avecq les Bourguignons, auxquels il fit sçavoir la disposition et estat des François, tel que dict est dessus, disant que s'ils avoient une seule once de hardiesse, ils gaigneroient Beaurevoir. Aulcuns Bourguignons aventureux, pourchassans la bonne fortune, s'accouplèrent avec ledit Radelet, qui rudement et vitement les mit dedans par aulcunes trouées, et ainsi gaignèrent la place. Ceste prinse venue à la congnoissance du seigneur de Moy, la garnison de Saint-Quentin se resveilla, et celles des frontières à l'environ, se mirent sus en nombre de trois cents chevaulx et quatre cents piétons; et se trouvèrent devant le chasteau de Beaurevoir, lequel estoit lors desgarni de vivres et de pouldre; et à ceste cause vuidèrent Bourguignons comme ils y estoient entrés; mais Radelet fut illec rateint, tellement que les François lui deffendirent le courre, lui firent coupper la teste, et ainsi receut les gages tels que un trafiqueur, trompeur et pipeur doibt recepvoir pour son infidelité.

Aultres prinses et reprinses par aguets, sur ghètes,

embusches, et par muces, furent faictes et achevées tant à Beaurevoir comme à Bohain et aultres forteresses à l'environ, desquelles le compte fort long pourroit attédier l'audience des escoutans.

CHAPITRE LXXXVII.

Le siège de la ville d'Aire et la prinse d'icelle par les François sur les Bourguignons.

Le vingtième jour de juillet, an mil quatre cent quatre-vingt et deux, monseigneur Maximilien, duc d'Austrice, estant en sa ducé de Brabant, fut receu comme père et tuteur de monseigneur Philippe, son fils, en la ville de Louvain, pour la dite ducé et pays de Brabant.

En ce temps pendant, les François, par aulcuns entendemens qu'ils avoient avec aulcuns personnages du parti de monseigneur le duc d'Austrice, trafiquèrent tellement, en coinquant ensemble secrètement, que la ville d'Aire fut vendue par Jehan, seigneur de Cohen, et ses complices, parmi payant la somme de dix mille escus par an, et cent lances d'ordonnance. Mais pour pallier et coulourer la vendition, afin que des marchands ne fusist l'embusche descouverte, la conclusion porta que les François acheteurs mettroient le siége devant la ville, et le seigneur de Cohen et ses vendeurs tiendroient bonne mine, monstrans courage de bonne defense, comme à la réale vérité firent ceulx de la ville, qui riens ne sçavoient de ladite marchandise, voir plus grande que ne vouloient les marchands, afin que le jeu ne tournast à grand courroux. Et pour achever ceste besongne, le seigneur des Querdes fist amas de grosses compagnies de gens de guerre avecq le marissal de Gey et aultres compagnies de gens à cheval et de piétons, et entre lesquels y avoit six mille Suisses et grande quantité de gens de morte-paye, et estoient de gens de faict en nombre de vingt-huit mille.

Les quartiers furent delivrés, l'artillerie assise, aucunes églises abattues à l'environ de la ville, logis furent faicts, tentes et pavillons dressés, gros et larges tranchis approfondis, et fut en peu d'espace le siége clos et fermé, comme si l'on y debvoit séjourner par années. La ville fut battue de gros engiens, tant merveilleusement qu'ils furent ouys jusques à demie lieue près de Valenchiennes. Les Flamans, advertis dudit siège, envoyèrent messagers sur aultres, vers ledit seigneur de Cohen, principal capitaine de la ville, en lui offrant gens, vivres, traits à pouldres et aultres nécessités à ce pertinentes; mais ledit de Cohen respondit auxdits messagers et rescrivit auxdits Flamans qu'ils estoient du tout garnis pour un mois entier, et que le duc d'Austrice povoit bien assembler son armée tout à loisir. Et durant ce temps se continuoit la batterie dudit siège contre la ville, et la ville d'aultre costé se défendoit vigoureusement. Après que une partie de la muraille fut arasée, les seigneurs assemblèrent fagots et aultres matériaux, faisans mine de vouloir assaillir. Lors un petit parlement se tint entre les parties, tellement que la ville se rendit par appoinctement, et Cadet de Barat rendit la place, par tel si que lui et ses gens se partiroient, leur corps saulfs, et emmeneroient leurs biens meubles qui estoient céans appartenans au seigneur de Bièvres; et les menèrent à Saint-Omer, le vingt-huitième de juillet l'an mille quatre cents quatre vingt-et-deux.

CHAPITRE LXXXVIII.

La mort pitoyable et lamentable de monseigneur Loys de Bourbon évesque de Liége, duc de Bouillon et comte de Los.

Horrible discorde et dissention grande fut engendrée entre révérend père en Dieu, monseigneur Loys de Bourbon, évesque de Liège, et messire Guillaume de la Marche, nommé La Barbe, mambour de Liége, auquel ledit évesque avoit tenu un enfant sur fons, et l'estimoit estre son bon et cordial ami; mais il advint que ledit Guillaume achepta, par le consentement des chanoines de Saint-Lambert, la terre de Francemont, par quoi il s'esleva en grand orgueil, et estoit dès lors plus cremeu en Liége que l'évesque son maistre, car il y avoit plus grande sieute après lui pour avoir offices, qu'il n'y avoit après l'évesque son compère, et duquel grand honneur lui estoit venu. Et oultre plus, ledit Barbe avoit occis de sa main, par aguet, en retournant de la messe, maistre Richard, serviteur, domestique et séelleur dudit évesque, par quoi icelui se contenta mal; et parcreut la haine entre eux plus angoiseuse que devant; et lui manda l'évesque qu'il feroit bien sans lui; et de faict le fit bannir de sa cité; et ledit messire Guillaume, qui porta mal patiemment ce bannissement, pensa de soi venger; et de faict se trouva en France pour eslever aulcuns gens d'armes. Ne sçay s'il descouvrit sa mauvaise volonté au roi Loys, car il ne lui voulut accorder aulcunes gens de ses ordonnances; mais il cueilla à l'environ de Paris et ailleurs aulcuns gendarmereaux mal empoinct, en nombre de quatre cents chevaliers, et aulcuns piétons et pageastres mal habillés, qui le suivoient. Icelui doncques, accompagné du seigneur Robert de la Marche son frère et aulcuns de son alliance, comme Thierry Pavillon, eschevin de Liége, de messire Jehan de Noefchastel, de Pierre Roustar, maire de la cité, ensemble d'aulcuns François, comme messire Guillaume de la Roche, chevalier, et plusieurs aultres, se tira à l'entour de Liége pour oultrager et deffaire ledit évesque, son pasteur, seigneur et maistre. Et de faict, aulcuns habitans et manans d'illec firent entrer secretement en la cité aulcuns gens de guerre, monstrans que plus favorisoient à l'une partie que à l'aultre.

Icelui évesque estant en la ville de Huy, adverti de l'assemblée de ses ennemis quérans le détruire, et comment ils estoient à l'environ de Liège, se partit dudit Huy, accompagné d'aulcuns nobles en petit nombre, car il n'estoit lors guères aimé du commun. Et le jeudi, au penultième d'aonst, vint loger en sa cité de Liège; et environ neuf heures fit son amas de petit nombre de gens qu'il avoit; si les feit monter à cheval; et quand lui-mesme voulut mettre le pied à l'estrier, il trouva son cheval le plus rebours de jamais; mais pourtant, ne différa à achever son emprinse, et vuida de son palais armé de toutes pièces, sinon du chef et des jambes, car son page estant derrière, lui portoit son armet. Le prothonotaire de Hornes portoit la bannière Saint-Lambert; et disoit ledit évesque et ceux de sa compagnie : « Seigneurs où me menez-vous. » Finablement, il issit hors la porte de Damecourt, tirant vers les chartreux, auxquels il requist qu'ils voulsissent prier Dieu pour lui. Il avoit environ vingt chevaliers qui le suivoient à file. En tirant oultre, perceut quatre compagnons bien montés des gens de La Barbe, son adversaire, qui l'espioient en une ruelle; et donnèrent sur lui en un petit pré assez estroit; et illecq fut rencontré dudit seigneur Guillaume de la Marche son compère, qui lui dict : « Loys de Bourbon, je me suis offert et mis en paine d'estre en votre grâce, et vous ne m'avez voulu recevoir; maintenant je vous ai trouvé. » Puis lui donna un coup de sa dague en la gorge; et receut encoires aultres trois ou quatre coups au corps, tellement qu'il cheut mort par terre, puis fut despouillé tout nud et fut rué en la rivière; après fut pesché par aulcuns mendians, qui l'emportèrent aux frères mineurs, et de là en l'église de Saint-Lambert, où il fut monstré à tout le peuple, devant le grand autel, où les vénérables colléges de Liège furent évocqués à son enterrement et obsèques.

Ainsi fina piteusement parmi les mains des pervers tyrans, Loys de Bourbon, le très révérend pasteur de Liège, le pénultième d'aoust, l'an mil quatre cents quatre-vingt-et-deux. Et lors messire Guillaume, ensemble ceux de sa bande, entrèrent en la cité, qui fut butinée à demi; et le lendemain icelui messire Guillaume se tira par les colléges, priant que son frère Jehan de la Marche, estudiant à Coulongne, fut eslu évesque d'icelle cité de Liège; et confessa pleinement d'avoir occis ledit évesque, avecq aucuns de ses complices qui l'abattirent de son cheval, desquels l'un fut nommé Hacquin van Camp, qui pour le mesme fut descapité en la ville de Louvain.

CHAPITRE LXXXIX.

L'armée qui se fit en Brabant pour prendre aulcunes villes du pays de Liége, ensemble le trespas de messire Philippe de Croy comte de Chimay.

Tant pour l'occision de monseigneur Loys de Bourbon, évesque de Liège, inhumainement perpétrée par ledit Barbe, comme par les François estans en la cité, venus à l'intention et secours dudit occiseur, fut le pays voisin en grande tribulation, souverainement la ducé de Brabant marchissant audit Liège ; et à ceste cause monseigneur le duc d'Austrice et les princes et seigneurs du pays y remedièrent à grande diligence ; et de faict Philippe, monseigneur de Clèves, accompagné de plusieurs notables capitaines, chevaliers et barons, en nombre de six cents chevaux et mille piétons, picquenaires brabanchons et aultres, desquels estoit principal conducteur Henri de Saure, et lequel se trouva devant la ville de Setron, laquelle se rendit par appoinctement le quatrième jour de septembre ; et dans peu de jours après se joindirent à ceste armée la compagnie du machaigne d'Anvers, a tout cent chevaliers d'une bande, et le maire de Louvain à tout huit ou neuf cents piquenaires, avecq la compagnie du bailly de Brabant-Roman avec grande quantité de piétons ; et puis arrivèrent les princes et principaux capitaines, c'est-à-dire monseigneur Jehan de Chalon, prince d'Orenge, lequel avoit espousé la sœur dudit évesque, et monseigneur Anglebert, comte de Nassou et seigneur de Breda, ayant en leur compagnie la pluspart de la noblesse de Brabant, lesquels prindrent la ville et chasteau de Liège, la firent piller le douzième jour de septembre, et le lendemain donnérent l'assaut à la ville de Hasel, qui fut prinse par force d'armes, et la pluspart des bourgeois et manans d'icelle mis à mort ou prisonniers, et les portes et murailles d'icelle, abattues et dilapidées.

Tost après l'assault achevé, arriva monseigneur le comte de Romont, avec notable compagnie ; et illec se vint rendre le plat pays à l'environ, ensemble plusieurs petites villes et places de Liége, que mesdits seigneurs et capitaines reçurent à merci. Le vingtième jour ensuivant, se deslogea toute l'armée, et se vint esloger à un gros villaige emprès la rivière de Sarre, entre Tongre et Liége, et d'illec print l'armée son logis à une lieue près de la cité, et sortirent d'icelle plusieurs notables personnages de guerre, qui livrèrent à ceulx de l'armée plusieurs dures et telles escarmouches, qui vigoureusement furent soustenues par les Brabanchons et gentils compagnons aventuriers, par les quels plusieurs nobles faicts d'armes furent achevés tant d'un costé que d'aultre ; mais enfin les Liégeois furent rembarrés dedans leurs portes, et poursuivis fort rudement; et fut la retraicte fort honorable, et n'y eut perte pour les capitaines, que Rasse lieutenant de Cornille de Berghes.

De illec se vint loger l'armée devant la ville de Tongre, où ils séjournèrent l'espace de douze jours, dedans lequel temps une rivière fut ostée, tellement que les moulins de la ville ne pouvoient mieulre, qui fut la cause pourquoi ladite ville se rendit par appoinctement, car ils avoient fort grande nécessité de vivres.

Pendant ce temps, le treizième jour de septembre, trespassa de ce siècle en la ville de Bruges, messire Philippe de Croy, comte de Chimay, premier chambellan du duc d'Austrice, chevalier de la Thoison d'Or, preux et vaillant aux armes, élégant personnage, moult éloquent, sage et discret en toutes ses affaires, et fort bien adressé en toutes ses qualités de bonnes mœurs. Le duc Charles et le duc d'Austriche, en furent honorablement servis; et fit pour iceulx plusieurs loingtains voyages et ambassades, tant vers les roys de Naples, le roy d'Angleterre, comme aultres princes, alliés et confédérés à la maison d'Austrice et de Bourgogne, et auxquels, par sa prudence et sa manière de bien parler, il fut grandement agréable. Son corps fut transporté de Bruges à Mons en Haynault, et enterré aux cordeliers, où son fils aisné, monseigneur Charles de Croy, prince et comte de Chimay, leur fit faire très riche tombe et somptueuse sépulture.

Peu de jours après l'occision de monseigneur de Liége, fut esleu évesque de Liége par les chanoines du chapitre, le prothonotaire de Hornes, fils de monseigneur de Montigny; et fut ceste élection faicte à Louvain, à cause du tumulte et commotion qui lors estoit en la cité. De ceste election appela monseigneur Jacques de Croy, prothonotaire et chanoine de Liége, et frère de monseigneur le comte de Chimay, nouvellement trespassé; et disoit avoir aulcuns droicts en l'evesché, comme depuis apparut par certaine pension annuelle qui lui fut octroyée.

CHAPITRE XC.

Le traicté de la paix de l'an 1482.

Après avoir prinses plusieurs journées et avoir envoyé plusieurs ambassades d'un parti et d'aultre, sur espérance de parvenir à concorde, seure paix et bonne union entre le roy de France et le duc d'Austrice, et les estats et les subjects de leur pays et seigneuries, fut faicte une assemblée en la ville d'Arras, des ambassades et députés de chacune partie d'iceulx, lesquels, après avoir eu plusieurs consaulx, moyennant la grâce de Dieu, achevèrent et conclurent paix finale en la forme et manière qui s'ensuit.

« Philippe de Crevecœur, seigneur des Querdes

et de Lannoy, conseiller et chambellan du roy nostre seigneur, son lieutenant et capitaine es pays de Picardie, chevalier de son Ordre; Olivier de Juretinien, aussi chevalier, conseiller et chambellan au roy nostre seigneur et son lieutenant en la ville de Franchise, *aliàs* Arras; Jehan de la Vacquerie, conseiller du roy nostre dict seigneur, et premier président en la court de parlement de Paris; Jehan Guerin, maistre d'hostel : tous ambassadeurs commis du roy nostre seigneur; Jehan de Lannoy, abbé de Saint-Bertin, chancellier de l'Ordre de la Thoison-d'Or; Philippe, abbé de Saint-Pierre de Gand; Gossuin, abbé d'Affleghen; Guillaume, abbé d'Omont, de l'ordre de Saint-Benoist; Jehan, seigneur de Lannoy, de Rumes de Sebourg; Jehan de Berghes, seigneur de Walhain; Bauduin de Lannoy, seigneur de Molembais, chevalier dudict Ordre, conseiller et chambellan; Paul de Baenst, seigneur de Vermeselle, président de Flandres; Jacques de Gruy, seigneur d'Oby, chevalier, conseiller et chambellan, et hault bailli de Gand; Jehan d'Auffay, conseiller et maistre des requestes ordinaires de l'hostel; Gerard Mesnan et Jehan de Bert, secretaires en l'ordonnance de nostre très redoubté seigneur, monseigneur le duc Maximilien d'Austrice; Jehan Pinock, chevalier bourguignon; Jehan Roulan, eschevin de la ville de Louvain; Nicolas de Hetvelde; Rouland de Mol, chevalier, eschevin; Gerard Roslan, conseiller, pensionnaire de Brus-

selles ; Jehan Collehenz, bourghemestre ; Jehan
d'Immerselle, chevalier, eschevin de la ville d'Anvers ; George le Mor, premier eschevin de Lière ;
Guillaume de Rin, premier conseiller ; Jacques
d'Estenwerper, conseiller des eschevins des parchons de la ville de Gand ; Jehan de Wite, seigneur de Radegonde, bourghemestre de la ville de
Bruges ; Jehan de Nynverchonne, chevalier ;
Gilles Guiselin, conseiller ; Jehan Creut, pensionnaire de la ville d'Ypres ; Jacques de Lande, eschevin ; Jehan François, conseiller de la ville de
Lisle ; Simon de Bercus, premier eschevin ; Jehan
de la Vacquerie, conseiller de la ville de Douay ;
Christophe Gontier, premier eschevin de la ville
de Mons ; Jehan Fourneau, clerq du baillaige de
Hainault ; Gervais Waudart, conseiller de ladicte
ville de Mons ; Thierry le Poivre, eschevin ; Gobert
Henri, conseiller de la ville de Vallenchiennes ;
Robert de Mandeville, chevalier, bailly ; Nicolas
d'Anebus mayeur ; David d'Audenfort, Philippe de
Sainct-Fuslégier, et Robert des Prez, procureur
de la ville de Sainct-Omer, tous ambassadeurs,
commis et députés de mondict seigneur le duc,
tant en son nom que au nom de messeigneurs
le duc Philippe et mademoiselle Marguerite d'Austrice, ses enfans, nos princes et seigneurs naturels
et des estats de leurs pays, tant pour eux que
aussi pour et au nom d'iceulx duc Philippe et mademoiselle Marguerite.

« A tous ceulx qui ces présentes lettres verront,

salut : Savoir faisons que, en vertu des pouvoirs à nous donnés, cy-après insérés, nous avons faict, conclu, accepté, proumis, juré; faisons, concluons, acceptons, proumettons, jurons paix finale et union, intelligence et alliance perpétuelle entre le roy, monseigneur le daulphin, le royaume, leurs pays, seigneuries et subjects d'une part, et mondit seigneur le duc, messeigneurs le duc Philippe et mademoiselle Marguerite, ses enfans, leurs pays, seigneuries et subjets d'aultre, ensemble le traité de mariage qui, au plaisir de Dieu, se fera, solemnisera et parfera de mondit seigneur le daulphin et d'icelle mademoiselle Marguerite, ainsi et par la forme et manière qui est contenue et déclarée ès articles sur ce par nous adressés, consentis et accordés, desquels la teneur s'ensuit.

CHAPITRE XCI.

S'ensuict le traicté de la paix faicte entre le roy et monseigneur le duc d'Austrice.

»Au nom et à la louenge de Dieu, nostre souverain créateur, de la glorieuse vierge Marie et de toute la court céleste, paix finale, union, alliance et intelligence à toujours est faicte, prinse et jurée entre le roy, monseigneur le daulphin, le royaulme, les pays et seigneuries et subjects d'une part, et monseigneur le duc Maximilien d'Austrice, monseigneur le duc Philippe et mademoiselle Marguerite d'Austrice, ses enfans, leurs pays, seigneuries et subjects d'aultre, par laquelle toute rancune, haine et malveillance des uns envers les aultres, sont mises jus et ostées, et toutes injures de faict et de parole, remises et pardonnées.

»*Item*, pour plus grande seurté de ladite paix, traité et alliance, mariage est faict, proumis, consenti et accordé entre mondit seigneur le daulphin, seul fils du roi, et héritier apparant de la couronne, et madite damoiselle Marguerite d'Austrice, seule fille de mondit seigneur le duc, et de feu madame Marie de Bourgogne, fille unique de feu monseigneur le duc Charles, que Dieu absolve! et parfera et solemnisera ledit mariage, ladite demoiselle venue en eage de droict.

»*Item*, que incontinent ladite paix publiée et les seules promesses, obligations et seurtés baillées auxdits ambassadeurs dudit duc et des estats de sesdits pays en la ville de Lille et de Douay, madite damoiselle sera incontinent, à toute diligence, amenée en ceste ville de francise lès Arras et mise et délaissée ès mains de monseigneur de Beaujeu, ou aultre prince du sang commis de par le roy; et la fera le roy garder, nourrir et entretenir comme sa fille primogenite, espouse de monseigneur le daulphin.

» *Item*, que en faisant ladite délivrance, mondit seigneur de Beaujeu ou aultre prince commis de par le roy, ayant povoir en ce, en la présence des princes et seigneurs qui auront conduict et amené icelle damoiselle, proumettra par serment solemnel, sur le fust de la vraie croix, ou saintes évangiles de Dieu, pour le roy, tant en son nom comme père, et soi faisant fort de mondit seigneur le daulphin, la prendre à femme et espouse légitime, et prendra au surplus, au parfait et consommation dudit mariage de lui et d'elle, selon l'ordonnance de saincte église.

«*Item*, pareil serment fera mondit seigneur de Beaujeu ou aultre prince commis ayant povoir suffisant à ce de mondit seigneur le daulphin, auctorisé et dispensé par le roy de son jeune eage, pour et au nom d'icelui seigneur.

»*Item*, en faveur dudict mariage iceulx seigneurs duc d'Austrice et les estats de ses dits pays, ont consenti et accordé, tant en leurs noms, que pour et au nom dudit duc Philippe, et pour son mineur éage, comparans en son lieu; que les comtés d'Arthois et de Bourgogne et les terres et seigneuries de Maconnois, Auxerre, Salins, Bar-sur-Seine et Noyères, soient le partage, dot et sortement du mariage de madite damoiselle avec mondit seigneur le daulphin, pour en jouir par eulx leurs hoirs masles et femelles qui isseront dudit mariage héritablement à toujours; et en faulte d'iceulx, retourneront audit duc Philippe et à ses hoirs.

»Et pour ce que le roi tient en sa main et occupe présentement lesdits comtés de Bourgogne, Macon et Auxoirre, Salins, Bar-sur-Seine, Noyères et la pluspart de ladite comté d'Arthois, il consente, pourtant que la chose lui peult toucher, que icelles comtés et seigneuries soient la dot et héritage, et patrimoine de ladite damoiselle, pour en jouir par mondit seigneur le daulphin, comme son futur mari, par elle et leurs hoirs issus de ce mariage de mondit seigneur le daulphin et damoiselle, et en faulte d'iceulx retourner comme dessus; saulf que s'il advenoit que lesdictes comtés, terres et seigneuries venissent et eschéissent en aultre main que de mondit seigneur le daulphin ou des hoirs issus d'icelui mariage, en ce cas le roi, mondit seigneur le daulphin et leurs successeurs, rois de France, pourront posséder lesdites comtés d'Arthois, de Bourgogne et aultres terres et seigneuries dessusdictes, jusques à ce qu'il soit appoincté du droit prétendu par le roi ès villes et chastellenies de Douay, Lille et Orchies, ès quelles trois villes et chastellenies, se ledit cas de retour en advenoit, le roi et ses successeurs ne prétendront aulcun droict, mais en jouiront les comtes et comtesses de Flandres, comme ils ont faict par cy-devant; et si ledit cas de retour advenoit, le roi et aussi le comte de Flandres qui lors seront, feront diligence, chacun de sa part, d'appoincter audit différent en dedans trois ans en suivant la venue dudit cas, ou plus tost, si faire se peult.

«*Item*, que madicte damoiselle venue en sa dicte ville de Franchise *aliàs* Arras, sera, du consentement du roi, par mondit seigneur de Beaujeu, en la présence des personnes, des estats d'Arthois et des aultres pays et seigneuries de son sol qui illec seront trouvés, lesquels, sans en faire autre assemblée, représenteront les trois estats d'Arthois, détenue, reçue et déclarée comtesse d'Arthois et de Bourgogne, et dame des aultres seigneuries; et feront monseigneur le daulphin comme futur mari d'icelle, et elle tenue par le roi pour diligence touchant les debvoirs qu'ils seront tenus faire pour lesdites terres qui sont au royaulme.

«*Item*, dès lors en avant lesdits pays et comtés d'Artois, saulf la ville, chasteau, bailliage de Saint-Omer, dont cy-après sera touché, sera régi et gouverné en ses droicts, usages et priviléges accoutumés, tant au regard des corps des bonnes villes, comme des plats pays, soubs la main et nom de mondit seigneur le daulphin, futur mari et bail de madite damoiselle, et le domaine et revenue d'icelui pays et comté réduict au plus grand prouffit que l'on pourra, et les officiers de justice et de recepte desdits pays et comtés, et les lois des villes créées et renouvellées de par lui au nom que dessus.

»*Item*, sera pareillement faict, de la comté de Bourgogne et aultres terres et seigneuries qui sont du dot de ladite damoiselle.

«*Item*, sur la requeste que ledit duc et estats font que le plaisir du roi soit remettre la ville de Franchise, *aliàs* Arras, en son ancienne police et gouvernement, soubs la main de mondit seigneur le daulphin, en y commettant officiers de par lui, comme dict est, le roi s'attend à mondit seigneur le daulphin, futur mari de mademoiselle, d'entretenir ladite ville en ses gouvernements et privilèges anciens et accoutumés, comme les aultres villes d'Arthois.

» *Item*, au regard de la ville, chasteau et baillage de Saint-Omer, qui est de la comté d'Arthois, elle est comprinse, et tout ledit baillage avecq ladite comté d'Arthois, au dot et partenement de mariage que madite demoiselle faict avecq mondit seigneur le daulphin, sous les limites qui s'ensuivent:

«Ladite ville, chasteau et baillage seront mis et délivrés en la possession de mondit seigneur le daulphin et d'elle, incontinent ledit mariage parfaict et consommé, pour en jouir par eulx, leurs hoirs et successeurs, comme de ladite comté d'Arthois et aultres pays et seigneuries dessus dicts.

«*Item*, dès à présent ledit duc et estats, tant en leurs noms que pour et au nom dudit duc Philippe, reversent la garde et gouvernement de ladite ville, chasteau et bailliage, et les délaissent du tout en la garde et entretenement; et feront, et seront tenus de faire les gens d'église nobles, bourgeois, manans et habitans de ladite ville, pour la garder et délivrer à mondit seigneur le daulphin, ledit mariage consommé.

» *Item*, tous lesquels manans et habitans et trois estats de ladite ville, seront dès à présent tenus de faire serment solemnel ès mains du roi ou de ses commis, de faire bonne et sure garde de ladite ville, durant la minorité de madite damoiselle, et non souffrir ou permettre à leur povoir que lesdits duc d'Austrice et duc Philippe son fils, et aultres de par eulx, y ayent aulcun part ne aucthorité, ni aulcunes gens ; mais demourera icelle ville au gouvernement desdits estats, pour lebailler, rendre et délivrer en pleine obéissance à mondit seigneur le daulphin, incontinent illec venu en éage, ledit mariage consommé, c'est à savoir tous contredits, excuses et délais.

» *Item*, pareil serment seront tenus faire lesdits habitans, et trois estats à mondit seigneur le duc d'Austrice, de non délivrer ladite ville au roi, ni à mondit seigneur le daulphin, ni à aultres de par eulx, durant ladite minorité, jusques ledit mariage soit consommé.

» *Item*, en particulier, les prélats, gens d'église, nobles, mayeur, eschevins, manans et habitans de ladite ville, qui sont chefs d'hostel, et aultres qui viendront résider et demourer dans ladite ville, durant icelle minorité, de quelques estats ou conditions qu'ils soient, feront serment sur la croix ou sainctes évangiles, d'entretenir ledit traicté, sur peine d'estre tenus et réputés parjures et desloyaux audit prince et à la ville, et aussi, comme infracteurs de paix, estre pugnis à la volonté et ordonnance de justice; et sera ledit serment enregistré en un livre et registre à ce servant.

»*Item*, afin que ladite ville ait mieulx de quoi pour soi garder et entretenir la demaine d'icelle ville, banlieue et bailliage comme au comte d'Arthois doibt appartenir, demourera, durant la minorité de madite demoiselle, au prouffit de la ville pour l'entretenement d'icelle, et y seront lesdites villes et bailliage, durant ledit temps, quictes de leur portion d'aide ordinaire d'Arthois; et si leur convient faire plus grande mise pour ladite garde, le roi et aussi mondit seigneur le duc d'Austrice, leur secourront et ayderont.

»*Item*, et au regard de l'institution des officiers que le comte d'Arthois a accoutumé de instituer, comme bailly, sous bailly, chastelain, bourggrave procureur, recepveur, sergent et aultres, mondit seigneur le duc, comme père de madicte damoiselle, en aura pendant ledit temps la nomination; et monseigneur le daulphin, comme futur mari d'elle, l'institution; et seront iceulx officiers tenus en obtenir lettres de mondit seigneur le daulphin, et faire le serment ès mains des estats de la ville, ainchois qu'ils puissent exercer lesdits offices, et leur seront lesdites lettres expédiées sans frais.

»*Item*, se madite damoiselle alloit de vie à

trespas paravant ledit mariage consommé, ladite ville, chasteau, et bailliage seront, par lesdits manans et habitans, remis en obéissance desdits ducs d'Austrice et duc Philippe son fils ou ses successeurs.

»*Item*, que pendant et durant la minorité de ladite demoiselle, la loi de ladite ville se fera et renouvellera par ceulx de ladite ville, en la manière accoustumée; et si auront lesdits mayeurs et eschevins, povoir de créer les officiers en dessoubs eux comme ils ont faict par cy-devant; et se fera la justice en ladite ville et banlieue par les mayeur et eschevin, qui seront entretenus en leurs anciens droicts et prérogatives; et au bailliage, la justice se fera et exercera comme il s'est faict de tout temps et soubs le ressort où il appartient; et en tant qu'il touche la garde, les trois estats de ladite ville pourront faire telle ordonnance et statuts qu'ils aviseront estre requis pour la seurté, soit pour tenir souldoyers ou mortes payes pour la garde de ladicte ville et chasteau; et s'ils entendent en leurs consciences qu'il leur soit besoing, pourront commettre et eslire un chef entr'eux pour la garde d'icelle, tel qu'ils adviseront entr'eulx, en tenant toujours à eulx la charge et gouvernement de ladicte ville, pour la délivrer comme dit est.

»*Item*, quant aux forts et chasteaux prochains de ladite ville, par lesquels ils pourroient estre tenus en subjection, ils auront les séellets et proumesses des seigneurs d'iceulx forts et forteresses, de non leur nuire, mais les assister en la garde et délivrance de ladicte ville, comme dict est.

» *Item*, se aulcune guerre sourdoit entre le roi et le duc d'Austrice, ou aultres voisins de ladite ville, ils ne s'en mesleront, ne recepveront garnison d'un costé ni d'aultre.

» *Item*, les bourgeois, manans et habitans de ladite ville, banlieue et bailliage, de quelque estat ou condition qu'ils soient, pourront aller, hanter, et fréquenter marchandement et aultrement par tout le royaulme de France, par les pays de mondit seigneur le duc d'Austrice et de monseigneur le duc Philippe son fils, et en aultres royaulmes et pays voisins; et pareillement, les subjects desdits royaulmes des pays de mondit seigneur le duc, et aultres pays voisins, pourront seurement hanter et converser en ladite ville et banlieue, marchandement, sans aulcune reprise, ni en ce faire ou donner aulcun empeschement, pour marque ou contremarque, ordonnance ou deffense au contraire.

» *Item*, se lesdits de Saint-Omer ne sont contens des lettres séellées et serment qu'ils bailleront pour la généralité de ce traité, le roi, pour sa part, et aussi mondit seigneur le duc d'Austrice pour la sienne, leur bailleront lettres en particulier, et feront bailler par les estats de leurs pays, et telles villes et communautés qu'ils requerront, par lesquels, chascun en son regard proumettra entretenir tous les points, consentir et accorder, touchant la garde de ladite ville.

» *Item*, qu'en faisant par lesdits manans et habitans, la délivrance et plénière obéissance de ladite ville de Saint-Omer, à mondit seigneur le daulphin et à madite damoiselle, le mariage consommé comme dict, iceulx seigneurs et damoiselle feront serment d'entretenir et garder ladite ville, chasteau, banlieue et bailliage comme membre de ladite comté d'Arthois, en leurs droicts, franchises, libertés et priviléges accoutumés, comme les prédécesseurs comtes et comtesses ont faict, sans les desregler, ni mettre leur gouvernement et police deladite ville, ne les aultres villes d'Arthois, en aultre train que par cy-devant a esté.

»*Item*, et s'y conforme dès maintenant le roy, les provisions obtenues par ladite ville, tant de feu madame ducesse d'Austrice, comme aussi de mondit seigneur le duc d'Austrice mari d'icelle, pour la quittance et modération des dettes et rentes, lesquelles provisions demoureront en leur force et leur seront vaillables.

» *Item*, les ambassadeurs dudit duc d'Austrice, ont remonstré que la dicte desfuncte ducesse d'Austrice, le duc Charles, son père et aultres prédécesseurs, possesseurs desdictes comtés et seigneuries, ont emprunté plusieurs deniers, et vendu rentes, et icelles assignées à estre payées sur les domaines et revenues desdictes comtés, terres et seigneuries, requérant que pour l'acquit et descharge des ames desdicts défunts, le roy et mondict seigneur le daulphin, possesseurs desdictes terres et seigneuries, fassent payer lesdictes charges et debtes à qui elles sont deues.

» En obtempérant à ladicte requeste, le roy et mon dict seigneur le daulphin, possesseurs desdites terres, feront d'ores en avant, payer et acquitter le cours des rentes par corps des villes et aultres qui en seront obligés pour lesdits defuncts, lesquels en seront remboursés, ou il leur sera déduict sur ce qu'ils debvront, par les recepveurs des domaines desdits comtés.

» *Item*, quant aux deniers prestés en la comté de Bourgogne, ceulx qui ont faict lesdits prests, bailleront leurs titres et enseignements qu'ils en ont, ès mains de ceulx qui seront commis à faire l'estat de domaine dudit comte, pour en faire rapport à mondit seigneur le daulphin, et les appoincter comme de raison.

» *Item*, au regard des anciens officiers, qui par ladite ducesse, les ducs Charles et Philippe son mayeur, ont esté assignés d'aulcune somme annuelle par forme de provision pour leurs vivres, et la prendre sur le domaine desdits comtés et seigneuries, ils y seront entretenus et en seront payés selon leurs assignations.

» *Item*, aussi, sur ce que lesdits ambassadeurs ont requis que le plaisir du roy soit faire entretenir par mondit seigneur le daulphin, les serviteurs de feue madite dame et de mondit seigneur le uc d'Austrice, et offices à eulx donnés èsdites comtés et seigneuries, en faisant le serment ès mains de mondit seigneur le daulphin, a esté répondu, que cy-après l'on pourra informer le roy de l'indointé desdits officiers, et en sera faict pour le mieulx.

« *Item*, que moyennant ledit partage faict à la dite demoiselle, les comtés et seigneuries dessus declarées, le roy et mondit seigneur le daulphin et pareillement ledit seigneur le daulphin, auctorisé et dispensé de son eage, renonce à tout tel droict, part et portion que celle demoiselle, ou ledit seigneur à cause d'elle pourroit avoir, clamer et demander ès ducés, comtés, terres et seigneuries, biens, meubles et immeubles quelconques, demourés au trespas de madite dame la ducesse sa mère, d'icelle demoiselle, se nouvelle succession n'eschéoit.

« *Item*, que l'intention de mondit seigneur le duc et des trois estats, est que le droict et partage consenti à madite demoiselle, est en faveur et contemplation du mariage de mondit seigneur le daulphin et d'elle ; par quoi, s'il advenoit, par quelque cas de mort ou aultrement, que ledit mariage ne parvinst, lesdites dot et partage seront tenus pour non faicts ; et seront lesdites comtés et seigneuries rendues et restituées à mondit seigneur le duc, au cas que lesdits enfants soient encore soubs age ; et lesdits eufants estans en eage de mon dit seigneur Philippe, comme héritier particulier de madite dame sa mère, saulf à icelle demoiselle sa sœur, au dit cas, sans droict de parentage naturel, tel que avoir le debvra, par les droicts et coustumes desdits pays et seigneuries, entendu aussi qu'en ce cas le roy seroit entier audict droict qu'il prétend ès dites villes et chastellenies de Lisle, Douay et Orchies, selon la réservation dessus dicte.

« *Item*, que le mariage parfaict et consommé, s'il advenoit que mondict seigneur le daulphin, à qui Dieu donne bonne vie et longue! allast de vie à trespas, délaissant ou non enfant de ma dicte demoiselle, icelle jouira desdites terres et seigneuries, comtés d'Artois et de Bourgogne, et aultres dessus nommés, comme de son dot et héritage; et avec ce aura pour son douaire cinquante mille livres tournois par an, qui lui seront assignés à prendre commenchant au bois de Vincesnes, Creil, Montargis et aultres, les plus belles places et demeures que l'on saura adviser en Champaigne, Brie et Touraine.

« *Item*, au contraire, s'il advenoit qu'elle voise de vie à trespas, aincois et premier que paravant mondit seigneur le daulphin, les enfans d'eulx issus succéderont ès dites comtés et seigneuries qui sont du dot et partage d'elle; et s'il n'y avoit nuls enfans, lesdites comtés et seigneuries retourneront à ses plus prochains hoirs, soubs la limitation dessus dicte, Lille, Douay et Orchies.

» *Item*, que soubs ombre de ceste alliance de mariage, le roy ne mondit seigneur le daulphin, durant la minorité dudit duc Philippe, ne prétendront d'avoir le gouvernement desdits pays de Brabant, Flandres et aultres appartenans audit duc, mais les laisseront en tel cas qu'ils sont.

» *Item*, si le jeune duc Philippe alloit de vie à trespas, en minorité de eage, que Dieu ne veuille! parquoi ladite demoiselle succédast aux ducés, comtés et seigneuries, de son dit frère, en ce cas le roy et mon dit seigneur le daulphin, accordent que le gouvernement desdits pays demeurera en l'estat qu'il sera trouvé tant qu'elle soit avenue en eage, en faisant par lesdits pays à mondit seigneur le daulphin, au nom d'elle, les debvoirs que iceulx pays doibvent à leur seigueur.

» *Item*, et aussi s'il advenoit à madite demoiselle, elle estant en eage, et le mariage consommé, que mon dit seigneur le duc Philippe mourust sans délaisser hoirs de sa chair, ou que par quelques aultres cas, les pays et seigneuries d'icellui mondit seigneur le duc Phillippe, succéderont à madite demoiselle sa sœur, et les hoirs issus d'elle fussent héritiers de la couronne de France, le roy et mondit seigneur le daulphin promettront et bailleront leurs titres pour eux et leurs successeurs, et feront bailler par les estats de France à chacun desdits pays, de audit cas traicter lesdits pays selon leur nature, et de les entretenir en leurs anciens droicts, exemptions, usages, coustumes et priviléges, franchises, pollices et gouvernement accoustumés; et quant aux pays qui sont hors du royaulme, que les subjects d'iceulx ne seront traictés par appellation ne aultrement en la court de parlement à Paris, grand conseil du roy, ne ailleurs hors dudit pays.

» *Item*, iceulx seigneurs, leurs pays seigneuries et sujects pour la conservation de la paix, amour et union perpétuelle, procédant de ladite alliance et mariage, assisteront et aideront l'un l'autre, comme amis, envers tous et contre tous ceulx qui voudront emprendre sur l'estat et personne desdits princes ou l'un d'iceulx, et aussi ceulx du royaulme, leurs pays, seigneuries et subjects.

» *Item*, recognaissent ledit duc et estast au roy, sa souveraineté et ressort de la comté de Flandres, selon ce qu'il a esté au temps passé ; et promettent que ledit duc Philippe venu en eage, fera les fois et hommage et debvoir, comme il appartient, et que l'on est accoustumé de faire, et de ce bailleront tiltres, mondit seigneur le duc et les trois membres de Flandres.

» *Item*, que le roy, de sa certaine science, puissance et auctorité, a confirmé et confirme tous priviléges anciens et nouveaux, accordés et confirmés par icelle feue dame avant son mariag, et mondit seigneur le duc et elle constant le mariage, tant aux trois membres de Flandres en général, qu'en particulier, aux villes et communautés dudit pays de Flandres, villes et chastellenies de

Lille, Douay et Saint-Omer, ensemble tous les droicts, lois et chastellenies de Saint-Omer, Lille, Douay et Orchies.

«*Item*, aussi a le roi confirmé aux manans et habitans de la ville d'Anvers, les privilèges qu'ils ont des prédécesseurs rois de France, pour la francise de la foire d'icelle ville.

«*Item*, en tant que touche le droit d'issue du royaulme, impositions foraines, et aultres droicts que l'on povoit demander pour les vivres, denrées et marchandises qui seront amenées et conduites ès pays et comtés de Flandres, villes et chastellenies de Lille, Douay et Orchies, en sera faict comme du temps de feu le duc Philippe dernier et auparavant.

»*Item*, que les appellations des siéges de la gouvernance de Lille, Douay et Orchies, se releveront en la chambre de Flandres, comme ressort immédiat, et de la chambre iront en la court de parlement à Paris; et ce, tant que lesdites villes et chastellenies seront possédées par les comtes et comtesses de Flandres, dessoubs la réservation dessusdicte.

«*Item*, que les appellations des lois de Flandres de delà la rivière du Lis qui, par le moyen ou sans moyen, se releveront en la court de parlement, seront menées et converties en réformation; et se executera le juge reparable par définitive caution, selon leur ordonnance, comme pour le bien et cours de ladite marchandise, audict pays de Flandres, en ont esté faictes au temps passé.

»*Item*, qu'en ce traicté de paix, est comprinse la personne de madame Marguerite, ducesse de Bourgogne, vefve de monseigneur le duc Charles; et lui sera rendue plaine jouissance des terres de Cauchins, de Perrière, ou rachat de vingt mille escus d'or au pays de Bourgogne; et sur ce, lui octroyera le roy ses lettres patentes, selon le contenu qu'elle a desdits duc et ducesse; et s'il advenoit, que Dieu ne veuille! que monseigneur le jeune duc allast de vie à trespas, et que à ce moyen, les pays ès quels madite dame à son douaire, et aultres terres à elle données sa vie durant, vinssent en la main du roy ou de mondit seigneur le daulphin, en ce cas, proumettront par leurs lettres, laisser jouir madite dame de son douaire et aultres terres sa vie durant, paisiblement, sans à elle faire ou souffrir faire aulcun empeschement; et s'elle a mestier de l'aide ou part du roy, ou de mondit seigneur le duc, iceux la reconforteront à ses affaires, et aideront comme leurs parents et amis, et aussi entretiendront à madite dame audit cas, la traicte et paction qu'elle a eu avec madite dame d'Austrice, pour la restitution du dot et des deniers de son mariage.

»*Item*, par ceste paix, est faicte abolition générale, rappeau de tous biens, de défaux et contumaces aux subjects d'une partie et d'aultre de quelque oncques cas, crimes, délicts ou offenses, que on leur pourroit imposer; assavoir que le roy, de sa pleinière puissance et auctorité royalle, fera et faict absolution générale à tous ses serviteurs et subjects, tant ès pays de Bourgogne comme de par-deçà, et aultres qui ont tenu le parti de feu monseigneur le duc Charles, madame la ducesse Marie sa fille, de monseigneur le duc et de messeigneurs ses enfans, de tous et quelconques cas, commis et perpetrés, depuis le commencement des guerres dudit duc Charles, soit en ayant tenu ledit parti, les avoir servi et avoir esté en ambassade pour eulx en Angleterre, vers le duc de Bretaigne et ailleurs, ou eux avoir armé et servi en guerre contre le roi, conseillé, favourisé et aidé de faict, de parole ou par escript la partie, et celle d'iceulx duc et ducesse, avoir esté contre leurs sermens ou proumesses, en quelque autre manière que ce soit ou puist estre, avoir offensé et délinqué envers le roi; et les remet quittes et pardonnés le roy, toutes offenses et peine corporelle et civile, ensemble toutes peines et amendes adjugées en temps passé, imposant sur ce silence perpétuel à son procureur, sans qu'il soit besoing à nul desdits subjects et serviteurs en obtenir aultre asoblution et pardon en particulier; et néantmoins, ceulx qui en voudront avoir lettres, les auront sans frais.

»*Item*, pareille abolition, offre faire et faict mondit seigneur le duc, pour ceux qui ont tenu le parti du roi.

«Aussi pour les manans et habitans de ladite ville, banlieue et bailliage de Saint-Omer, est particulièrement accordé par le roi abolition générale, en telle façon, que pour chose faicte, dicte ou escripte pour le temps passé, l'on ne le pourra jamais redarguer en justice ne aultrement.

»*Item*, que aussi les subjects et serviteurs d'un parti et d'aultre, tant prélats, chapitres, nobles, ports de ville, communautés, et les particuliers de quelque estat ou condition qu'ils soient, retourneront à leurs dignités, bénéfices, fiefs, terres et seigneuries et aultres héritages, deniers d'héritages, rentes héritières ou viagères dues par les princes, comme celles dues à monseigneur de Hames, sur la demaine d'Amiens, que par corps de villes ou par particuliers, à en jouir et posséder, depuis le jour de la paix, en tel estat qu'ils les trouveront, qui est à entendre que ceulx qui retourneront à leursdits biens, pour ceste paix, seront tenus en telle possession et jouissance de leurs dignités, bénéfices et aultres biens, comme ils estoient auparavant l'empeschement survenu à cause de la guerre, sans ce que l'on leur puist obéicier interruption de possession ou proscription pour le temps que la guerre a duré, depuis qu'elle commencha du temps dudit feu duc Charles, et ce, nonobstant quelconques dons ou dispositions, à temps ou à tousjours faicts au contraire par le roi en son parti, ou par mesdits seigneurs duc et ducesse, ne quelconques déclarations de confiscations, sentences ou arrests obtenus par contumace, que d'un parti et d'aultre, pour le bien de ceste paix, sont mis au néant et déclarés nuls, nonobstant aussi quelconque vendition d'iceulx héritages, ou rachapt desdites rentes faits durant la guerre par ceulx ou à ceulx qui ont eu dons desdits héritages et rentes.

»*Item*, se aulcuns héritages ou terres ont esté vendues par décret ou debtes hypothéquées, dont les debteurs fussent en parti contre lesdits debteurs ou leurs héritiers, pourront, incontinent après ladite paix, retourner à leurs héritages ainsi vendus, en satisfaisant en dedans l'an du deu, pour lequel seroient vendus tant seulement; et s'ils n'avoient satisfait en dedans ledit temps, le décret demourra en sa force, et retournera, de plain droict, ledit acheteur en sa possession. Mais si le propriétaire vouloit débattre et soustenir contre le débet, il sera reçu en nantissant les deniers, comme s'il eut esté présent; se toutesfois par ladite adjudication des décrets, aulcunes rentes avoient esté sospitées, celles seront, du jour de ceste paix, remises en leurs cours, comme paravant ladite adjudication.

» *Item*, aussi se les debtes pour le payement desquelles l'on avoit procédé à vendre les héritages de celui ou ceulx qui estoient en parti contre, estoient pures, personnelles, non hypothéquées, desquelles eut esté faict don, pour récompense ou party où le debteur estoit demourant, icelui debteur retournera en son héritage, ainsi vendu, sans restituer les deniers principaux ne aultre chose à l'acheteur desdits héritages, ou à son ayant cause.

»*Item*, en toutes aultres matières ecclésiastiques et profanes, où sont donnés aulcuns défauts ou contumaces contre ceulx demourans au parti contraire, il se pourront purger en dedans l'an, contre qui qu'ils soient obtenus.

»*Item*, que les subjects, d'un costé et d'aultre, retourneront à leurs biens immeubles assavoir tant ceux dont ils jouissoient avant les divisions commenchées du temps de feu le duc Charles, que ceulx qui depuis leur sont succédés et escheus; supposé ores que le trespas d'icelui duquel avendroit lesdits biens, ou fussent advenus, ou que lesdits biens soient situés en partie contraire auquel est tenu son plus prochain héritier, sans ce que l'on puist obicier à l'encontre que son prédécesseur soit mort ennemi du prince soubs lequel y avoit ses biens, ou en service de guerre contre lui, ou audit héritier qu'il soit inhabile à succéder, pource qu'il avoit tenu parti contraire du lieu où lesdits biens sont eschues.

»*Item*, quant aux fruicts et louiers des héritages et rentes, tout ce qui a esté levé et donné depuis le commencement des divisions dudit duc Charles, jusques au jour de la paix, par mandement des princes, leurs lieutenans ou commis, demeurera levé et donné, et ne pourra jamais estre faicte poursuite contre les commissaires qui s'en sont entretenus, ou contre ceulx qui les ont retenus, qui en ont proufité, ne aussi contre ceulx qui les ont payés et contentés.

» *Item,* quant aux arriérages des terres et censes dont les termes sont eschus, ou pour pie coppe qui encoires ne sont levés, afin d'éviter toutes matières de procès, ils demeureront à ceux qui en ont le don des princes.

» *Item,* pareillement toutes debtes personnelles données par les princes ou leurs lieutenants, supposé que rien ne soit levé au profit de ceulx ou celui qui en auront le don, et quant à toutes aultres choses immobiles, quelque don qui en ait été faict, si elles n'ont été levées ou qu'il n'en soit procès, ce qui se trouvera en estre après la paix publiée, appartiendra à celui ou ceulx à qui lesdits biens estoient auparavant la guerre; et les pourront prendre et lever partout où ils les trouveront, sans ce que on leur pust donner aulcun contredict ou empeschement pour quelque chose que ce soit.

» *Item,* semblablement est accordé pour lesdits de Sainct-Omer que pour quelque récompense reçue, remission, quittance obtenue par le corps de la ville et aussi par les particuliers, bourgeois, manans et habitants d'icelle ville et banlieue, de quel ques estat ou condition qu'ils soient, ils en demeureront quictes, et ne pourra contre eulx estre faicte poursuite.

» *Item*, que soubs la généralité de ce traité, mondict seigneur le duc d'Austrice et sesdicts enfants seront et demoureront quictes et deschargés de toutes debtes qu'ils peuvent debvoir à ceux qui ont tenu parti à eulx contraire ; et ne seront lesdits créanciers, pour quelque cause que les dicts debteurs procèdent jamais, reçus à en faire poursuite contre mondit seigneur le duc, mesdits seigneurs ses enfants ou leurs biens, sauf toutesfois les rentes et pensions advenir, qui se payeront de ce jour en avant.

» *Item*, que pour retourner au sien, l'on ne sera tenu de faire aulcun serment au prince ou seigneur soubs qui lesdits biens sont, saulf les subjects et vassaulx, qui seront tenus de faire serment de fidélité pour leurs fiefs, lequel serment se pourra encore faire par procureurs ayans pouvoir espécial.

» *Item*, sur ce que lesdits ambassadeurs de mon dict seigneur le duc et des estats de ses pays ont requis que madame veufve de monseigneur Pierre de Luxembourg, et demoiselles Marie et Françoise ses filles, retourneront à leurs biens, tant ceulx dont ont joui en leur vivant messeigneurs Loys de Luxembourg, comte de Sainct-Pol, madame Jehanne de Luxembourg, sa femme, messeigneurs Jehan de Luxembourg, comte de Marle, leur fils aisné, que ledit messire Pierre de Luxembourg, et ce nonobsant quelconques arrests, sentences, déclarations des sentences de confiscation et forclusion de terres faictes par cy devant. Et pareillement monseigneur de Croy, comte de Porcian, pour lequel aussi ils ont requis qu'il retourne à ses biens, terres et seigneuries, dont feu monseigneur de Croy son père, et madame Margueritte de Lorraine sa mère, ont été jouissans; molin à vent de la comté de Porcian, les greniers à sel du chastel de Cambresis, Montcornet et aultres appartenances dudict comté, et la seigneurie de Bar-sur-Aube et aultres terres de Picardie, où ladite veuve et enfants dudit feu messire Pierre de Luxembourg, et lesdits seigneurs de Croy jouiront du bénéfice de la paix, saulf qu'ils ne retourneront présentement à leurs biens, et pourront poursuivir leur cas devers le roy, quand bon leur semblera.

» *Item*, quant à ce que lesdits ambassadeurs ont requis que le roy fasse rendre et restituer à monseigneur le comte de Romont, sa comté de Romont, son pays de Vaulx et aultres terres et seigneuries qui lui appartiennent au pays de Savoie, à cause de son partage, lesdites terres ne sont point au roy, ne d'aultre de sa subjection; et quand ledit seigneur de Romont voudroit faire diligence de les recouvrer, le roi en ce lui favourisera.

» *Item*, touchant les princes et princesses d'Orange, le comte d'Eu, la part de Challon, le seigneur de Lorme, messire Guillaume de la Bame, seigneur d'Erlac, messire Claude de Toulongeon, seigneur de la Bame, pour lesquels lesdits ambassadeurs ont semblablement requis qu'ils soient comprins en ceste paix, a esté respondu qu'ils y sont comprins, et retourneront à leurs biens, où qu'ils soient, tant au royaulme, que au Daulphiné, comté de Bourgogne, soubs la généralité comme les aultres.

» *Item*, pareillement les religieux, abbé et couvent d'Anchin, sont comprins en la généralité du retour au sien, tant pour biens de l'abbé comme du couvent, et en auront lesdits seigneurs nommés et aultres lettres particulières, s'avoir les veulent.

» *Item*, semblablement les religieux de l'église de Saint-Waast d'Arras, qui se sont tenus en l'obéissance de mondit seigneur le duc, pour lesquels lesdits ambassadeurs ont faict requeste, pourront retourner en leur abbaye, et vivre des biens d'icelle.

» *Item*, sur ce que lesdits ambassadeurs requierent que les habitans de la ville de Francise, *aliàs* Arras, qui sont espars et retraicts en divers lieux, tant en l'obéissance du roy, qu'en l'obéissance de mondit seigneur le duc, puissent franchement retourner à leurs maisons et habitations, et faire leurs marchandises et mestiers tels comme ils faisoient ainçois la guerre, sans ce que pour aulcune chose faicte ou advenue en temps passé, depuis e commencement des divisions, l'on lui puist de rien impose :

» *Item*, entend par ce traicté ceulx de ladicte ville, qui sont retraicts ès pays dudit duc d'Austrice, retourneront à leurs biens soubs la généralité de tous les aultres, et pourront aller, converser ou demourer en ladite ville, et y faire leurs marchandises et mestiers comme ès aultres lieux du royaulme; et quant aux aultres habitans qui sont demourés en l'obéissance du roy, l'on y a desjà pourveu.

» *Item*, les héritiers de ceulx qui ont esté exécutés et mis à mort pour cause de la guerre et pour avoir tenu parti ou adhéré à aultre que à celui où ils estoient demourans, retourneront à leurs biens, qu'ils retrouveront en inventoire, et succéderont, et aussi les veufves desdits exécutés à leurs droicts de douaires, se n'estoit que telles exécutions ayent esté faictes par procès ordinaires.

» *Item*, pour avoir la jouissance du sien, l'on ne sera tenu de venir faire résidence en l'une ou l'aultre desdites parties; mais jouiront ceulx qui sont du parti du roy, des biens qu'ils ont au pays de monseigneur le duc, et mesdits seigneurs enfans; et pareillement ceulx qui sont demourans ès pays de monseigneur le duc, tant les dessus nommés que aultres, de quelque estat ou condition qu'ils soient, des pays de Bourgogne ou des pays de par deçà, jouiront des biens à eulx appartenans, ou qui leur succéderont au parti ou obéissance du roy ou de monseigneur le daulphin, sans ce qu'ils soient contraincts y venir résider ou demourer.

» *Item*, sur ce que lesdits ambassadeurs ont remonstré que pour reprendre le pays et comté d'Artois, il plaise au roy consentir et accorder que la ville de Francise, *aliàs* Arras, Aires, Lens, Bapasmes, Béthune, les villages desdits lieux, et la chastellenie de leur enclavement soient tenus quittes et paisibles de l'aide ordinaire d'Arras, ces premiers douze ans, et que nulle aultre aide ou taille extraordinaire n'y soit levée en ce temps pendant ; et pareillement de tous les arrérages dudit aide ordinaire de tout le temps passé, que tous les habitans ès dites villes et villages, qui la pluspart sont inhabités et au plaisir de Dieu, la paix faicte, se ressembleront, ne puissent estre poursuivis, mais en soient quittes et deschargés :

» Le roy quitte toutes lesdites aides pour le temps passé aux villes et villages inhabités, ès lieux qui ont délaissé à payer à cause de la guerre, et aussi afin qu'ils se puissent mieulx résouldre de labourer, il les tiendra quittes de leurs portions d'aide à l'espace de six ans, à compter du jour de la paix.

» *Item*, pour ce que defuncte madame d'Austrice, après qu'elle fut venue à la seigneurie et jouissance de la comté d'Arthois, au moins de la ville de Francise, *aliàs* Arras, quitta et octroya à ceux de la ville de Douay, pour les bourgeois, manans et habitans, bonnes maisons et hospitaux de ladite ville, qu'ils fussent et demourassent quictes, exempts et affranchis de payer tailles audit pays d'Arthois, excepté les héritages qu'ils ont illecq, dont ils ont lettres par forme de chartes et lacs de soie et cire verte; le rois à la requeste desdits ambassadeurs, tant pour lui, comme pour mondit seigneur le daulphin, confermera, octroyera et donnera de nouvel ledit privilège, que ceulx qui retourneront à leurs biens par la paix, ne seront, ne aussi leurs heritiers, poursuivables des rentes fonciéres et surcens pour le temps de la guerre; mais seront tenus les descharger, qui en auront joui par récompense; et se ce sont héritages qui, pour cause de guerre, ayent esté en ruine et sans labeur ils demoureront deschargés desdictes rentes, et pour le temps qu'ils n'ont esté labourés, jusques au jour de Noël inclus, mais dudit jour en avant, soit qu'on les laboure ou non, les rentes et surcens se payeront.

»*Item*, pour ce aussi que plusieurs se trouveront, qui seront tenus pour entrer en la jouissance des biens, fiefs et héritages à eux succédés durant la guerre, faire et payer les reliefs et aultres debvoirs aux seigneurs de qui lesdits fiefs et héritages sont tenus, concédés et accordés, et que ceulx qui doibvent faire lesdits debvoirs, auront terme et induce de trois mois, du jour de la date de la paix, pour faire lesdits debvoirs; en faisant lesquels jouiront de ce qui sera eschu depuis le jour et date de ceste paix, sans avoir regard à ce que lesdits reliefs et debvoirs ne soient encoires faicts.

»*Item*, que les nobles et fiefvez desdits pays de mondit seigneur le duc d'Austrice, et de mondit seigneur le duc Philippe son fils, qui auront seigneurie et fiefs au royaulme, ne seront contraincts de servir que soubs mesdit seigneurs ou leurs lieutenans et commis, au cas qu'ils ou l'un d'eux soient au service du roi; et si mesdits seigneurs ou l'un d'eulx ne sont en personne audit service, lesdits fiefvez ne seront contraincts de service en personne, mais pourront faire servir selon la valeur de leurs fiefs.

» *Item*, les sentences et appoinctemens rendus au grand conseil de feu le duc Philippe, Charles et ducesse, et monseigneur le duc présent, et aussi en la court qui s'est tenue à Malines, entre les subjects du parti d'iceulx duc et ducesse, ou pour héritages ou contrats, clameurs et arrests, pour successeurs de biens lors à eux subjects sortiront leurs effects, pourveu que lesdictes sentences, ne touchassent directement le droict du roi, ou qu'il n'en y eut question à la court de parlement à Paris, ou aultre court souveraine, où le procureur du roi fut adjoint avec la partie.

» *Item*, que les causes et procès par cy-devant introduicts ès dits grands conseils et cours de Malines, ne sont décises du pays d'Arthois, des ressorts et enclavements d'icelui, et des terres sur la rivière de Somme, qui lors tenoient le parti de feu l duc Charles, tant celles de la première instance, qu'en cas d'appel, semblablement les appellations de bouche ou par escript, émises de la chambre de Flandres, relevées en ladite court de Malines ou audit grand conseil, seront reçues en l'estat qu'elles sont en ladite court de parlement à Paris; et y pourront, ceulx qui voudront poursuivir leur droict, faire assigner jour à leurs parties adverses; et seront lesdicts procès reçus, aussi ceux qui seront conclus en droict pour les juger et décider à fin d'eure, et les autres pour les parinstruire et y procéder par les parties, selon les retraictes et derniers appoinctemens.

» *Item*, pareillement les amortissemens, compositions, nouveaux acquets et anoblissemens faicts par les ditsduc et ducesse, demoureront en valeur et sortiront effect, en prendant pour les subjects du pays d'Arthois nouvelles lettres d'annoblissement, lesquelles leur seront baillées sans frais ou sans finances; ou s'ils n'en obtiennent aulcunes lettres, se pourront aider de ce présent traité.

» Aussi les abolitions, remissions, et pardons faicts et baillés par mondit seigneur le duc Charles, mademoiselle sa fille, par ledit seigneur d'Austrice et elle depuis son mariage, aux villes et communautés, et aussi aux particuliers de leurs pays de Flandres, Lille, Douay, d'Arthois et de Bourgogne seront entretenus, en prendant par les subjects d'Arthois lettres comme à l'article précédent; et n'en sera nul receu à faire procès pour réparation de mort ou aultres intimés contre les corps aux particuliers desdites villes et communautés, pour les cas contenus èsdites obligations.

» *Item*, que pour le temps à venir est consenti par ce traité de paix, que les bourgeois, manans et habitans ès villes et pays de frontière desdits duc d'Austrice et ses enfans, et aultres estans subjects à la couronne, adjournés à comparoir en personne en ladite court de parlement, ou par-devant aultres juges royaux, pour quelque cas qu'on vouldroit dire par eux avoir été commis, seront reçus par procureurs, nonobstant les adjournemens personnels durant le temps et l'espace de la minorité de madite demoiselle.

» *Item*, pareillement est accordé pour les habitans de ladite ville, banlieue et baillage de Saint-Omer.

» *Item*, que pour les dignités auxquelles les subjects et tenans le parti de mondit seigneur le duc, ont esté pourveus par élections, graces espectatives ou aultres provisions en court de Rome, bénéfices donnés par ledit duc Charles, par feu madite dame avant son mariage, et depuis par mondit seigneur le duc d'Austrice et elle constant leur mariage et leur patronnage, et aussi par les collateurs tenans leur parti, ou qui ont esté occupés par lesdites graces espectatives ou d'aultre provision de court de Rome, les possesseurs et aultres qui ont esté ainsi pourveus ne pourront estre inquiétés ni travaillés pour icelles dignités ou bénéfices soubs couleurs de la pragmatique ou quelconques aultres cas, ordonnances, lois et statuts faicts au royaulme en pétitoire ne en possessoire ; et se aulcun compétiteur li apparoissoit, les poursuites se feront par-devant les juges commis au pays dudit duc d'Austrice, et ne pourront lesdits subjects estre traités au dehors sous ombre des priviléges des étudians et universités de Paris, Orléans et aultres.

» *Item*, en icelle paix, sont compris les bailliages de Tournay, Tournesis, Saint-Amant et Mortaingnes, et les subjects et habitans d'icelles ; et en jouiront entièrement comme les aultres pays et subjects du roi.

» *Item*, les maisons de Flandres à Paris et de Conflans seront rendues audit duc d'Austrice et son fils, et la maison d'Arthois, audit lieu de Paris, demourra à madite demoiselle.

» *Item*, se le roy ou aultre, ayant cause de lui, tient aulcunes places fortes ou non fortes en la ducé de Luxembourg et comté de Chimay, elles seront rendues audit duc d'Austrice et Philippe son fils, ou aux subjects auxquelles elles appartiendront, nonobstant quelconques dons faicts par le roi, lesquels il révoque.

» *Item*, sur ce que lesdits ambassadeurs ont remonstré que feu madame la ducesse, pour considération des loyaux services que lui avoit faict monseigneur le prince d'Orange et proximité de madite dame et de madame la princesse lui donna les seigneuries de Chasteaubellin, Orgellet et aultres contenues ès lettres du don, situées en la comté de Bourgogne, lesquelles sont anciennement parties de la maison de Chalons, dont mondit seigneur le prince est le chef, requérant iceulx ambassadeurs qu'il plaise au roy, au nom de mondit seigneur le daulphin, consentir et accorder que ledit don demeure vaillable, considéré que quant il a esté faict, madite dame estoit dame possesseresse dudit comté, le roi ne sait que c'est, et l'en pourront lesdits princes et princesses faire informer.

»*Item*, à la demonstrance que lesdits ambassadeurs d'Austrice, des estats dudit pays, ont faict, que pour l'entre-court de marchandise, coincation d'une partie et d'aultre, solagement des frontières, aussi afin qu'il ne leur faille tenir garnison sur les frontières, le plaisir du roy soit que, après que madite damoiselle sera amenée et délivrée entre les mains, pour mondit seigneur le daulphin faire partir les gensdarmes des frontières, le roi fera partir les garnisons de toutes les petites places, comme Lens, L'Escluse et aultres semblables; et quant à ceulx qui seront ordonnés pour garde des grandes villes sur les frontières, assavoir : Arras, Béthune, Terrouanne, Hesdin, Saint-Pol, Guise et Saint-Quentin, il les diminuera, et mettra régle, en telle façon que mondit seigneur le duc et ceulx des estats des pays qui font ceste requeste auront cause d'estre contens.

» *Item,* sur ce que lesdits ambassadeurs ont requis, que pour certain regard et considération qu'ils ont remonstré aux gens du roi, son plaisir soit comprendre en ce traicté de paix le roi d'Angleterre et le duc de Bretaigne, a esté respondu, que les Anglès sont en trève avec le roy, et que ce traicté ne leur touche de rien; et quant au duc de Bretaigne, le roy n'y a point de guerre; et y a paix finale et serment entre le roy et lui que le roi de sa part veut entretenir.

» *Item,* sur ce que lesdits ambassadeurs ont requis que le plaisir du roi soit, déclarer par ceste paix, qu'il ne fera et qu'il ne souffrira bailler par quelque voie directe ou indirecte, aulcune aide, secours ou assistance de gens ne d'argent à messire Guillaume d'Aremberghe, et Liégeois adhérens à lui, faisant la guerre au pays et ducé de Brabant, ne à ceulx de Clèves, ne de la cité d'Utrecht, faisans guerre contre ceulx de Gueldres et de Hollande, et mesmement son plaisir soit, mettre hors de son service, et habandonner ledit messire Guillaume : a esté respondu qu'en inscrivant l'article de cy-dessous, faisant mention des amitiés et alliances, la paix faicte, le roi assistera et aidera à mondit seigneur le duc, et à ceulx de Brabant et aultres des pays dudit duc, contre ceulx qui les voudront nuire.

» *Item,* que pour seureté des pays et subjects d'une partie et d'aultre qui sont sur la coste de la mer, le roi et mondit seigneur le duc, proumettront tenir la mer en bonne seureté, et en telle façon que les subjects d'une part et d'aultre y pourront seurement labourer, et eulx tenir pour pescher ou à quelque autre négociation, et ainsi pourront seurement et saulvement aller, venir, hanter et fréquenter à tous leurs navires, denrées et marchandises par ladite mer et par eaux douces des pays de mondit seigneur le duc, et de mesdits seigneurs ses enfans, audit royaulme de France et aultres pays, et eulx en partir avec leursdits navires, vivres et marchandises, à leur plaisir et volonté, sans ce que aux subjects du roi soit faicte aulcune offense, destourbier ou empeschement par les officiers et subjects dudit duc d'Austrice, ne aux subjects dudit duc, par les officiers et subjects du royaulme, ainçois feront les officiers et subjects, toute amitié, aide et assistance l'un à l'aultre.

» *Item*, encoire est consenti s'aulcunes prinses ou destrousses se faisoient en la mer, en aulcun port ou havre d'icelle, depuis la publication de ladite paix, en ce cas, le tout sera entièrement rendu et restitué à celui ou à ceulx sur lesquels ladite prinse seroit faicte, nonobstant que les facteurs ou prendeurs ne fussent advertis de ladite publication; et fera chacun de sa part, incontinent ladite publication faicte, advertir ceulx de son parti, afin de faire cesser par ladite mer comme par la terre, tous exploicts de guerre.

» *Item*, s'il advenoit, après ladite paix publiée, qu'aulcuns malfaiteurs se retirassent en l'un parti ou en l'aultre, pour ceux garantir ayans commis quelques délicts, ceux du parti où ils auront délinqué en feront l'information, et ce faict en advertiront les principaux juges du lieu où on entendra que seront refugiés lesdits delinquans, et lesdits juges seront tenus prendre et appréhender iceulx malfaicteurs, se faire se peult, ou en advertir les aultres juges, sous lesquels ils entendroient estre lesdits delinquans, pour, par eux les prendre et punir, selon l'exigeance des cas, ou rendre aux juges de la partie sous qui les délicts auroient esté commis.

» *Item*, pareillement les infracteurs ou violateurs de ceste paix, s'aulcuns se trouvent, de quelque petit estat ou condition qu'ils soient, seront punis sans déport ou dissimulation des peines ordonnées de droict, à l'exemple de tous aultres, ès lieux où ils seront trouvés et apprehendés, sans en faire aulcun renvoi; et s'aulcuns, pour eux cuider saulver, se absentent à refuge d'un parti à l'aultre, l'on sera tenu, au parti où ils seront refugiés, les prendre et appréhender, et, selon lesdites informations qui seront envoyées du parti dont ils seront absentés, en faire la justice.

» *Item*, neantmoins, si à ceste paix estoit cy après contrevenu, que Dieu ne veuille! en aulcuns de ses poincts, en un ou plusieurs quelque ce soit, elle ne sera pourtant tenue ne réputée comme enfreincte; mais seront incontinent les entrefaictes reparées, et soubs couleur d'aulcune refraincte, ou de la justice ou de la réparation non faicte, l'on ne pourra procéder par voie de faict ou contrevange, marque ou contre-marque, ne retourner à la guerre, que préalablement les ambassadeurs, tant du roy que de monseigneur le duc, monseigneur le daulphin son fils, et des estats de leurs pays, n'ayent ensemble parlementé, et entendu les debats et discors qui seront pour appuyer amiablement, se faire se peult.

» *Item*, par ce présent traicté le roy, mondit seigneur le daulphin d'une part, et monseigneur le duc et Philippe son fils d'aultre part, demeurent entiers ès aultres choses non comprinses en icelui, pour les povoir demander et poursuivir par justice, et non aultrement.

» *Item*, madite demoiselle amenée en ladite ville de Lille ou Douay, préalablement et avant qu'elle soit amenée en la ville de Francise, *aliàs* Arras, et délivrée ès mains du roy, seront faicts et baillés audit duc et estats, pour l'entretenement et accomplissement de ce que dit est, les scellés et proumesses au surplus qui s'ensuict.

» Que s'il advenoit, que Dieu ne veuille ! que mademoiselle susdite venue en eage, mondit seigneur le daulphin ne voulut procéder au parfaict et consommation dudit mariage, ou que se ledit mariage rompist par le roy, mondit seigneur le daulphin ou aultre de leur parti, durant la minorité de ladite demoiselle ou après, en ce cas madicte demoiselle sera, aux despens du roy ou de mondit seigneur le daulphin, rendue, remise et restituée à mondit seigneur le duc son père, ou mondit seigneur le duc Philippe son frère, franchement et librement deschargée de tous biens de mariage ou de toutes obligations, en une des bonnes villes des pays de Brabant, Flandres ou Haynault, en lieu seur, estant lors de l'obéissance d'iceulx ducs; et au dit cas, le roy, pour lui mondit seigneur le daulphin et leurs successeurs en la couronne se submettront et proumettront dès maintenant, pour lors eulx se partir de la détention et occupation des pays et comtés d'Arthois, de Bourgogne, Charolois et Masconois, Auxoire, seigneuries de Salins, de Bar-sur-Seine et de Noyers, et iceulx, audit cas, souffriront et laisseront jouir mondit seigneur le duc, au nom de mondit seigneur le duc Philippe son fils, contenant sous eage; et icellui mondit seigneur Philippe venu en eage, comme son vrai et ancien héritage, saulf reserve seulement au roy et ses successeurs, le report et souveraineté et droict qui en despendent.

» Et pareillement, audit cas de la rompture dudit mariage, le roi, pour lui et ses successeurs, renoncera et renonce au rachat des villes et chastellenie de Lille, Douay et Orchies, et consentira qu'elles demeurent à perpétuité aux comtes et comtesses de Flandres, sans ce que audit cas soit plus avant requis ne cognu du droict prétendu pour le roi ès dites comtés et seigneuries dessusdictes, ne pareillement lesdites trois villes et chastellenies, par rachat ne autrement.

» *Item*, que le roy, pour lui mondit seigneur

le daulphin et ses successeurs rois de France par ses lettres patentes en lacks de soie et cire verde, consentira, approuvera, ratifiera et confermera, tous les points et articles cy-dessus déclarés, et en parole de roy les proumettra entretenir, garder et observer, et pour observation d'iceulx, submettra sa personne, celle de monseigneur le daulphin et son royaulme, à toutes coertions et censures ecclésiastiques, nonobstant le privilège de non povoir estre, et pareillement son royaulme, abstrainct et constrainct par censure.

» *Item*, et mondit seigneur le duc Philippe son fils, et aussi les estats des pays, fera et feront, de leur part, pareille confirmation et ratification de ce présent traicté sur censures, et en toutes telles forme et manière que le roy, mondit seigneur le daulphin, leurs gens et commis le requerront. «

» *Item*, que encoires le roi, et mondit seigneur le daulphin auctorisé et dispensé de son jeune eage, en la présence des ambassadeurs ou commis de mondit seigneur le duc, et icelui mondit seigneur le duc, en la présence des ambassadeurs et commis, de par le roi, jureront solemnellement sur le précieux corps nostre seigneur, canon de la messe et sainctes évangiles, entretenir ce présent traicté de paix et de mariage en ses poincts, et non jamais aller ne souffrir estre allé au contraire, par quelque voye ou moyen que ce soit.

» *Item*, que pour plus grande seureté, ce présent traicté sera entériné et registré et vérifié en la présence et du consentement du procureur du roi, en la court de parlement, à Paris, ès chambres des comptes et du trésor.

Item, et se fera le roi bailler et despescher lettres, par les trois estats de son royaulme, ou nom d'estats, lesquels proumettront, et par l'ordonnance et commandement du roi, s'obligeront entretenir ledit traicté, de tous les points et articles y contenus; et s'il advenoit, que Dieu ne doinct! que le roi ou mondit seigneur le daulphin ou leurs successeurs rois de France y contrariassent, en ce cas, ils ne les aideront ou favouriseront, ainçois au contraire, porteront toute aide, faveur et assistance à mondit seigneur le duc, à son fils et à ses pays pour l'entretenement dudit traité.

»*Item*, en oultre fera le roi, bailler à mondit seigneur le duc, et aux estats de ses pays, les lettres scellées en particulier de messeigneurs d'Orléans, d'Angoulesme, de Bourbon, cardinal de Lion, du comte de Nevers, de monseigneur de Beaujeu et de Vendosme, comme princes du sang, subrogés aux pairs de France, de l'archevesque et duc de Rains, des évesques et ducs de Laon, de Langres, de Noyon, Challons et Beauvais, pairs de France; de l'université de Paris, Rouen, Orléans, Tournay, Lyon, Troies, Bourdeaux, La Rocelle, Angiers, Poictiers, Thoulouse, Rains, Amiens, Abbeville, Monstroel, Saint-Quentin, Péronne, Francise, *aliàs* Arras, Hesdin, Terroanne, Aire, Béthune, Boulogne, Salins, Dole, Poligny, Herbois, prélats et nobles desdits comtés d'Arthois et de Bourgogne, tous lesquels proumettront par leurs lettres et scellés, entretenir ledict traicté en tous ses poincts et articles y contenus, et spécialement en ce qui touche, que par monseigneur le daulphin, sera procédé au parfaict de mariage de lui et de madicte damoiselle, icelle venue en eage, et que jamais ne consentiront à aultre mariage, et que au cas que ledit mariage ne parvinst à rendre madite damoiselle franche, libre et deschargée de tous liens de mariage et aultres obligations en la puissance dudit duc d'Austrice son père, selon l'article dessus touché, de ce faisant mention, et pareillement les articles qui touchent la restitution des comtés et seigneuries baillées en dot de ladite demoiselle, au cas que ledit mariage ne parvinst, ou que icelles eschussent au retour sur mondit seigneur le duc Philippe et ses hoirs; et encoires, mondit seigneur le daulphin et madite demoiselle, ne prétendront ne querelleront jamais aultre droict, se de nouvelles successions n'eschiet, ès pays et seigneuries venans de la ducesse Marie.

»Aussi en tant qu'il touche le poinct de cest article, que se par faulte d'hoir issu de mondit seigneur le duc Philippe, les pays de Brabant, Flandres, Haynaut, Hollande, Zélande et aultres qui lui appartiennent, succédassent sur madite damoiselle, ou sur hoirs issus d'elle, héritiers de la couronne, que le roi les traict en leur ancienne nature, sans de riens les desrégler, comme il est contenu cy-dessus; et encoires que de la part du roi et de mondit seigneur ou aultres, de par eux ne sera faicte aulcune entreprise ou praticque en contraire du traicté et seurté accordés aux trois estats de la ville de Saint-Omer, durant le temps de la minorité de madite damoiselle, et qu'en ce, ils leur aideront et assisteront par effect, et généralement promettront de aider et assister à l'entretenement de tous les aultres poincts et articles dessus dits, spécifiés et contenus audict traicté; et que, s'il advenoit que de la part du roi ou de mondit seigneur le daulphin, y eut aulcunes enfrainctes ou contrariétés, de, en ce cas, estre aidans ou confortans mondit seigneur le duc Philippe, son fils et leurs pays; et à ce faire, dès maintenant le roy leur accorde et ordonne audit cas ainsi le faire, et les a deschargés de leurs sermens.

» *Item*, seront baillés de la part du duc d'Austrice, et des estats de ses pays, pareilles seurtés des prélats, nobles, villes et communautés de pays et ducés de Brabant, Luxembourg, Lembourg, Gueldres, comtés de Flandres, Haynault, Hollande, Zellande, telle que le roi voudra avoir.

» *Item*, que les habitans de Saint-Omer bailleront leurs lettres et scellés au roi, et à mondit seigneur le daulphin, futur mari de madite damoiselle, par lesquels ils proumettront et s'obligeront par leur foi et serment, et sera leur honneur de bien et léalement garder lesdites villes et chasteau, durant la minorité de madite damoiselle, et de non souffrir et permettre que du parti et quartier de mondit seigneur le duc, ou mondit seigneur le duc son fils, soit faicte, procurée ou pratiquée directement ou indirectement, aulcune chose au préjudice dudit traicté, et que madite damoiselle venue en eage, et le mariage de mondit seigneur le daulphin et d'elle consommé, ils bailleront et délivreront par effect, cessans tous contredicts, excuses, délais ou contraires, lesdites villes, chasteaux, en la plénière et entière obéissance de mondit seigneur le daulphin, comme mari et bail d'elle.

Et pareillement lesdits de Saint-Omer bailleront leurs lettres et scellés à mesdits seigneurs le duc, et aux estats du pays, par lesquelles ils proumettront et s'obligeront par leur foi et serment, et sur leur honneur, que durant ladite minorité, et jusques ledit mariage de monseigneur le daulphin et de madite damoiselle venue en eage soit consommé, ils ne délivreront lesdites villes et chasteau au roy, ne à mondit seigneur le daulphin, ne à personne de par eux; mais le tiendront en bonne et seure garde; et oultre ce, que s'il advenoit que ledit mariage ne se parfeist par la mort de mondit seigneur le daulphin, que Dieu ne veuille! ou par quelques autres cas procédans du faict du roy ou de celui de mondit seigneur le daulphin ou aultre de leur parti, ou aussi par la mort de madite demoiselle, durant la minorité, de, en chacun d'iceulx cas, rendre lesdites villes et chasteau à mondit seigneur le duc, pour et ai nom de mondit seigneur le duc Philippe, son fils, ou à mondit seigneur le duc Philippe, s'il estoit en eage.

CHAPITRE XCII.

Le trespas et obsecque d'illustre et resplandissant seigneur monseigneur Pierre de Luxembourg, comte de Saint-Pol.

Le vingt-sixième jour d'octobre, monseigneur Pierre de Luxembourg, comte de Saint-Pol, de Liney, de Conversan, de Brienne, de Marle et de Soissons, trespassa de ce siècle, en la ville d'Enghien, et delaissa deux filles, l'une, nommée Marie, laquelle fut mariée au comte de Romont, et la maisnée, nommée Françoise, à messire Philippe de Clèves. Les solemnités des obsecques dudit comte furent célébrées en l'église d'Enghien, aussi sumptueusement que jamais furent faictes pour comte de Saint-Pol ; et fut ladite église où il repose, tendue de draps noirs, ayans quatre aulnes de large, armoyés de ses armes, estoffés de fin argent, et du collier de la thoison-d'or dont il estoit chevalier ; et estoient illecq cierges ardans du poids de livre et demie en nombre de six cents, à demi pied près l'un de l'aultre.

Item, au milieu du chœur estoit la chapelle et la bierre à quatre pans, de onze à douze pieds de hault; au-dessus estoient cinq cents cyrons de une livre, et à quatre quartons les blasons du trespassé, et quatre chandeliers ayans chacun un cierge pesant dix livres.

Item dessoubs la bierre estoit une couche à creste de six à sept pieds de hault, couverte de velours noir, et une croix blanche de velours; et traînoit à tous costés quatre aulnes; et dessus ledit drap un riche pale de velours cramoisi, à une croix blanche.

Le jeudi vingt-huitième de novembre, se partirent du chasteau d'Enghien, en habits de dueil embrochiés, pour venir aux vigiles: Loys, monseigneur de Luxembourg, le seigneur de Fiennes, le seigneur de Renty, le seigneur de Beloire, Loys Rollin, fils du bailly de Haynault, Bauduin de Fontaines, fils du seigneur de Fontaines; et au devant d'iceulx estoient dix-sept officiers tous vestus de cottes d'armes; et au-dessus d'iceulx, soixante-douze, que chevaliers, qu'escuyers ou gens d'offices, tous vestus de noir et chaperons de mesme.

Et aux aelles du dueil, de cent à six vingt hommes vestus de noir et embrochiés, portans chacun un flambeau armoyé; aultres gens des villages dudit seigneur, jusques un nombre de neuf cens semblablement habillés, portoient chacun un flambeau.

» *Item*, Thoison-d'Or mict sur la bierre ung très riche chapeau comtal ; et pareillement ung roy d'armes portoit et mict sur la bierre la cotte d'armes dudit seigneur ; et six aultres heraults et officiers vestus de cottes d'armes du trèspassé, portoient chacun une bannière des six comtés dont il avoit le titre et seigneurie.

» *Item*, le deuil estoit accompagné de monseigneur l'évesque de Cambray, de messire Olivier de la Marche, représentaut la personne du duc, dont il estoit premier maistre d'hostel, le comte de Romont, le seigneur de Ligne, le seigneur de Boussu, le seigneur de Goux, le bailly de Haynault, le seigneur de Fontaine, Hugues de Melun, le seigneur d'Inchy et le seigneur de Condé.

» *Item*, trois messes furent chantées auxdits obsecques, l'une du Saint-Esprit, par l'abbé de Cambon, l'aultre de la vierge Marie par l'abbé de Marolles, et celle de *Requiem* par l'abbé de Cambray. Et quant le deuil fut disposé pour venir à la dernière messe, le seigneur de Lisuneau porta le pennon de mondict seigneur ; Robert de Melun et le seigneur de Vertain conduisirent un coursier houssé et paré des armes du trespassé ; Hugues de Melun porta l'espée ; le seigneur de Hames porta l'escu ; le seigneur de Fontaine porta le heaulme, timbre et armage ; le seigneur de Boussu la bannière dudit seigneur. Toutes ces choses furent apportées en l'église et offertes, puis mises à l'entour de la bière. Le cheval pareillement fut offert, mais ne retourna pas vers la bière, car l'on avoit faict un huis propice au chœur de ladite église par lequel il passa oultre.

Loys monseigneur alla premier à l'offertoire, et le deuil en suivant comme dessus ; puis fut faict un notable sermon à la louange de Dieu et du bon seigneur trespassé, où fut comprinse sa généalogie ; et furent distribués aux pauvres la somme de six cents francs, où furent onze mille personnes, desquelles trente-huit furent estainctes en la presse, dont la pitié fut durement anoyeuse et lamentable.

CHAPITRE XCIII.

La journée de Boulongne et la prinse de Bislen.

BOULONGNE est un chastel assis en marescaige, à trois lieues près de la cité de Liège, sur une rivière nommée Sarre, lequel tenoit lors le parti de Guillaume de la Marche, *aliàs* La Barbe, où se tenoient de quatre-vingts à cent compagnons de guerre, pelotans le pays, et portans grand dommage aux Brabanchons, tant à l'ost d'iceulx comme à leurs voisins, car ils avoient illec amassé par capture et pillerie, huit vingt chevaux et aultres proyes et bagues assez bonnes. Quand le prince d'Orange, Philippe, monseigneur de Clèves et les

capitaiues conducteurs des Brabanchons furent
advertis de leurs roberies et pillotages, ils assemblèrent leurs compagnons de cheval et de pied
jusques au nombre de six à sept mille combattants,
et par un lundi, sixième de janvier, en l'an quatre-vingt-deux, ils plantèrent le siège devant ledit
chasteau.

Quand les compagnons qui dedans estoient, se
trouvèrent environnés de leurs ennemis, ils le firent savoir audit messire Guillaume, qui promit les
secourir dans trois jours, dont ils furent moult
joyeux ; ils redoublèrent leur force et leur courage, et en devinrent haultains et fiers. Toutes
fois, ce temps pendant, la place fut battue ; et au
commencement d'icelle batterie, les assiégés, par
dérision, touchoient de leurs manteaux la muraille touchée de leurs engins, comme si rien ne
fust endommagé. Néantmoins elle abbatit d'une
grosse bombarde la pluspart d'une tour. Quand
vint le mercredi en suivant, le prince d'Orange et
Phillipe, monseigneur, voyans que la batterie leur
avoit proufité, délibererèrent et conclurent donner
l'assault à la forteresse ; et firent commandement
sur la hart, que chacun de l'ost fist provision de
deux fagots, lesquels furent faicts en peu d'espace,
et assemblés en nombre de dix mille, à la vue des
assiégés. Pareillement furent apportés des villages
à l'environ, huis, fenestres, pelles, eschelles et
tout ce que trouver se povoit pour faire ceste emprinse. Les assiégés voyants ces préparations, et sa-

chants que La Barbe auquel ils espéroient avoir secours, ne s'en avanchoit et ne s'approchoit d'eulx, dont estoient en hasard d'estre perdus par cest assaut, requirent de parlementer, et firent les appoinctemens qu'ils rendroient la place, par telle façon que les gens de guerre s'en iroient dénués de leurs proyes et bagues, un blanc baston en leur main, et les paysans demoureroient prisonniers, comme ils furent.

Mais pendant le temps que ces besognes se firent, La Barbe, qui point ne dormoit, fit assiéger les Liégeois, et fit crier sur le port, que tous ceulx qui povoient porter bastons, puis l'eage de dix-huit jusques à quarante, iroient en sa compagnie pour mettre à mort tous ceux qu'ils trouveroient contraires au pays de Liège, sans espargner homme ne femme, prestre ne clerq, vieux ne jeune, ne personne de quelque estat ou sexe qu'il fust, et en firent serment au perron de Liège de ainsi le tenir.

Lors Liégeois se mirent en leurs diligences d'estre en poinct, et trouver moyen et façon pour grever les Brabanchons, et les mettre à finale desconfiture; et pour les bouter au dernier supplice, firent garnir deux grands tonneaux queuvves plains de licols, et les amener avec le charroy, sur intention de les pendre; et marchèrent en bonne ordonnance, soubs la conduite dudit seigneur Guillaume, Thierry, Pouillon, sire Gaillard et aultres, jusques au nombre de quinze à dix-sept mille combattans.

Ce mesme jour un paige se partit de la compagnie des Liégeois, et certifia à Philippe monseigneur, l'estat et disposition d'iceulx, disant que grosse puissance de gens d'armes s'étoit préparée en la cité, accompagnée de trente-deux mestiers, pour desfaire et ruer jus ceux qui ledit chasteau de Boulongne avoient assiégé.

Ces nouvelles venues aux capitaines des Brabanchons, Philippe, monseigneur, fit entrer Pierre de Gaures avecq bonne bande de combattans audit chasteau, dont les Liégeois estoient vuidés sur les adventures qu'il pourroit survenir; et tantost après, aulcuns Liégeois ignorans la reddition faicte, vindrent parlementer avecq Pierre de Gaures, estant illecq, cuidans parler ausdits Liégeois, en disant qu'ils soustenissent fort, et que La Barbe venoit à grande armée pour leur donner secours; et ceulx qui dedans estoient les souffroient approcher, afin de tirer sur eux, comme ils firent. L'ost des Brabanchons bien adverti de la venue des Liégeois, proposa de soi garantir à l'encontre, et de les attendre sans rendre pieds fuitifs; et par le conseil d'Anthoine de Fontaines, bien expérimenté de la guerre, et de Montfort, qui estoit au prince d'Orenge, ils se fortifièrent de leur charroy, où ils firent entrer les vivandiers et femmes de l'ost.

Quand vint le jeudi ensuivant, environ neuf heures du matin, les batailles des Liégeois furent apperçues des Brabanchons, qui crièrent : alarme!

et furent terriblement estonnés. Gendarmes montèrent à cheval, piétons vuidèrent de leurs tranchis, et se mirent en notable ordonnance. Ils avoient la rivière de la Sarre entre eux et lesdits Liégeois, et estoient de deux lez fort près serrés, en nombre de huit mille combattans; ils se desvalèrent en un ravin; et Liégeois ce voyans, pensèrent qu'ils donnoient la fuite, mais ils préparoient leur bataille pour les recepvoir.

Philippe monseigneur fut faict chevalier de la main du prince d'Orenge; puis Cornille et Michel de Berghes, bastard de Ravestain, Henri de Suaure, Hutin de Hubart, et Olivier Femelart, furent faicts chevaliers par les mains de messire Philippe de Clèves; et le comte de Solre, Allemand, fit pour ce jour trente chevaliers de sa nation; et furent iceulx les plus vaillans des autres, car n'y eut celui qui ne fut navré à la journée. Leur bataille fut toute en une masse; ils affutèrent deux gros courtaux, deux grosses serpentines, les deux sœurs de Bourbon, et avoient quatre cents Namurois, quinze cents Allemans piétons, trois cents Malinois coleuvriniers, douze cents chevaliers, et le demourant Picars et Hannuyers. Les hacquebutiers furent ensemble, les archers en deux esles, les picquenaires entrelassés, et les hommes d'armes à la main dextre; les piétons s'agenouillèrent trois fois en disant leur *Pater noster*, et proumettans jeuner au pain et à l'eau le premier vendredi ensuivant; et d'aultre part les Liégeois se mirent en poincte et se disposèrent de donner dedans; ils avoient artillerie volante, deux serpentines de cuivre et six de fer, de quoi ils tirèrent trois ou quatre coups, sans dommager les Brabanchons, auxquels ils cuidoient donner le soleil en l'œil; mais les engiens des Brabanchons firent ouvrir la bataille des Liégeois; les archiers et hacquebutiers d'iceulx s'acquitèrent puissament.

La Barbe et ceux de son parti, comme messire Gaillard et aultres, donnèrent dedans vigoureusement; et l'ost des Brabanchons ne s'oublia point à faire son debvoir, car le prince d'Orenge y fut navré; Philippe monseigneur eut son cheval tué; messire Cornille de Berghes eut ses guillardines rompues. Chacun, d'un parti et d'aultre, s'employa tant vaillament, que vingt ans paravant n'avoit esté veu le pareil; mais finablement, par le trait des Brabanchons, le viste recueil d'iceulx, ensemble par les merveilleux et vigoureux courages des Allemans, qui firent le possible, et par la bonne conduite et seure closture du charroy, les Liégeois tournèrent en fuite, qui tindrent si peu que néant. Messire Guillaume de la Marche cuida fourrer par derrière audit charroy, mais il trouva si rude obstacle, qu'il tourna le dos avec ses fuyans; et dura la chasse deux bonnes lieues. Sire Gaillard, capitaine des François, y demoura mort et grande partie de sa compagnie. Un chevalier clévois, nommé Vacqtendon, accompagné de trois cents chevaux, y fut occis, et toute sa bande, sans un seul eschappé; grand planté de Suisses et Allemans du parti des Liégeois furent occis par les Allemans, des Brabanchons qui guaires ne les aimoient. Le damoiseau Adolf et aultres parents de La Barbe, y demourèrent prisonniers; Pierre Rocha, maire de Liège, qui descendit de son cheval pour ordonner ses gens, y fut prins avec plusieurs aultres qui me sont incogneus.

Les Brabanchons y perdirent sept ou huit hommes seulement, et les Liégeois y demourèrent trois mille, que mors que prisonniers; et abandonnèrent leurs engiens, l'estendard du Perron, les bannières des carliers, parmentiers et aultres. L'on disoit que La Barbe, tout confus, laissa son cheval à une cense, et retourna sans selle en la cité de Liège, où le peuple cria le meurdre sur lui, pour la perte de la bataille, mais il trouva ses excuses; et tost après monseigneur Philippes de Clèves l'envoya deffier de feu et de sang, par Ravestain, son hérault, qui fut en très grand danger de sa vie.

Le dix-septième jour de febvrier, an susdit, ceulx de Bislen, tenans le parti de messire Guillaume de la Marche, *aliàs* La Barbe, envoyèrent lettres vers monseigneur Philippe de Clèves comme chef de l'armée, pour eux rendre, et leur fut donné saulf-conduit, pour venir vers lui; mais ils changèrent propos, et fortifièrent leurs places, de grans boluvers et aultres matériaux pour eux deffendre; et de faict boutèrent en leur ville deux cents Suisses, attendans secours de La Barbe. Et ce mesme jour, monseigneur Philippe leur fit donner l'assault en trois lieux, lequel dura heure et demie; et il y eut plusieurs faicts d'armes achevés d'un parti et d'aultre, et plusieurs horions donnés, plusieurs bleschés et navrés et mors, mais toutes-fois la ville prinse, pillée et bruslée, et grand nombre de prisonniers détenus; et soubdainement s'ourdit un gros alarme en l'ost des Brabanchons, car l'on maintenoit que La Barbe approchoit à grande puissance pour les ruer jus; dont chacun se mit en son debvoir pour soi défendre et le recepvoir, mais ce ne furent que quatre chevaliers seulement, qui venoient pour découvrir l'armée; pourquoi le grand murmure présentement s'acquoisa; et après ceste horrible guerre et dissension, les Liégeois se pacifièrent à monseigneur le duc, par tel qu'ils lui paieroient chacun an, trente-deux mille mailles de Rin, comme duc de Brabant et général adnommé du pays de Liège; et du différent qui estoit touchant les années précédentes, l'empereur, les archevesques de Coulongnes et de Mayence en seroient arbitres; et debvoit l'une partie et l'aultre cesser la guerre, et le premier qui recommenceroit il estoit tenu de payer six mille.

CHAPITRE XCIV.

De la notable ambassade de France, qui se trouva en la ville de Gand, pour parachever la paix.

Monseigneur Maximilien, duc d'Austrice, accompagné de messeigneurs ses enfans, de grands princes et notables chevaliers, estoit en sa ville de Gand, où firent leur arrivée, le premier jour de mars, les ambassadeurs de France, c'est assavoir en chef l'archevesque de Rohan, l'evesque de Caen en Normandie, Jehan Garin, maistre d'hostel du roy, le prevost des marchands de Paris, maistre Jehan Caurel, général de France, maistre Jehan Boulenger, maistre Jehan Landry, en Normandie, hérault d'armes. Lesdits ambassadeurs firent proposer par-devant mondit seigneur, sa noblesse et son conseil, maistre Jehan Caurel, principalement sur deux poincts.

Le premier, comment ils estoient envoyés du roy Loys, par-devers monseigneur d'Austrice, afin qu'ils fissent serment de tenir la paix telle qu'elle estoit nouvellement faicte, et que ledit roy avoit premier juré à la tenir.

Le second poinct estoit qu'ils puissent savoir quant il lui plairoit envoyer madame la daulphine, comme il estoit devisé et proumis.

Quant au premier poinct, jour fut pris pour faire le serment en l'église monseigneur Saint-Jean en Gand; et au jour préfix, se trouvèrent illecq monseigneur le duc d'Austrice, monseigneur le jeune duc Philippe, son fils, madame Marguerite la daulphine, sa fille, et l'ambassade de France, où ils ouïrent la messe célébrée par monseigneur l'evesque Salubrie, confesseur de mondit seigneur d'Austrice; après laquelle messe et comme père, maimbour, tuteur et curateur de ses enfans, fit serment solemnel de tenir la paix jusques ce qu'ils auroient eage et discrétion. Lesdits ambassadeurs furent notablement festoyés des Ganthois, de monseigneur le comte de Nassou et aultres, qui leur firent plusieurs sumptueux et honnestes banquets; et les Ganthois, qui lors estoient en grande liesse, firent, comme ils avoient accoustumé annuellement, leurs monstres de leurs gendarmes, qui lors se mirent en point. Aulcun temps paravant, environ an et demi, une question s'estoit meute entre les Jacobins de Gand et ceux de ladite ville, pour ce que lesdits Jacobins avoient dit en leurs sermons qu'il y avoit plusieurs mescréans et gros chrétiens en leur ville. Les Ganthois s'en contentèrent fort mal, et voudrent scavoir qui estoient iceux mescréans, afin d'y procéder par justice; mais lesdits Jacobins ne les voulurent divulguer, ne dénommer.

Monseigneur de Tournay, leur diocésain, en fut adverti. Si envoya faire information pour cognoistre s'il y avoit aulcuns hérétiques, et furent oys plusieurs dignes de foi, et ne fut quelqu'un vaincu de ce crime. La matière fut envoyée à Rome, et plaidèrent ceux de la ville contre lesdits Jacobins; et ce temps pendant les Ganthois deffendirent à leurs manans et habitans, sur grosse amende, que nul ne favorisast, n'allast ne ne vinst en l'église desdits Jacobins, qui tenoient leurs huis clos. Néanmoins ils aulmosnoient et donnèrent autant pour Dieu que par avant, dont grandement chacun s'esbahissoit.

En ceste façon firent Ganthois leurs monstres au caresme; et estoit leur grand doyen Jehan Van den-Bauder, *alias* Bovier Treniste, homme fort aimé du peuple, vertueux comme il sembloit, car il refusoit tous dons qui lui estoient offerts; et faisant ceste office, exposa grandement de ses biens. Il estoit petit homme de corps, mais fort éloquent en deux ou trois langaiges, et plain de vif sens naturel. Les Jacobins dirent que quant vint la nuict de Saint-Thomas d'Acquin, ils lui prièrent qu'il lui pleut souffrir ouvrir l'église, afin que le peuple vinst acquérir les pardons le lendemain, mais ne s'y voulut consentir et le refusa; et ce mesme jour que les Ganthois monstrèrent leurs triomphes de gendarmerie, qui estoit le jour dudit Saint-Thomas, et qui debvoient passer, comme ils firent, devant l'église dudit Saint-Thomas, ledit grand doyen estant en grand bruit avecq les aultres, illecq cheut en appoplesie, si que onques puis ne parla ; et cela dirent les Jacobins que ce fut chose miraculeuse à cause de son dit refus. Il fut enterré aux Chartreux, et Jehan Van-den-Baures, doyen des febvres, fut esleu grand doyen.

 Le jeudi absolu ensuivant, le roy Edouard d'Angleterre s'en alla faire un pélerinage, comme il avoit de coustume pour tenir les aveaux ; il fut altéré de chaleur, et se cuida rafreschir d'une salade ; et se refroidi tellement qu'il termina le quatrième jour après Pasques. Il estoit duc d'Iorck avant sa coronation, très élégant personnage, hault et droit; il espousa une veufve nommée Elisabeth, à demi noble, femme d'un pensionnaire, et la prinst par concupiscence ; il en eut deux fils et deux filles. Le premier fils fut prince de Galles, nommé Edouard, l'aultre se nommoit George ; l'un avoit quatorze ans, l'aultre douze ans ; et furent fort bien instruits ès arts libéraux. L'une des filles fut nommée Catherine, l'autre Elisabeth, qui depuis fut mariée au comte de Ricemont, roy Henri d'Angleterre septième de ce nom. Ledit roy Edouard régna par aulcun temps que le roy Henri sixième de ce nom estoit prisonnier en la tour de Londres, où il fit aulcuns miracles ; et fut celui Edouard noté, lui et son frère Richard, duc de Glocestre, d'avoir mis le roy Henri en prison, où il avoit esté l'espace de vingt ans. Ledit Edouard fut débouté de son royaulme par le comte de Wervick ; il arriva à l'Ecluse, et fit ses doléances au duc Charles, son beau-frère, qui avoit espousé madame Marguerite sa sœur. Le duc Charles le recueillit et le furnit de gens et d'argent, tellement que par force d'armes et le moyen d'aulcuns ses adhérens en Angleterre, il reconquist son royaulme en moins de onze sepmaines. Il vaincquist le comte de Wervick, en bataille, le jour de Pasques, et le retint prisonnier, et peu de jours après lui fit trancher la teste. Son frère, le duc de Clarence, querella contre sa marastre, et fut vaincu par procès, et jugé à mourir, saulf la grâce d'icelui roy qui ne lui voulut faire aultre miséricorde, sinon de choisir telle mort qu'il lui plairoit; et pria qu'il peut mourir en une pippe plaine de malvoisie, et ainsi en advint. Il régna puissamment, magnifiquement et plein de grandes richesses; il descendit à Calais pour soi fourrer en France à grande armée, comme il est récité cy-dessus, puis finit ses jours comme dit est; et recommanda ses deux enfans masles au duc de Glocestre, son frère, souverainement l'aisné, qui estoit prince de Galles, espérant qu'il le feroit couronner, mais il les traita l'un et l'autre assez pitoyablement, comme il apperra cy-après.

CHAPITRE XCV.

La réception et bien venue en France de madame la daulphine.

Après que la paix cy-dessus escrite, fut solennellement jurée d'un parti et d'aultre, le roi Loys de France, comme il monstroit par semblant, desiroit fort l'accomplissement du mariage de monseigneur le daulphin, son unique fils, héritier de sa couronne, et de mademoiselle Marguerite, fille du duc Maximilien d'Austrice; et lui estoit la paix fort agréable, ensemble l'alliance dessus dite, tant pour éviter effusion de sang, que pour le salut de la chrétienté, le bien et utilité de son royaulme et des pays, et pour achever le tout selon le contenu du traité. Si mist sus une notable ambassade des princes de son sang et aultres très élégants personnages, bien entendus, lesquels, par son commandement, arrivèrent en la ville de Hesdin, expectans l'arrivée de mademoiselle Marguerite, daulphine de France, laquelle debvoit estre amenée illecq par très nobles seigneurs et dames du parti du duc d'Austrice.

De par le roi de France furent envoyés monseigneur de Beaujeu, madame Anne, sa femme, fille du roi Loys, les seigneurs d'Albrecht et de Sainct Wallier, madame de Dunois et de Thoars, ensemble plusieurs grans seigneurs, barons et chevaliers fort guerriers et bien accoustrés.

Et de la part de monseigneur le duc d'Austrice, furent députés et envoyés pour accompagner et conduire madame Marguerite, sa fille, daulphine de France, monseigneur Adolf, seigneur de Ravestain, les seigneurs de Were et de Ligne, l'abbé de Saint-Bertin, le seigneur de Wierd, chancellier de Brabant, mademoiselle de Gheldres et aultres nobles dames, puisants seigneurs et notables chevaliers; et iceulx parvenus en la ville de Hesdin, trouvèrent la noblesse de France, qui honnorablement et grandement les festoya et recueillit.

Les congés prins aux seigneurs et dames du quartier d'Austrice, madame la daulphine et la très illustre et très noble assemblée des Franchois tira vers la cité d'Amiens, où, à cause de l'alliance et bénéfice de paix dont elle estoit cause, fut magnifiquement convoquée, et d'illecq fust amenée à Paris, où elle fut reçue à grant triomphe, et y fit son entrée le deuxième jour du mois de juin. Les rues furent tendues et honnestement tapissées, et plusieurs notables histoires par personnages et sur eschaffaux, y furent desmontrées au peuple; et comme reine de France a accoustumé de faire à son joyeux avénement, elle fit et créa un maistre de chacun mestier. Plusieurs aultres grandes solemnités honorables et de renom furent illecq achevées qui seroient longues à réciter; et après ces haultes et somptueuses réceptions, elle fut menée à Amboise, et au mois de juillet, le roi manda les princes de son sang, ensemble les plus notables de son royaulme estans autour de lui, et en face de saincte église, fit solemniser et célébrer le mariage de monseigneur le daulphin son fils, et de madame Marguerite.

En ce temps, ou peu de jours paravant, se partit de Flandres, honnorable ambassade envoyée vers monseigneur le daulphin, pour le révérender et conjouir à cause de ceste alliance de mariage qui sembloit estre chose divine, pacifique et agréable à Nostre Seigneur. Le chef de ceste ambassade estoit monseigneur l'abbé de Saint-Bertin, l'abbé de Saint-Pierre de Gant, messire Jehan de Berghes, seigneur de Walhain, messire Bauldoin de Lannoy, seigneur de Molembaix, chevalier de la Thoison-d'Or, messire Jaques de Goy, grand bailli de Gant, messire Jehan d'Offay, maistre des requestes, maistre Jehan de Verre, secrétaire, messire Loys Pinot et messire Jacques de Immerselles, chevalier bourguemestre de Louvain et d'Anvers. maistre Gérard Rolland, conseiller de la ville de Bruxelles, Georges de la More, premier eschevin de Gand, Guillaume Rin, premier conseiller, et maistre Jehan de Witem, burguemestre de la ville de Bruges. Iceulx ambassadeurs venus devant la très noble personne de monseigneur le daulphin, les cérémonies des révérences observées et audience obtenue, l'abbé de Saint-Bertin, après lui avoir donné titres pertinens à sa seigneurie, et les genuflections faites, lui fist les recommandations de monseigneur le duc d'Austrice, de monseigneur le duc Philippe son fils, ensemble des trois estats de ses pays, en collaudant le bénéfice de paix, lequel estoit survenu par l'alliance de lui, seul fils du roi de France, futur héritier à la couronne, et de mademoiselle Marguerite d'Austrice, fille de monseigneur Maximilien, duc d'Austrice; laquelle alliance il compara à celle du roi Assuérus et à la reine Hester. Et pour mieulx coulourer et congratuler ceste alliance, mit avant en sa proposition, la généalogie de mademoiselle Margueritte, issue des fleurs de lys et de quatre marguerittes très illustres et resplendissantes. La première fut Marguerite de France, fille de Philippe le Long, roi de France, second fils de Philippe Le Bel, laquelle fut alliée par mariage à Loys, surnommé le Jeune, comte de Flandres, qui mourut au service de Philippe de Valois, roi de France, à la journée de Crecy. Ceste première Marguerite apporta au jardin de Bourgogne, les comtés d'Arthois et de Bourgogne, et la seigneurie de Salins qui, aujourd'hui, sont le dot de madite demoiselle. La seconde fut Marguerite de Brabant, alliée par mariage à Loys de Marle, comte de Flandres, fils de la première Marguerite. De ceste Marguerite, sont venus à la maison de Bourgogne les ducés, pays et seigneuries de Lotrich, Brabant et Luxembourg. La troisiesme Marguerite fut la bonne et sage Marguerite de Flandres, fille du comte Loys de Marle et de Marguerite de Brabant, qui fut conjoincte par mariage à Philippe le Hardi, duc de Bourgogne, fils quatriesme du roi Jehan, et père du duc Jehan de Bourgogne, de laquelle Marguerite est venue la comté de Flandres et aultres conquestes. La quatriesme Marguerite fut Marguerite de Bavière, fille du duc Aubert, comte de Haynault, Hollande et Zelande, laquelle fut mariée au duc Jehan, fils aisné de Philippe-le-Hardi et de Marguerite de Flandres; de laquelle Marguerite de Bavière, les comtés de Haynault, Hollande et Zelande et seigneurie de Frise sont venus à la maison d'Austrice et de Bourgogne.

CHAPITRE XCVI.

Le siège de la reddition de la ville et cité d'Utrecht, et de la mort de messire Josse de Lalaing.

Dedans la ville et cité d'Utrecht s'estoient retirés aulcuns Houlx, au desplaisir de l'evesque David de Bourgogne, fils naturel du duc Philippe, et au grand préjudice du traicté et appoinctement qu'avoient faict par cy-devant les ducs de Bourgogne. Pour ce discord et aultres raisons, ceux de la ville machinèrent contre lui, voulans le priver de son siége épiscopal, et introniser et faire évesque Inghelbert, fils du duc de Clèves; et fut mené ledit évesque à Amsfort, à deux lieues près de ladite cité.

Monseigneur d'Austrice, adverti de ce desroi, fut délibéré de mettre le siége devant ladite ville et cité, où estoient de cent à six vingt chevaliers et quatorze cents piétons hacquebutiers pourvus de tels traicts, que quiconque en estoit navré ne povoit éviter la mort; et estoient en la compagnie du duc messire Josse de Lalaing, gouverneur du pays de Hollande, le comte de Solre, Allemand, accompagnés de quinze cents hommes bien en poinct, Salezar, capitaine de l'avant-garde, messire Lancelot de Bellamont, messire Hutin de Havart, Rodighe de Lalaing, et aultres nobles compagnons de guerre, Piccards et Hannuyers, ayant grande volonté d'honneur acquerre, et bien servans leur prince.

Au mois de juing, an dessus dit, l'armée du duc, en nombre de six à sept mille, s'approcha d'Utrecht, et de prime venue gaigna quatre rivières qui sont bras de la grande rivière du Rhin, et vint jusques au Wert, un gros faubourg estant devant la ville, fortifié à la mode d'Allemaigne, où il y eut rivière et pont de deffense fort à merveilles, et qui sembloit estre quasi imprenable. Messire Lancelot de Bellamont, fier comme un Rolland, prompt aux armes et bien expérimenté, avoit lors la charge de mille piétons; il envahit et s'efforça de prendre ledit Wert par force; mais il fut rebouté par deux fois, et à la tierce se porta si vaillamment, qu'il le gaigna vigoureusement; et le fortifia à toute diligence, et de si bonne sorte, qu'il se joindit aux fossés de la ville. Puis le duc fist affuter ses engiens et fist battre la ville d'une grosse bombarde nommée Zutphen, de trois aultres bombardes, de quatre courtaux, de deux mortiers et de plusieurs serpentines. Il gaigna aulcuns bolluverts et une porte, et fit faire tranchis couverts, si près des fossés de la ville qu'ils ruoient des pierres les uns aux aultres.

Une saillie se fit des rustres de la ville sur l'ost du duc, où ils furent tant verdement recueillis, qu'ils demourèrent de seize à vingt prisonniers, qui confessèrent que dedans Utrecht n'estoient nulles chairs ne quelques provisions de sel, et que un pot de cervoise se vendoit cinq sols. Adoncq le duc fit publier que chacun fut prest pour assaillir le lendemain; et estoient les batailles prestes dès deux heures après my-nuict. Englebert fils du duc de Clèves, prétendant à la croce d'Utrecht, le seigneur de Montfort et deux bourguemestres de la ville sortirent de la cité pour parlementer au duc; et pendant ce temps, Allemans et Piccars se prindrent à donner l'assault. Ceux de la ville se préparèrent à leur deffense, qui jectoient sur les assaillans des espées, afin de poindre les cols des Allemans qui estoient descouverts.

A cest assault, qui dura plus d'une heure, fut occis le comte de Solre, ensemble bon nombre d'Allemans; et fut ledit assault tant aspre et impétueux de la part du duc, que ses gens d'armes contraindirent les assiégés de combattre main à main. Cest assault fut fait contre le vouloir du duc et en tenant ledit parlement; car l'accord estoit du tout basti et pourjecté de la nuit précédente. Ceux de la ville ne le voulurent tenir; et par ainsi ledit Englebert de Clèves et un burgmestre demourèrent prisonniers en l'ost.

Advint, durant le siége, que messire Josse de Lalain, chef de l'armée après monseigneur le duc, monté sur une petite haquenée, accompagné de monseigneur d'Aigmont, d'Issestain, Salezar et aultres, vint à un tranchis qui n'estoit du tout faict. Ceux de la muraille le cognoissoient aulcunement, à cause qu'il avoit longue suite et portoit de coustume un manteau d'escarlate. Icellui messire Josse voulant passer d'un tranchis en l'aultre lieu, fut attaint de deux coups de hacquebutes, l'un par la mance de son espée, qui lui percha le ventre bien de hault jusque vers la cuisse, et l'aultre lui percha deux œillets de son pourpoinct; et alors tomba, et fut relevé par Artus de Lalaing, et mené au logis de Salezar, assez près d'illecq.

Ne demoura guères que monseigneur le duc le vint le voir, monstrant qu'il en estoit fort desplaisant. Ils eurent ensemble aulcunes devises, auxquelles messire Josse lui dict : « Monseigneur, » je suis en povre estat. Si j'eusse voulu estre » mutin, je ne fusse pas en ce poinct. Vous perdez

» aujourd'hui un léal serviteur. Voyez-cy moi cinquième ou sixième des frères, tous morts au service
» de leur prince. Je vous prie avoir pour recom-
» mandés ma femme et mes enfants. » Et pria que
monseigneur d'Aigmont fust gouverneur de Hollande, à cause qu'il le tenoit bon preud'homme,
homme hardi et léal chevalier; et se confessa fort
dévotement, ordonna son cas, receut son Sauveur,
et le lendemain trespassa très catholiquement, fort
vertueux, plein de proesse et chevalier sans reproche.

Il avoit, en son vivant, esté gouverneur de Hollande,
qui fut pour un temps rebelle à monseigneur l'archiduc Charles, et par le moyen de messeigneurs d'Aighemont, Salezar, Georges de Werstain, messire
Michel de Berghes, le margrave d'Anvers et aultres,
accompagnés d'Allemans, Bourguignons, Piccars,
Anglès et autres nations, il se conduisit tellement,
que les villes de Dordrech, Gand, Leyde et aultres
fortes places, furent réduictes en obéissance; et eut
plusieurs grans rencontres et destrousses, tant celle
de Menesse comme aultres, et mesme une sortie
d'Utrecht, le jour Saint-Étienne, où ceux de la
ville le vinrent combattre à grande puissance, dont
la pluspart des gros bourgeois venoient à pantins de
Hollande; et demourèrent morts de douze à treize
hommes, et autant de prisonniers; print d'assault
la ville de Hornes en Frise; et plusieurs places et
chasteaux réduisit, tant par force que par composition; et finablement la ville d'Utrecht revint à

traité avec mondit seigneur le duc; puis retourna à Gand vers son prince, où fut pourparlée la paix de l'an quatre-vingt et deux, ensemble le mariage du daulphin de France à mademoiselle Marguerite d'Austrice.

Peu de temps après, il sceut que la ville d'Utrecht se commençoit à mutiner, ensemble aulcuns seigneurs de Hollande, comme le seigneur de Montfort et aultres. Se délibéra de retourner illecq, où il rendit son esprit par la manière que dict est. Il estoit baron et seigneur héritier de Lalaing, seigneur de Montigny, de Hames, de Bracques et de Salardinières; et fist le voyage de Jhérusalem, où il fut fait chevalier. Conseiller fut et chambellan du duc Charles de Bourgogne, du duc Maximilian d'Austrice, et de mademoiselle Marie, son espouse. Il eut plusieurs grandes charges de gens d'armes par mer et par terre, et en divers pays, tant à Nuysse comme à Nancy, où il fut prisonnier; et hanta joustes et tournois; et fut capitaine de cent lances et capitaine de Péronne; et fut admiral, grand veneur, commissaire et souverain bailly, et commis à créer les lois de Flandres. Il print d'assault une isle, devant la ville de Nuysse, qui sembloit estre quasi imprenable, le duc Charles tenant illecq son siége; fut capitaine de deux chasteaux et ville de l'Escluse; fut chevalier d'honneur de la ducesse Marie, et depuis grand chambellan et gouverneur de monseigneur le duc Philippe; fut gouverneur de Hollande, de Zellande et de Frise;

et si fut pour un temps, le duc Charles estant en
ferrette commis capitaine général de Flandres,
Lille, Douay et Orchies, et de la ville et terroir
de Malines. Il acquit la baronnie de Lalaing, et eut
aultant d'honnorables estats en main, où il se conduisit fort sagement, que nul chevalier depuis cent
ans ait eu en ceste maison très illustre; et trespassa,
comme dict est, le cinquième jour d'aoust.

Son corps fut ouvert et embaumé, et honorablement mené à Deynze en Flandres, une abbaye
de dames dont son père, messire Simon de Lalaing,
fut fondateur; et illec le père et le fils sont richement sépulturés. De son trespas eurent les Hollan-
dais très grands regrets, et si possible eusist esté
le redimer de deniers, ils y eussent mis cinquante
mille escus. Tost après son trépas se rendit la ville
et cité d'Utrecht par la manière qui s'ensuit.

CHAPITRE XCVII.

L'appoinctement de ceux d'Utrecht.

« En l'honneur et louange de Dieu, et afin de
conserver d'effusion le sang humain, et pour ce
que ceulx d'Utrecht demandent et requièrent
merci à mon très redoubté seigneur, monseigneur
le duc d'Autrice, comme leur a icellui accordé et

consenti par la manière et conditions qui s'ensuivent :

« Et premièrement lesdits d'Utrecht feront réparation honorable au bon plaisir de mondit seigneur.

» *Item*, pour l'amende profitable paieront leur portion de quarante mille livres par eux pièça promise, à tels termes que l'on advisera.

» *Item*, feront lesdits d'Utrecht incontinent partir les rustres et gens de guerre de ladite ville, et laisseront entrer les gens de mondit seigneur par les portes ou par les murailles, ainsi qu'il lui plaira ; et mettront la ville ès mains de mondict seigneur ; et seront les biens de la cour de Hollande aussi biens de la ville d'Utrecht.

» *Item*, seront tenus lesdits d'Utrecht tenir et entretenir le traicté par eux pieça faict avec monseigneur le duc Philippe ; et pour ce feront nouvel serment et seureté en telle manière qu'il plaira à mondit seigneur.

» *Item*, les murailles de la ville, qui dejà sont abbatues par les bombardes et engiens de mondit seigneur, ne seront jamais refaites ; et avec ce pourra mondit seigneur faire rompre ou abattre en tel lieu que bon lui semblera, la longueur de deux lances ou plus, des murailles de ladite ville.

» *Item*, sera mondit seigneur tuteur seculier de ladite ville et cité d'Utrecht, et le tiendra en ses mains jusques et tant que monseigneur l'évesque d'Utrecht soit rendu ou restitué en ses mains, veu qu'ils se disent eux non puissants à icelui incontinent lui livrer et rendre, parce que ceux d'Amsfort ont ledit évesque et ne sont point comprins audit traité.

» *Item*, que toutes les rentes échues présentement à ceux dudit Utrecht, estans ès pays de mondit seigneur, seront et demeureront au profit de mondit seigneur jusques au jour de ce présent traité.

» *Item*, rendront lesdits d'Utrecht à mondit seigneur tous les engiens et estendards par eux prins sur le Wert deux ans avant.

» *Item*, lesdits d'Utrecht retourneront à leurs biens, reservé messire Evrard Zondebach.

» *Item*, fera faire mondit seigneur, en la ville, un fort, en tel lieu qu'il lui plaira.

» *Item*, tous prisonniers estans en ladite ville d'Utrecht seront délivrés et quictes.

» *Item*, se ledit évesque va de vie à trespas, ceulx dudit Utrecht seront tenus d'eslire un évesque tel que bon semblera à mondit seigneur.

» *Item*, mondit seigneur pourra faire la guerre à ceulx d'Amsfort et Monfort, si son plaisir est.

» *Item*, si ceulx de la ville d'Utrecht commencent la guerre en aucune manière cy après, ils confisqueront au prouffit de mondit seigneur tous leurs biens et rentes qu'ils ont gissants au pays de mondit seigneur.

» Et est conclu ce présent traicté le dernier jour d'aoust environ la my nuict ».

Cest appointement juré et accordé, mondit seigneur le duc d'Austrice fist honorablement son entrée en la ville et cité d'Utrecht, accompagné de trois mille piétons et huit cents hommes d'armes ; et le jour Saincte - Agnès ensuivant, fut prinse la ville d'Amsfort par environ cent compagnons eschelleurs, lesquels voyans que les glaces s'estoient prinses aux fossés de la ville, montèrent de nuict sur les murailles, faisans grands cris. Ceulx de la ville s'esveillèrent et tirèrent celle part où les cris s'estoient faicts ; puis lesdits eschelleurs allèrent à un aultre quartier et sur le marché ; et sembloit qu'il y eut trois ou quatre mille hommes ; et ils firent crier que ceux qui tenoient le parti de l'évesque seroient respités, comme ils furent, et les aultres furent pillés et detenus prisonniers.

CHAPITRE XCVIII.

Le trespas du roy Loys de France, onzième de ce nom ; le sacre du roy Charles son fils, et son entrée à Paris.

Le roy Loys de France, perclus de maladie, sentant aulcunement sa fin approcher, fit apporter vers lui, estant au Plessis-du-Parcq lez Tours, la vraie croix, nommée de la Victoire, et la saincte ampoule de Rheims, et aultres dignités et sainctuaires, lesquels il fit très honorablement garder ; puis fit venir devers lui aulcuns de ses plus prochains parents et féaulx amis, comme le seigneur de Beaujeu, madame sa femme, le comte de Dunois, et autres auxquels il pensoit avoir parfaite fiance ; et leur recommanda la personne de son aisné fils, monseigneur Charles de Valois, daulphin de France, leur roi futur, afin qu'ils prinssent en cure la conduite de lui et de ses affaires; et leur pria qu'ils allassent vers lui, comme ils firent, lui estant en la ville d'Amboise ; et fut tellement oppressé de griefve douleur, qu'il rendit son esprit à Nostre-Seigneur, le penultième jour d'aoust, jour de Sainct-Fiacre, environ huit heures du soir.

Et après que son corps fut embaulmé et vestu d'habits royaulx, comme il est d'usage, il fut enterré en l'église Nostre-Dame de Cléry, laquelle il avoit nouvellement édifiée et eslevé sa sépulture ; et furent illec les obsèques et funérailles honorablement solemnisées, selon son appartenir.

Son règne fut assez étrange à l'appétit d'aulcuns gens ; mais il fina catholiquement, usant du conseil de celui que l'on disoit estre un saint homme, par lequel il fist restitution d'aulcuns emprunts qu'il avoit faicts à Cambray et aultres bonnes villes ; et les princes du royaulme s'assemblèrent d'un commun accord pour accompagner monseigneur le daulphin ; et le dimanche vingt-neuvième du mois de mai, l'an mil quatre cents quatre-vingt et quatre, fut sacré à Rheims.

Il estoit vestu d'une robe de damas blanc, chargée de fleurs-de-lys, et conduit par les douze pairs de France et par les procureurs des absens qui les représentoient. Il se rua à genoux devant l'autel de la Vierge Marie, estant en la grande église, puis se despouilla de son pourpoinct. L'arcévesque de Rheims prit l'espée, le lui ceindit autour de lui, le lui bailla au poinct et le sceptre en l'aultre main; puis le roi la bailla à un chevalier, qui la tint toute nue. Monseigneur de Rheims print la saincte ampoule; si en mit un petit en une patène, puis quand le roi fut despouillé, il le oindit par trois fois, et autant de fois despouillé et rhabillié par les pairs de France.

En ce faisant, furent dictes aulcunes oraisons servans à ce mystère; puis fut couronné par ledit arcevesque; et les princes du sang, comme le duc d'Orléans, le seigneur de Beaujeu, lui firent la révérence en le suivant et le conduisant jusques au pupitre; et ainsi fut posé en sa chaière par les pairs de France: alors fut grand bruict en l'église. L'arcevesque chanta la messe; le roi alla à l'offrande; et fit environ cent et quatre chevaliers nouveaux, entre lesquels furent les premiers les deux enfans de Nemours.

Le sixième jour de juillet en suivant, le roi fit son entrée à Paris; et se partirent de Paris pour aller au devant de lui les processions des colléges et paroisses, atout croix, confanons et reliques; et trouvèrent le roy à la Chapelle-Sainct-Denis, où ils firent la révérence. Puis vindrent les seigneurs des comptes, thrésoriers et généraux moult richement habillés;

puis le prévost des marchands et les eschevins vestus de satin vermeil ; devant eux, à cheval, les archers et arbalestriers de la ville ; puis le lieutenant du prévost de Paris, le chevalier du guet, commissaires, advocats et procureurs du Chastelet ; puis messeigneurs de la court du parlement, les présidents vestus de manteaux fourrés de menu vair avec grandes barettes de drap d'or et de velours ; après vindrent les conseillers de ladite court, habillés d'escarlate avec leurs chapels fourrés, les greffiers et les huissiers ; après vindrent quatre-vingts hommes d'armes, chevaliers et gentils-hommes de l'hostel du roy, montés sur genets couverts de draps d'or et d'argent et de grosses campanes.

Puis vindrent les comtes de Vendosme, de Dan-Martin et de Dunois, couverts, eux et leurs chevaulx, d'or et d'argent. Après vint messire Jacques de Luxembourg, et le séneschal de Thoulouse, ayans en teste petites salades rondes, couvertes d'or et de pierres précieuses. Puis vint le prévost de Paris, devant lui deux archers et deux pages, montés sur deux coursiers couverts d'orfaibvreries ; puis vindrent les ducs d'Orléans, de Bourbon et d'Alenchon ; ensemble les deux fils de Nemours, un roi d'armes et trois trompettes portans les armes de Bretaigne, avec le seigneur de Granville. Le duc d'Orléans estoit monté sur un coursier couvert de coquilles de fin or, vestu d'une heucque de mailles d'azur, sur lequel y avoit richesse inestimable ; et avoit un chapeau aorné de cinq à six pierres précieuses fort fines. Le duc de Bourbon estoit monté sur son cheval, pareillement à une heucque d'or et de pierres précieuses. Si avoit en son chef une petite salade à manière de bonnet d'azur, et à l'entour un cercle d'or où furent cinq ou six pierres précieuses. L'aisné des enfants de Nemours estoi' vestu d'une heucque d'or, affublé d'un chapeau de Montauban de fin or; et le mais-né estoit armé de plein harnois; et le seigneur de Grandville pareillement monté et couvert d'or et de pierres précieuses.

Ces nobles princes et seigneurs trouvèrent le roi à ladite chapelle, où lui firent la révérence. Il estoit accompagné du seigneur de Beaujeu, de Bresse, et aultres, et armé de harnois d'argent bel et cler, et au-dessus une heucque garnie de pierres précieuses. Sur sa teste un chapeau blanc, et devant lui un chevalier portant son heaulme, sur lequel estoit une couronne de fin or et de pierres précieuses; et au milieu d'icelle couronne, une fleur de lys d'or.

A ses deux costés avoit deux valets de pied, vestus de hocquetons batus d'or, tenans par la resne ladicte hacquenée; et par-devant lui chevauchoient douze pages d'honneur, vestus de heucques batues d'or. Et lors se partit, accompagné des princes dessus nommés, et tirèrent vers Paris, la garde devant très richement habillée; après laquelle venoient clairons, trompettes, rois d'armes et héraux, chascun portant les armes de son prince; et devant lui marchoit un coursier que l'on mesnoit par la resne, couvert d'un drap de velours semé de fleurs de lys, sur lequel estoit le grand sceau du roi; puis venoit le grand chancellier de France, habillé comme un homme de justice.

Item, les eschevins et bourgeois de la ville lui présentèrent une clef d'argent à l'entrée de la porte, à laquelle porte estoit un eschaffaut où fut, à manière de pavillon, la tente de Grâce Divine, ainsi escrite; et si estoit un soleil d'or avec un lys entrelassé, sur la poincte duquel estoit un jeune fils représentant le roi; et sur les branches dudit lys estoient Justice, Miséricorde, Science, Raison, Amour et Paix; et fut posé sur le chef du roi entrant en ladicte porte, jusques à Nostre-Dame, et de là au palais; et au ponceau Saint-Denis estoit un lys jectant eau par chacune fleur et feuille, et au-dessus une jeune fille jectant ypocras et clairet à boire à tous venans; et à l'une des portes estoit Galiffe de Baudus, mangeant aulcunes grosses pierres de fer.

Item, à Saint-Innocent estoit Hérode faisant descoller les innocents, et au-dessus un ange que Dieu envoyoit pour les baptiser en leur sang.

Et auprès du Chastellet estoit, sur un eschaffault, un roi, lequel envoyoit au peuple la vertu de paix, à noblesse la vertu de force, et à l'église la vertu d'amour.

Et auprès des Changes estoit le sacre du roi, selon l'histoire du roi Saül, et comment David tua Golias; et devant le palais, sur un eschaffault, estoit un roi assis en estat royal, dessus lequel descendoit le Sainct Esprit lui donnant sa bénédiction.

Devant Nostre-Dame de Paris, trouva le roi nostre mère l'université, le recteur d'icelle, docteurs et licenciés en grand nombre, entre lesquels l'un d'iceulx fit une belle proposition.

Item, le roi estant devant Nostre-Dame, trouva messeigneurs les prélats, l'évesque de Paris, celui de Nevers et celui de Meaulx, l'archevesque de Narbonne, doyen et chanoine de léans, revestus de riches chappes; et en leur présence fit serment sur les sainctes évangiles; et jura entretenir saincte église en ses libertés et franchises; qu'il deffendroit nostre saincte foi catholique contre tous infidèles, et qu'il chasseroit toutes hérésies hors de son royaulme.

Item, il jura entretenir les nobles, laboureurs et marchands en leurs bonnes coustumes, et feroit justice au petit et au grand, garderoit son peuple d'estre foullé des ennemis; et cela faict, furent ouvertes les portes de l'église : le roi entra ens, et l'on chanta le *Te Deum laudamus*.

Item, le roi alla devant le grand autel de Nostre-Dame, paré de riches joyaulx, où ledict archevesque fit une notable proposition. D'illecq se partit le roi, et alla souper au palais, où il tint court royalle; et y fut joyeusement entretenu d'instruments, d'esbattements et jeux; et estoit le dressoir chargé de vaisselles à grand nombre. Le roi estoit assis au milieu de la table, et à deux toises près de lui estoient, du costé dextre, les ducs d'Orléans et d'Alenchon, avec le seigneur de Beaujeu et le daulphin d'Auvergne; et du senestre costé estoient le cardinal de Lion, monseigneur le duc de Bourbon et monseigneur de Bresse; et le maressal de Naples estoit illecq pour parler et honourer les estrangers.

CHAPITRE XCIX.

La mort de messire Lancelot de Bellamont.

APRÈS la conqueste d'Utrecht achevée honnourablement par monseigneur le duc d'Austrice et son armée, icellui duc retourna au Bois-le-Duc et en Anvers. Pendant lequel temps ceux de Gand avoient envoyé leurs ambassadeurs pour aulcuns leurs affaires, vers le roi Charles nouvellement intronisé en sa royale majesté; mais iceulx ambassadeurs furent, à leur retour, pourjectés et espiés en trois passages par les gens de messire Lancelot de Bellamont, lors estant en Haynault; et avoit mis en chacun aguet trente-cinq hommes; et firent si bon debvoir, que lesdicts ambassadeurs furent prins et amenés au chasteau de Bellamont, où ils furent examinés, despouillés et desprédés de leurs lettres, de leur argent et de leurs bagues, qui montèrent à la somme de million d'or, et furent très fort enferrés. Aulcuns d'iceulx, ainsi emprisonnés, furent renvoyés sur caution; et envoyèrent vers monseigneur d'Austrice réciter bien au long ceste manière de faire que point ne avouoit ledit messire Lancelot. Et les Ganthois, pour ceste insolence, prindrent le pays de Haynault en grande indignation, à cause qu'il soustenoit ledict messire Lancelot qui leurs ambassadeurs tenoit prisonniers. Lors se tenoit le comte de Romont en la ville de Gand, qui avoit en sa compagnie Loys Rollin, fils du seigneur d'Aymeries, Gérard de Boussu, fils de monseigneur Pierre de Hennin, lors seigneur de Boussu, et aulcuns aultres gentilshommes qui, par lesdicts Ganthois, furent enfermés et détenus prisonniers par contrevange.

Durant ces jours, monseigneur d'Austrice, comme bail et tuteur de monseigneur Philippe, son unique fils, print possession de la comté de Haynault, de Valenchiennes, de Douay et de Seclin. Si tira vers la ville de Lille; et pour ce qu'il ne povoit avoir le chasteau à sa voulonté, n'entra point en la ville et n'y fit quelque serment; mais alla à Cambray, où il séjourna le jour de la Purification Nostre-Dame, et logea à l'abbaye de Saint-Aubert.

Quand vint à l'après-diner du duc, environ deux heures, sire Lancelot entra en sa chambre, où estoit monseigneur Philippe de Clèves. Paroles montèrent entre ces deux personnages, en partie pour la prinse d'aulcuns chasteaux, et pour l'alliance que ledit seigneur Lancelot avoit faicte avec messire Guillaume de la Marche, car il avoit espousé sa fille; et entre autres choses, lui dict monseigneur Philippe: qu'il estoit bien en lui de s'en venger et de le tuer, si que jamais la chambre ne vuideroit. Adoncq messire Lancelot descendit de la chambre en la court de l'abbaye, où par aulcuns archiers dudit messire Philippe, fut féru d'une halebarde, et piteusement occis d'une pique; et cheut parmi le timon d'un charriot; puis il eut la teste fendue assez oultrageusement,

Voilà le povre guerdon qu'il receut après qu'il avoit faict plusieurs vaillances de son corps, car il estoit homme sans peur, fort et expérimenté au noble stile de la guerre. Après ce douloureux exploict, on envoya hastivement vers le bastard de Bellamont, qui les prisonniers avoit en garde, et les rendit sous la garde et protection du duc.

CHAPITRE C.

L'extinction des deux fils du roy Édouard d'Angleterre, et le couronnement du roy Richard.

Le roy Édouard d'Angleterre, quatrième de ce nom, recommanda, avant son trespas, ses deux fils, Édouard et Georges à son frère Richard, duc de Glocestre, afin que Édouard, prince de Galles, son fils ainé, eagé de quatorze ans, succédast à la couronne, comme son vrai héritier. Sondit frère Richard, duc de Glocestre, proumit de faire son possible, et demoura régent, et print en sa tutelle les deux enfans ses nepveux. Icelui, faindant vouloir debeller et envahir les François, assembla grande pécune et suffisante armée pour ce faire, et arriva à Londres la nuict Sainct-Jehan-Baptiste; et commença dès lors à monter en orgueil; si devint à demi tyran. La reine d'Angleterre cognoissant la protervie de son courage, se tira arrière et emmena ses enfans en une place franche nommée Vastremoustre (Westminster), afin que ledit de Glocestre ne leur fit quelque moleste. Néantmoins ceulx de Galles, les princes du sang et parenté du roy Édouard se mirent en peine de couronner le prince de Galles, et tirèrent vers Londres pour ce faire; et ledit duc de Glocestre l'une fois se faindoit estre joyeux de ce couronnement, l'aultre fois tenoit terme tout au contraire; et y mit tant d'entraves, que la chose suschey. Il trouva façon par aulcunes accusations de soi despescher du seigneur d'Escales nepveu desdits enfans, et seigneur de la Rivière, ensemble de Thomas Vayant; puis fit bouter ledit prince son nepveu en la tour de Londres. Et pour ce qu'il sembloit qu'il ne povoit faire chose de valeur, s'il n'avoit le second fils son nepveu, eagé de douze ans, afin de anéantir la querelle, il le fit mander par l'arcevesque de Cantorbie, oncle desdits enfans; lequel dit à la mère vefve du roi Edouard, que son fils Georges vint hastivement au couronnement de son frère; si verroit les honneurs qui se feroient illecq afin de tousjours apprendre. La reine, toute apprinse des déceptions de son beau-frère, l'accordoit fort enuis; nonobstant elle se confioit audit arcevesque.

Le second fils du roi Édouard, nommé Georges, comme dit est, fut renclu et bouté en la tour de Londres avecq son frère aisné; le duc Richard leur fit donner estat qui fort diminua. L'aisné fils estoit simple et fort mélancolieux, cognoissant aulcunement la mauvaisetié de son oncle, et le second fils estoit fort joyeux et spirituel, appert et prompt aux danses et aux esbats, et disoit à son frère, portant l'ordre de la Jarretière : « Mon frère, apprenez
» à danser. » Et son frère lui répondit : « Il vauldroit
» mieux que vous et moi apprinsions à mourir, car
» je cuide bien sçavoir que guaires de temps ne
» serons au monde. » Ils furent environ cinq sepmaines prisonniers; et par le capitaine de la tour, le duc Richard les fit occultement mourir et estaindre.

Aulcuns disent qu'il les fit bouter en une grande huge, et enclorre illec sans boire et sans manger. Aultres disent qu'ils furent estains entre deux quieutes, couchants en une mesme chambre. Et quant vint à l'exécution, Pierre, l'aisné fils, dormoit, et le jeune veilloit, lequel s'apperçut du malice, car il commença à dire : « Ha, mon frère,
» esveillez-vous, car l'on vous vient occir ! » Puis disoit aux appariteurs, « Pourquoi tuez-vous mon
» frère? tuez-moi et le laissez vivre ! » Ainsi doncques

l'un après l'autre furent exécutés et estaincts, et les corps rués en quelque lieu secret; puis furent recueillis, et après la mort du roy Richard eurent royaux obsecques.

Ce mesme jour arriva en la tour de Londres, le duc de Boucquinghen, lequel fut mecreu d'avoir estainct et occis lesdits enfants, à cause qu'il prétendoit avoir droict à la couronne; et le seigneur de Hastingues, grand chambellan d'Angleterre, capitaine de Calais, et nourrisseur desdits enfants, eut la teste tranchée sur un blocq, car il fut suspicionné à vouloir trahir le roy en ladite tour. Lequel roy fit mourir inhumainement le seigneur de Sainct-Bouve, auquel il fit copper les gènitoires, tirer le cœur et les entrailles de son corps, et les fit brusler en une payelle plaine de feu devant lui; et il lui fut demandé s'il vouloit boire, et il répondit: « si je bois qui le recepvra!

Il fit venir à la cour la fille aisnée de son frère, le roi Edouard, jeune fille et belle oultre mesure; et fut nouvelle de la marier au daulphin de France. Il lui promit qu'elle seroit prochaine de la reine sa femme : il l'engrossa et en eut enfant. Il fut accusé et déclaré par les portaux des églises avoir faict mourir la reine sa femme, pour ce qu'elle estoit grosse, et d'avoir desfloré la petite fille sa niepce; et pour colorer le meurtre de ses deux nepveux et couvrir son faict, il fit venir la mère en plein conseil d'Angleterre, laquelle cogneust que de trois enfants masles qu'elle avoit eus, n'y avoit que le roy Richard son vrai fils légitime du duc d'Yorck, et les aultres estoient enfants des frères-myheurs.

A cause dudit meurtre de ses deux nepveux, et pour aultres enormes et execrables cas, les princes et nobles d'Angleterre, souverainement ceulx de l'église, s'élevèrent contre lui et desployèrent la bannière Sainct-Ghibert, évesque; et plusieurs barons et chevaliers qui s'estoient assemblés pour descendre en France, se mirent en payne de trouver les corps desdits enfants, estans procréés de sang royal. Et après qu'ils furent trouvés, furent honorablement ensepvelis en l'église des Prescheurs de Londres; et ce faict, entrèrent au palais royal et firent prisonnier le duc Richard; mais il parla tant doulcement et proumit tant de beaux dons, qu'il eschappa de la main de ses ennemis. Puis après, plus par force que par amour, fut par les princes de sa bande, couronné roi d'Angleterre, le jour de Saint-Michel, l'an mil quatre cents quatre-vingt et deux. Il régna en grande crudélité, expoliant les églises.

CHAPITRE CI.

La mort du roy Richard d'Angleterre, et le couronnement de Henry, comte de Richemont.

JA-SOIT ce que le comte Henri de Richemont fut assez loingtain de la couronne d'Angleterre par consanguinité, nonobstant il aspiroit très fort après; et fut longtemps détenu prisonnier; puis trouva façon d'eschapper, et vint à la court du duc de Bretagne qui le soutint : pourquoi le roy Richard, le plus cremu de tous les rois d'occident à cause de sa tyrannie, fit prendre les navires des Bretons; mais l'appoinctement en fut à coup fait; et le comte Henri, doubtant que l'on ne payast de lui par le tenir prisonnier, comme l'on avoit faict par avant, print la clef des champs et il se déroba, se mit en délivre, et arriva en France avecq aulcuns anglois de sa sorte, où il fut réceu à grande joie. Il estoit fort plaisant, élegant personnage, et un beau parement en la court de France, et se nommoit roi d'Angleterre. Et le roi Richard, pour ses desmérites, estoit de chacun hay; et n'y avoit prince en Angleterre qui osast susciter guerre ni prendre armes contre lui, se n'estoit qu'aulcun estranger voulut quereller à la couronne ou descendre en aulcun port. Et furent les nobles d'Angleterre bien joyeux quand le comte de Richemont estoit si bien aimé et entretenu en France, plus pour contrarier le roi Richard que pour le bien dudit comte.

Deux grands seigneurs d'Angleterre entre les aultres, hors de la grâce du roy Richard, excitèrent le comte de Richemont de aspirer à la couronne. L'un fut le seigneur d'Oxenfort, lequel avoit espousé la sœur du comte de Warvick, qui fut succombé en bataille par le roy Edouard. Cestuy seigneur d'Oxenfort, estoit par le roy prisonnier au chasteau de Hames, séant decà la mer auprès de la mer de Calais; et l'aultre seigneur qui persuadoit ledit comte, estoit le seigneur de Standelay, le plus riche d'Angleterre, en son pays portant couronne de plomb, et avoit espousé la mère dudit comte de Richemont.

Iceulx grands et puissants seigneurs, avecq grande quantité d'aultres, firent alliance ensemble, et lui proumirent le faire roy d'Angleterre s'il vouloit descendre en Galles avecq certaine armée, auquel pays estoient prochains lesdits deux seigneurs. Si manda ledit seigneur de Standelay au capitaine de Hames, qu'il delivrast le seigneur d'Oxenfort illec prisonnier, afin qu'il se tinst en France avecq le comte de Richemont, comme il fit; et lors ledit comte fit son amas en France, où le roy Charles lui delivra soixante mille francs et dix-huit cents compagnons de guerre, non point de ses ordonnances, mais gens rassemblés avec certains navires pour les mener.

Si montèrent au port de Honfleur; et avoit de lui mesme environ dix-huit cents compagnons qui se fourèrent avec les aultres. Le roy Richard, adverti de ces besoignes, fit préparer son armée pour obvier à la descente des François et dudit comte. Alors les grands seigneurs d'Angleterre eurent cause de mettre main aux armes, non point pour secourir un roy, mais pour estre quittes de lui, et eux venger des torfaicts qu'il leur avoit faict. Se lui tournèrent le dos, car il avoit donné sept cents livres sterlins à un riche nommé Thomas pour lever gens d'armes; et se debvoit trouver avecs le seigneur de Herbat et aultres, pour résister à la descente; mais ils firent le contraire.

Finablement le comte de Richemont, ensemble son armée françoise, descendit en Galles à peu de résistance; et trouva les seigneurs du pays tout à poinct pour lui donner aide, comme promis lui avoient; et furent tous en nombre de vingt mille testes armées. Le roy Richard se vouloit joindre avecq les seigneurs d'Angleterre, pour estre à la descente, mais ils lui mandèrent: « Ne vous bougez, » nous ferons bien. » Le roy Richard prépara ses batailles, où il y avoit avant-garde et arrière-garde; il avoit environ quarante mille combattants et grande quantité d'engiens volants. Le conducteur de l'avant-garde estoit Joan Hard, que le roy Richard avoit fait duc de Norford, en lui donnant par confiscation les terres et seigneuries du seigneur d'Oxenfort. Un aultre seigneur de Bracqueben, capitaine de la tour de Londres, avoit pareillement charge de ladite avant-garde ; et avoient ensemble ouze ou douze mille combattants. Le lieu fut prins et journée assignée ès octaves de l'Assomption Nostre-Dame, pour combattre puissance contre puissance. Les François pareillement firent leurs préparations en marchant contre les Anglès, estans au camp à un quart de lieue.

Le roy fit tirer les engiens de son armée contre le comte de Richemont ; et adoncq les François, cognoissans par le traict du roy la situation du lieu et les manières de la bataille, eurent advis, pour éviter ledit traict, d'eux assembler de costé à la bataille dudit roy, et non pas de front.

Et par ainsi furent maistres de ladite avant-garde, qui lors fut desconfite, après plusieurs proesses d'armes achevées d'un costé et d'aultre. En ce conflit fut prins le duc de Norford avecq son fils, et envoyé au comte de Richemont, lequel le renvoya au seigneur d'Oxenfort, qui bientost le fit despescher. L'avant-garde du roy Richard tournée en fuite, fut recueillie par le seigneur de Standelay, qui, atout vingt mille combattants, venoit le beau pas à l'aide du comte.

Le comte de Northombelland estoit, à l'aide du roi Richard, accompagné de dix mille hommes qui debvoient charger sur les François ; et ne fit rien ; ains s'enfuit lui et sa compagnie, et abandonna son roi Richard ; car il avoit entendement avec le comte de Richemont, comme avoient plusieurs aultres qui le laissèrent au besoing. Il se porta vaillamment selon sa fortune, et avoit la couronne en chef; mais quand il vit ceste desconfiture et se trouva seul sur le camp, il cuida courre après les aultres; son cheval saulta en un palud duquel ne se povoit ravoir; et lors fut approché d'un de ceulx de Galles, qui d'une hallebarde l'abattit mort. Si le chargea devant lui sur son cheval, et le porta, les cheveux pendants, comme l'on porteroit un mouton; et ainsi, lui qui avoit misérablement occis plusieurs personnages, fina ses jours iniquement et ordement, en fange et en bedare; et lui qui les Anglès avoit espoliés, fut monstré au peuple tout nud et sans quelque vesture; et sans solemnité royale fut sépulturé à l'entrée d'une église d'un village.

L'arrière-garde, que menoit le grand chambellan d'Angleterre, voyant le roi Richard mort, tourna en fuite; et n'y eut en ceste bataille que quatre cents morts d'un costé et d'aultre. Le comte de Richemont, voyant son ennemi suppédité, et que Dieu lui avoit donné victoire sur un mauvais tiran, print le serment d'aulcunes villes à l'environ de Londres, où il entra comme victeur, et fut receu à grand triomphe; et ains sa coronation fit partout publier que, s'il y avoit quelqu'un de la lignée du roi Édouard qui eusist droit à la couronne, qu'il se monstrast, et il l'aideroit à le couronner; mais ame ne s'apparut; et jaçoit ce que le duc de Clarence, frère des deux rois Richard et Edouard, eust un fils bouté en cloistre dès le temps que son père mourut en une pipe de malvoisie, toutes fois, pour les démérites de son père, fut déclaré inhabile à succéder à la couronne.

Le traité du mariage fut faict du comte Richemont et de Élisabeth, aisnée fille du roi Édouard, trespassé; par le droit de laquelle il fut honorablement couronné roi d'Angleterre, le jour Sainct-Simon et Sainct-Jude, en l'an mil quatre vingt et cinq; et le second an de son règne, eut d'icelle Élisabeth un fils nommé Artus, en commémoration et afin qu'il pust ensuivir en vertu, force et prouesse le très victorieux Artus, très renommé en Angleterre.

CHAPITRE CII.

La prinse de Tenremonde.

JA-SOIT ce que la paix fust nouvellement publiée par les pays, entre le roi Charles de France et monseigneur le duc d'Austrice, toutes fois grands différends et préparations de la guerre s'esmeurent ès limites et pays dudit duc; et rebellèrent contre la ducé les villains contre les nobles, les subjects contre leurs seigneurs, et les escoliers contre leurs maistres, trop plus en Flandres qu'aultre part: car les Ganthois, ensemble aulcuns leurs adhérens, se mirent en poinct contre mondit seigneur d'Austrice, lequel désiroit avoir son fils, monseigneur

Philippe, lors estant en Gand, en sa gouverne et maimbournie; et les Ganthois disoient que mondit seigneur duc ne se sçavoit gouverner lui-mesme, et que toute la substance des revenues des pays estoit dissipée par les Allemans et Bourguignons estans en sa compagnie et service, avec plusieurs aultres allégations qu'ils mirent avant. Et pour rompre la foire d'Anvers, eschéante à la Saincte-Croix en septembre, les Flamens firent publier en plusieurs lieux une semblable feste, en ce mesme jour, en la ville de Bruges, faisans prohibition et deffense à ceulx de leur obéissance que nuls marchands n'allassent audit Anvers, pour vendre ne pour acheter, ains vinssent en ladite ville de Bruges, et amenassent leurs marchandises, et illecq vendissent et achetassent, comme ils feroient dans ladite ville d'Anvers. Nonobstant ces publications, la feste d'Anvers se tint, non pas en telle prospérité comme elle souloit, et celle de Bruges ne fut guères grand chose. Les marchands estrangers, sentans ceste division, essaièrent à venir en Anvers; et par ainsi se mirent en poincte les Brabanchons contre les Flamens. Et pour ce que mieux vault à la fois conquerre par subtilité qu'il ne fait par puissance, afin d'éviter effusion de sang humain, les Brabanchons s'appensèrent de faire une emprinse sur la ville de Tenremonde, laquelle pourroit porter grand dommage aux frontières voisines.

Dont advint que, par le pourchas de maistre Jehan Boulu, son frère, et aultres leurs adhérens, lors estans en la ville, bons pour le duc d'Austrice, l'on fit préparer trois chariots chargés de religieux et religieuses, marchans et aultres, tous armés à la couverte, entremeslés cy un, cy l'aultre, comme la mode est en Brabant; et ce fut faict pour abuser les portiers, afin qu'ils pensassent qu'ils fussent paysans fuitifs avec leurs bagues, pour estre illecq à sauveté. Iceulx se partirent de la ville de Malines, environ quatre heures du matin, et arrivèrent à la porte de Tenremonde environ onze heures du jour au mois de décembre. Ils avoient mis en front devant, une abesse tenant un petit chien et aulcunes religieuses de mesme; et iceulx personnages, venus devant ladite porte, parlementèrent aux portiers, afin de les empescher jusques ils fussent descendus; et soubdainement, par le moyen d'aulcuns instruments propices à ce faire, se mirent au-dessus de ladite porte.

En ce temps pendant, monseigneur le duc, accompagné de huits cents chevaliers suivans les charriots, entra en la ville; et quant vint au passage d'un pont, ceux de la ville, qui déjà estoient advertis de ceste emprinse, se préparèrent à leurs deffenses pour résister; mais finablement ils cessèrent l'œuvre de faict; et toutesfois le frère du comte de Hornes y demoura mort sur la chaussée, avec petit nombre d'un parti et d'aultre.

Ce mesme jour, à l'après disner, Copevole s'estoit parti de Gand avec une grosse bande de Flamens, pour soi fourrer en garnison en ladite ville de Tenremonde, ayant délibéré de la dilapider et en faire un village, mais Dieu et fortune en disposèrent aultrement.

En ce temps, le comte de Romont, capitaine des Flamens, amena environ de quinze à seize mille hommes à l'entour de Gasbecq et sur les frontières de Brabant, et jusques aux barrières de Bruxelles du quartier vers Nostre-Dame de Grâce; lesquels firent grand dommage en plusieurs villages non accoustumés d'estre persécutés de guerre; car ils couppèrent arbres, pillèrent et brulèrent sur les champs l'espace de quinze jours; puis la cacqsangue se bouta en leur ost; se furent plusieurs ramenés en Flandres mors et malades par charées.

CHAPITRE CIII.

La prinse d'Audenarde.

En ce temps, la ville d'Audenarde tenoit pour le parti des Ganthois contre la volonté du duc Maximilian, qui lors estoit en la ville d'Ath, accompagné de monseigneur Philippe, de monseigneur de Gueldres, de Charles de Croy, comte de Chimay, des seigneurs de Ligne, de Montegny, de Trelon, Hugues de Meleun et aultres nobles barons, chevaliers et grans personnages, fort affectés de complaire et servir à leur duc, père et tuteur de leur prince et seigneur naturel; et afin de reduire la comté de Flandres en pacifique train, certaine et parfaite union, il sembloit à la plus part d'iceulx que, se l'on povoit tenir la ville d'Audenarde de l'obéissance du duc, sans siége mettre et sans grand effroi ou tumulte de guerre, que les Ganthois perdroient un gros membre de leur alliance; et furent assez délibérés de la conquerre par quelque bout.

Il y avoit en ladite ville deux chasteaux; l'un estoit assez viel, appartenant au seigneur de Saint-Palme; l'aultre se nommait le chasteau de Bourgogne, fort et puissant, où il y avoit deux capitaines; l'un estoit Vouter de Requim, et l'aultre Pieter de Montmay. Icelui Vouter, fort affecté au parti de monseigneur le duc, fut inventeur de ceste emprinse, auquel il manda par un sien bastard, que, s'il vouloit estre au-dessus de la ville et chasteau d'Audenarde, et se trouver de nuict devant icelle, accompagné de ses nobles et féaux personnages pour achever cette besogne, il se disoit seur et certain, moyennant l'adhérence et faveur d'aulcuns estans en ladite ville, auxquels il se confioit, que les chasteaux lui seroient ouverts, et auroit les fors d'icelle à sa volonté. Le duc se consentit à cest advis.

L'heure de la nuict fut prise qu'il se debvoit trouver devant Audenarde; les signes furent donnés par cris de voix humaine qui fut hem! hem! hem! Monseigneur le duc deslogea de la ville d'Ath en Haynault, le troisième jour de janvier, accompagné de la noblesse dessusdite, en nombre de quatre cents chevaliers et aultres piétons Allemans, Haynuyers et Brabanchons jusques au parfaict de deux mille; ils marchèrent jusques à Nostre-Dame du Cerisier, où ils prindrent les conclusions de leurs affaires; et trouvèrent que en leur conseil le seigneur Desguergues, qui estoit comme médiateur de ceste emprinse, le seigneur de Mervelx, Pierre de Gaure, Huguelin de Salins, quatre archers de corps et aultres qui s'y fourèrent, se trouveroient devant ledit chasteau de Bourgogne, et feroient les enseignes, pour sçavoir se Vouter de Requim feroit l'ouverture qu'il avoit proumis à faire.

Monseigneur d'Austrice et ses nobles, la pluspart se debvoient mettre à pied, et monseigneur Philippe de Clèves le debvoit suivir avecq une bande de chevaulcheurs, pour soustenir et recueillir, se besoing estoit. Les signes donnés par les premiers qui approchèrent le chasteau, ceulx qui dedans estoient, firent bon debvoir de présenter ouverture; et mondit seigneur le duc, adverti de tout, descendit à pied, pareillement la noble chevalerie. Le seigneur de Gheldres, le comte de Chimay, le seigneur de Ligne, de Montigny et de Trelon et aultres, au nombre de trente ou environ, abandonnèrent chevaulx aux pages, d'un très hardi et bon courage, en suivant et désirant complaire à leur prince, seigneur et maistre, et postposant toute mignotise de court, et sans avoir regard à pluie, gresle, vent, gelée, neige, ryme, froidure, morfondure et aultres inconveniens qui facilement surviennent aux corps délicatement nourris; ayans picques et demi-lances ès mains, en fin cœur d'yver, et en ténébres de nuict, saultèrent, traversèrent ruisseaux courants, profonds fossés, pleins de fange et bourbe, honnis, crotés et mouillés jusques aux genoux.

Monseigneur d'Austrice et les siens parvenus jusques au lieu déterminé pour entrer, pour enseigne de sa venue, fit réciter son cry, qui fut Saint-Georges! hem! hem! hem! Et cela fait, demanda à celui qui l'attendoit, s'il tiendroit sa promesse, et il respondit qu'oui; et lors entra audit chasteau par un petit et estroict huis. Et quand ses gens furent à saulveté, clairons, trompettes et tambourins de Suisses commencèrent à resveiller ceux de la ville, qui lors se trouvèrent bien estonnés. Monseigneur Philippe de Clèves, qui lors avoit charge de suivre monseigneur l'archiduc avecq une grosse bande de chevaulcheurs, se trouva vacquant par les fauxbourgs, fort abusé, tant par faulte de bonne guide, que par l'obscurité du temps. Il cuidoit estre devant le chasteau de Bourgogne, où mondit seigneur d'Austrice estoit entré, et il estoit devant la porte par laquelle l'on va à Tournay, où il fut bien accueilli. Parquoi, un très gros alarme sourdit en la ville, dont les habitans sortirent sur la muraille; et à ceste cause, monseigneur d'Austrice se debvoit assez esmerveiller. Ceulx de la ville estoient fort esperdus, et monseigneur Philippe estoit fort esbahi. N'y avoit celui de ces trois parties qui se tînt assuré de son faict.

Finablement le jour approcha, et monseigneur voyant son faict adresché, fut bien joyeux. Ses gens commencèrent eux espandre parmi les rues. Pietre de Menton, l'un des capitaines du chasteau, fut prins en la ville, couché avec sa femme; il donna sa foi à Pierre de Gaure. Les nouvelles s'espandirent parmi Audenarde, pour la grande tumulte qui y couroit, que monseigneur le duc d'Austrice estoit entré en la ville à grande puissance; et les principaux gouverneurs de la justice et police de la ville en furent advertis et mandés au chasteau de Bourgogne. Et monseigneur le duc leur dict qu'il estoit illecq entré pour garder l'héritage de son fils, et ne vouloit quelque mal faire à nul des manants et habitants. Et ceux de la ville respondirent, puisque Dieu et fortune lui advoient amenés, ils en estoient forts joyeux; et à l'heure de dix heures à ce jour, monseigneur vuida le chasteau; et alla à l'hostel de la ville, où ils firent le serment; et monseigneur fut par iceux receu comme tuteur, mambourg et bail de monseigneur son fils. En ceste emprinse ne fut tué de traict à pouldre qu'un seul archer de Picardie.

CHAPITRE CIV.

L'emprinse faicte à Grandmont par monseigneur de Ligne.

Combien que ceux de Grandmont se voulsissent tenir neutres pour estre assurés de chacune partie, toutefois aulcuns Flamens et François se fourèrent illecq et se logèrent à l'environ, pillans villages, prendans prisonniers, et perpétrans maux innumérables. Et à ceste cause monseigneur d'Austrice estant lors à Bruges, envoya un chevaucheur et lettres closes par lesquelles il persuadoit à monseigneur de Ligne, que à extrême diligence il voulsist employer corps, chevaux, et avoir à expulser les ennemis François et Flamens, qui execrables maux faisoient journellement à l'environ de Grandmont; car entre les énormes et très horribles délits qu'ils commettoient, expolioient les églises fort oultrageusement, car ils prenoient à mains dissolutes les vaisseaux d'argent où reposoit le corps de Nostre-Seigneur, et les tournoient en leur prophane et maudict usage.

Ces lettres venues et lues, le seigneur de Ligne assembla compagnons de guerre, tant de ses terres comme d'aultres villages à l'environ, avecq aulcuns paysans, jusques au nombre de sept ou huit cents; et ce mesme jour, Anthoine de Fontaine envoya certaines lettres au seigneur de Ligne, comment François et Flamens avoient conclut eux trouver en la ville de Grandmont, en somme de neuf ou dix mille; sur quoi ledit seigneur de Ligne princt conseil aux plus expérimentés du stile d'armes, qui fussent autour de lui. L'opinion d'aulcuns fut que, considéré le nombre des François et Flamens, qui estoit de neuf ou dix mille, grande folie seroit de les envahir à si peu de gens qu'ils avoient; et ledit seigneur respondit : « Tant » plus sera le nombre grand, tant plus y aura de » confusion, et tant moins seront unis. » Et sur ceste délibération s'arrêtèrent.

Ils se partirent de la ville d'Ath au poinct du jour, et pour tirer vers Grandmont; et quand ils vindrent devant un grand arbre assez près de la ville, ils se ruèrent à genoux, en priant Dieu merci comme s'ils devoient entrer en bataille; ils furent apperceus des ennemis estant léans; ils firent sonner à l'effroi; chacun se prépara à ses deffenses. Le seigneur de Ligne, ensemble sa compagnie, marchant en très bonne ordonnance, entra en la ville sans résistance, car elle n'estoit fermée qu'à demi; et lors François et Flamens se trouvèrent bien esperdus, qui rien ne sçavoient et n'estoient advertis de ceste advenue, car ils estoient espars cà et là; et furent tant surprins, qu'assembler ne se povoient pour résister ne soustenir grand faix, parquoi ils furent à coup rompus et tournés en desroi.

Et la compagnie du seigneur de Ligne redoubloit sa force et les rembarroit rudement; et besongnoit par telle puissance, qu'aulcuns furent occis, aultres se tournèrent en fuite, et aultres d'iceulx se boutèrent en la maison des Lombards, assez forte, où ils se deffendoient à leur povoir; mais ils furent vaincus par force d'armes. Le feu se férit en ladite maison, qui fut consommée, et d'illecq s'espandit de rue en rue, tellement que la plus part de la ville fut bruslée, ensemble une chapelle fondée au nom de Sainct Georges, située sur le marché.

Il y avoit une grosse tour, nommée Defertine, qui avoit tousjours tenu contre les engiens du duc Philippe, dès leurs guerres de Gand, ne jamais n'avoit esté gaignée; mais elle fut lors assaillie, deffaicte et dilapidée; et couroit la voix que, si monseigneur de Ligne n'eusist faict ceste emprinse, les Ganthois estoient délibérés d'entrer le lendemain dedans la ville à grande puissance.

En ce mesme temps, les Flamens avoient faict un gros blocus de grandes pièces de bois sur le flot, à une petite lieue de la ville d'Anvers, lequel portoit grand dommage aux navires des marchands qui passoient illecq pour tirer en Anvers et Brabant; car il estoit garni de gens fornis de traicts à pouldre. Le duc Maximilien, adverti de l'empeschement dudit blocus, y fit donner si vif assault, que ceux qui l'avoient en garde le rendirent, dont aulcuns d'iceulx furent prisonniers et les aultres pendus; et ledit blocus fut mis à ruine perpétuelle. Ceulx d'Anvers estans à ceste desconfiture, remenèrent en leur ville grosses pièces dudit blocus, en signe de la destruction, dont ils faisoient aussi grande feste que s'ils eussent une riche et digne relique.

CHAPITRE CV.

La prinse de Nievone.

La garnison de la ville d'Alost tenant le parti des Ganthois, portoit lors grand dommage aux frontières de Brabant; et à ceste cause, par l'adveu de monseigneur le duc d'Austrice, monseigneur le comte de Nassou envoya en Allemaigne Martin Suaurre, expérimenté de la guerre, et lequel ramena environ deux cents Suissers gens de faict et prests à la torce; et donna ledit de Nassou à chacun un florin pour la bienvenue; se les fit payer pour aulcun temps.

Et fut ordonné, par monseigneur Philippe et aultres conducteurs, que l'on feroit une venue à une petite ville nommée Nyevone, assez prochaine dudit Alost, afin de faire sortir la garnison estant illecq, pour secourir ledit Nievone; et pour achever ceste emprinse, monseigneur le comte de Nassou, partant de Bruxelles, ayant en sa compagnie le seigneur de Gueldres et deux mille Brabanchons, prindrent les Suisses piétons en charge. Si leur firent passer l'eau; et monseigneur Philippe, avecq ceulx de sa bande, suivirent leur train ; auquel seigneur lesdits Suisses proumirent donner signe de leur passement, par chapeaux fichés au bout de leurs picques. A ce passage desployèrent les Suisses leur vaillance ; car soubdainement firent un pont sur l'eau, par lequel ils passèrent engiens à pouldre, tauldis, eschelles et instruments nécessaires à donner l'assault. Et pour donner évident signe qu'ils estoient oultre, ils boutèrent le feu en une maison; et lors monseigneur Philippe, accompagné de quatre cents chevaliers, se tira vers Alost, pensant que la garnison se tiroit à l'effroi, tant du feu bouté que du train des engiens, qui déjà besongnoient devant Nyevone; car monseigneur le comte de Nassou l'avoit faict vigoureusement assaillir. Et jà-soit-ce qu'il n'y eusist nuls estrangers en la ville pour donner résistence, iceulx tous Flamens se deffendirent puissament selon le petit nombre qu'ils estoient. Et après que l'assault eut duré une bonne heure, ils se rendirent, et fut la ville conquise à force d'armes par le grand hardement desdits Suissers. Aulcuns Flamens se boutèrent en deux tours; et furent aulcuns d'iceulx sauvés, les autres prins. La garnison d'Alost saillit sur monseigneur Philippe, et laquelle fut reboutée par icellui, puis vint devant Nyevone, qui desjà s'estoit rendue ; et trouva la piteuse desconfiture de ceux qui furent occis à l'assault. Et combien que Flamens vaincus et tués illecq sur les chaussées fussent desfaicts et mutilés, toutes fois ne fut oncques homme qui vit plourer femme pour la mort de son parent, mari ou ami, qui fut chose assez admirable.

CHAPITRE CVI.

La descente du seigneur des Querdes au pays de Tournésis.

Le seigneur des Querdes, accompagné de cinq cents lances et quatre-vingts piétons, envoyés à Gand par le roi de France, se trouva entour la ville et cité de Tournay, et fut logé à un petit village assez près, où vint sur le tard; et envoya deux gentilshommes et deux héraulx vers les seigneurs de ladite ville et cité, priant qu'on lui préparast logis. Le conseil de la ville fut assemblé et tenu assez longuement, contre la volonté des expectans; et il fut respondu que l'heure estoit tardive, et appartenoit bien d'assembler plus grand nombre de gens qu'il n'y avoit lors, pour bien en sçavoir et délibérer; et fut faicte ceste réponse le vendredi sixième de mai.

Le seigneur des Querdes ne se tint à tant, et envoya de rechef deux secrétaires et aulcuns gentilshommes portans flaccons, priant d'avoir du vin; ce qui leur fut délivré parmi payer argent; et tost après les seigneurs de la ville leur envoyèrent un muid de bon vin en buires de pierre; puis s'approcha et laboura fort pour y avoir entrée, ce que ne peult; par quoi se logea aux faubourgs Sainct Martin, en l'hostel d'un boulanger, et ses gens à l'environ.

Ce temps pendant, arrivèrent en Tournay aulcuns notables personnages de Gand, et entre iceulx estoit messire Jehan Deffan, lesquels se tirèrent vers ledit seigneur des Querdes. Iceulx seigneurs de Gand supplièrent très affectueusement aux seigneurs de Tournay que ledit seigneur des Querdes peusist avoir logis, lui et son estat, dedans la ville, offrans payer tous despens, si longuement qu'ils y seroient.

A ceste offre ne se voulurent incliner les Tournisiens; de quoi ledit seigneur des Querdes et ses gens les cueillirent en haine, et dirent aulcunes vilonnies et paroles comminatoires aux prévost et eschevins; et firent manière de vouloir enforcer les barrières; et Jacques de Trayelle, officier du prévost de la ville fit tirer sur eux de hacquebutes; si délaissèrent leur emprinse.

Nonobstant ces rudesses, il supplia de rechef avoir entrée à petite compagnie, feindant de faire son pélerinage à Nostre-Dame. Le conseil tenu sur ceste supplication, fut advisé que s'on lui concédoit l'entrée à petite compagnie, que en entrant elle se multiplieroit, par quoi enfin toutes ses gens y seroient logés. A ceste cause, l'entrée lui fut deniée totalement; mais à tant ne cessa sa requeste, car il pria auxdits seigneurs avoir huit cents hallebardes et huit cents paledos à ses cousts et frais, ce qui lui fut accordé; et lui furent portés de nuict, afin d'éviter le murmure du peuple. Et l'onzième de mai, l'an susdit, à trois heures du matin, fist desloger son armée des faulxbourgs de Tournay; et lui, qui fut le dernier, partant environ dix heures après, fit tirer ses gens vers le pont de pierre; et passant par Harlebecque se trouva à Courtray.

CHAPITRE CVII.

L'armée que fit le duc d'Austrice pour soi joindre aux François, et pour combattre les Flamens.

Considéré l'armée du seigneur des Querdes en la comté de Flandres, à main armée, et en prenant regard au comte de Romont, capitaine des Flamens, qui journellement multiploit sa puissance, monseigneur le duc prépara son armée pour remédier aux cautelles, oultrageux trafiques ou invasions d'ennemis qui lui pourroient survenir. Icelui, accompagné de puissants comtes, barons, chevaliers et gentilshommes, de quatre mille chevaliers, de douze mille piétons, se partit de la ville de Bruxelles, le deuxième de mai, et se trouva devant la ville d'Alost où estoit capitaine le bastard de Fiennes, homme assez instruit de la guerre.

Le duc, à son arrivée, fut salué de gros engiens à pouldre; il envoya Fusil le hérault, faire sommation de lui rendre la ville. Le conseil de la ville porta que ceux de la ville avoient fait un serment au comte de Flandres, et que ce polroit suffire sans en faire deux.

Après que monseigneur le duc eut esté illecq l'espace de sept heures, son conseil porta soi desloger; et tira vers Audenarde, pour présenter la bataille aux Flamens, lesquels déjà avoient passé l'eau et s'estoient logés à l'abbaye Dinant, où depuis se fortifièrent. Et le duc entra en Audenarde, et fut logé au Cigne, sur le marché. Et à grande diligence, fit inquisition de monseigneur des Querdes, et envoya Bertrand Du Chastel pour circuir le pays à l'environ, afin de scavoir de son estat et conduite; mais il trouva qu'il alloit en la ville de Gand, et que les Flamens, lesquels désiroient à combattre, s'estoient fortifiés en nombre de six à huit mille la plupart François; et n'estoit possible de leur donner approche sans grande et dommageable perte, considéré aussi, que vivres leur venoient par eau à volonté.

Icelui duc, ayant la plus belle armée que pieça avoit eue, quéroit les François qui s'enfuyoient, et les Flamens qui se fortifioient; et fut huit jours à cheval, espérant combattre les uns ou les aultres. Et pendant ce temps Suissers et Allemands allumoient et brusloient le pays à l'environ; et d'aultre part, la garnison d'Alost couroit sur le Brabant, où elle fit dommages irréparables, et pour donner chef par forte main à leurs maudictes exécutions, prinses et combustions; mais le duc se deslogea d'Audenarde; et ains qu'il venist auprès d'Alost, le capitaine des Suissers fit tirer deux gros engiens contre l'église de Velzic, de laquelle Flamands, François et aulcuns Picards faisoient leur forteresse, car ils y avoient retirés leurs corps, biens, chevaulx et bestiaux; mais iceulx coups ne l'endommagèrent guaires. Un aultre s'advança de tirer un coup à profit, tellement qu'il débrisa la tour; et finablement foudroya l'eschielle du clocher. Il y avoit aulcuns prisonniers des gens de monseigneur de Ligne, qui se desvallèrent en bas par les cordes des cloches; et ceulx qui demourèrent en vie, se rendirent; desquels aulcuns furent prisonniers; et environ dix-neuf, de la langue walone, furent pendus, et l'église fut butinée.

Le chasteau de Halselle voyant ceste dure exécution, se rendit sans coup férir, par composition.

CHAPITRE CVIII.

La desfaite des Flamans devant Audenarde.

Entre sire Adrien de Rassenghen, conducteur des Flamens, et les François militans aux gages des Flamens, s'esmeut un gros débat, pour cause que les François voulurent courre sur les metes du bailli de Gand, et que lesdits François s'estoient mal portés, à la volonté des Flamens, à une escarmouche qui s'estoit faicte ; et pour mieulx cuider faire, ledit seigneur Adrien fit appeler ceulx de la chastellenie de Gand, et fit vuider, avecq lui, le nombre de trois mille Flamens pour faire une course devant Audenarde, afin de faire sortir hors la garnison de la ville.

Iceulx Flamens se partirent de l'abbaye Dynan où estoit leur fort, et s'assemblèrent sur la montagne de Nostre-Dame du Cerisier, par un jour de la Pentecouste, l'an mil quatre cents quatrevingt et cinq, environ une heure à l'après-disner, et s'approchèrent d'un moulin à vent appartenant au seigneur de Palmes, lequel ils bruslèrent. Dedans ce moulin se tenoient vingt ou vingt-trois compagnons tenans le parti de monseigneur d'Austrice, lesquels sentans l'approchement des Flamens, sortirent vistement dehors, et vindrent en Audenarde réciter ce qu'ils avoient vu et ouy, par quoi grand effroi s'esleva.

Le seigneur de Myngoval, grand maistre d'hostel du duc et capitaine de la ville, estoit lors hors des portes, qui bientost entra en son fort, car les Flamens avoient assis une embusche auprès d'une justice en bas ; et à très grande diligence, ledit de Myngoval fit monter gens à cheval pour espier la conduicte desdits Flamens; et lui-mesme issit hors, la picque au poing, avecq aulcuns aultres de la garnison, conducteur des piétons menans artillerie volante; et apperçurent les Flamens, fort espès, en une estroite ruelle, lesquels ils tirèrent d'un veuglaire qui faillit par deux fois; et à la tierce, avec une serpentine, ruant du chasteau de Bourgogne, besognèrent tellement, par cas d'adventure tout ensemble, que lesdits Flamens furent rompus, occis et esparpillés, et ceulx d'Audenarde les poursuivirent ferant battant, courans et occisans jusques en leur fort.

En ce desroy, le seigneur Adrien de Rassenghen fut tué d'une flesche parmi les joues. L'on trouva environ trois cents Flamens morts tant sur le champ comme à la chasse, et onze vingt prisonniers. Le grand estendard de Gand, deux pennons et deux bannières de mestiers y demourèrent; soixante hommes seulement les mirent en desconfiture; et n'y eut qu'un seul homme mort des habitans de la ville, et un seul navré.

Le samedi ensuivant, nuict de la Trinité, l'ost des Flamens se partit de l'abbaye Dynan, laquelle ils avoient fortifiée de grosses testes de bolevers, puis furent reçus en Gand; et ceux de la garnison d'Audenarde boutèrent le feu dans leurs forts.

CHAPITRE CIX.

L'emprinse que firent monseigneur d'Austrice et ses nobles devant la ville de Gand.

Monseigneur d'Austrice voyant que malicieusement les Gantois, les trois membres de Flandres, et les François qui les favorisoient par le sceu et adveu du roy de France, prendoit à desplaisir que, contre son gré et volonté, ils retenoient son seul fils, monseigneur Philippe d'Austrice, sans qu'ils en eussent le gouvernement ne quelque entremise. Il se mit en peine de leur faire et livrer assez fière et forte guerre, et de faict les chasser à main armée jusques en la ville de Gand ; et qui plus est, par un mardi de la Pentecoste, s'embuscha à trois traicts d'arc, près de la porte de Saint-Bavon, auprès de la petite maladrie ; et estoit accompagné de monseigneur Philippe de Clèves, du seigneur de Montigny, de Martin Suaure et aultres gens sans paour, garnis d'un très grand hardiment. Ceste embusche bien accoustrée. Dès trois heures du matin, quatre cents chevaux bien empoinct accueillirent proyes à grande diligence ; et le seigneur de Montigny, tint la porte ouverte une bonne heure, tellement que entre deux feuillis y eut plusieurs Flamens occis en la ville ; mesme

Gantois furent un peu alarmés et vuidèrent à grande puissance sur ceux qui menoient ladicte proie, afin de la rescourre. Alors ceulx qui estoient embuschés donnèrent dedans sur eulx et les chassèrent jusques à leur porte, tant vigoureusement qu'ils ne savoient entrer ens; et illec fut l'occision, car le restant de la porte abbatit les Flamens, et les Allemans bruslèrent cinq moulins. Il y eut l'un des archers de monseigneur de Chantereine, constrainct de soi lancer en la ville avec les fuyans, où il trouva trois ou quatre Bourguignons qui s'y estoient fourrés ; puis s'en retourna par sus les fossés en l'armée du duc.

De ce jour en avant furent les François fort humiliés, et furent leurs cornes durement abaissées, car ils perdirent, que morts que prins, de huit à neuf cents hommes.

Peu de jours après, le duc se partit pour aller en Hollande, et print avec lui dix mille combattants, Suissers et archers de Haynault. Les Malinois et Bruxellois retornèrent en leur ville, et assit ses garnisons : le comte de Nassou en Audenarde ; monseigneur Philippe de Clèves et Gérard de Boussu à Enghien ; le comte de Chimay à Lessines ; les seigneurs de Chantereine et de Montigny à Tenremonde.

En ce temps fut trouvé mort en un sarcus, à un mille près de l'église Saint-Sébastien auprès de Rome, le corps de Julia, fille de Zénon, sénateur dudit Rome. Comme il apparoit par les lettre emprainctes audit sarcus, elle avoit esté en terre dix-sept cents ans ; et estoit ledit corps entier de tous membres, comme s'il fusist mort d'une seule heure. Il fut apporté à Rome in campidoglio, pour monstrer au peuple. Elle avoit les cheveux crespus et noirs, et sur le chef affublement ouvré d'or. Les yeux estoient clos ; quand on les ouvrit, on voyoit le blancq d'iceulx ; et povoit avoir d'eage de dix-huit à vingt ans. Quand première fut trouvée, elle estoit blanche comme laict ; et quand elle fut au vent et à la pluie, elle devint toute brunette.

CHAPITRE CX.

Copie des lettres du roy de France, addressantes aux pays de Brabant et Haynault.

« Charles par la grace de Dieu, roi de France : très chers et grands amis, nous avons piéça esté advertis des questions et débats qui se sont meus entre nostre chancelier, et très amé frère et cousin le duc d'Austrice, et nostre très cher et très amé frère le duc Philippe, comte de Flandres, et les trois membres dudit pays, dont de tout notre cœur nous a despleu et desplaict ; et à ceste cause avons piéça envoyé nos ambassadeurs tant devant nostre père que devers nostredit frère, et les trois estats et membres, pour essayer par tous les moyens qui nous ont esté possibles, à y trouver quelque bon appoinctement, et lesquels ont faict de par nous à nostredit père et cousin plusieurs offres pour y metre fin, mesmement que notredit frère, et lesdits trois membres ont toujours esté contents sur ledit différent, eux soubmettre à nous comme à leur souverain seigneur, et aux seigneurs de nostre sang, ou à nostre court de parlement; ce que nostredit père n'a voulu accepter, mais est entré en puissance audit pays de Flandres, et très souvent s'est efforcé et efforce y porter dommage, en foullant et oppressant ledict pays.

» Pour laquelle cause, et pour riens, ne voudrions souffrir nos subjects estre ainsi oppressés et endommagés, ne telles entreprises et hostilités estre faictes par personne que ce soit, en aulcunes terres ou seigneuries de nostre royaulme, nous qui, comme souverain seigneur dudit pays de Flandres, et aussi comme à ceux de notre très chère et très aimée compagne la reine, y avons grand intérest, sommes tenus préserver et garder lesdits pays desdictes forces et violences; vous envoye nostre amé et féal conseiller et chambellan, le seigneur des Querdes, maressal de France, nostre lieutenant-général en tous nos pays de Picardie et Arthois, avecq aulcuns des gens de nostre conseil et de nos gens d'armes en bon nombre; et auquel nostredit conseiller et chambellan, avons encoire chargé mettre et trouver quelques appoinctements esdits différents, et s'employer à l'appaisement d'iceulx;

mais nous avons esté advertis que nostredit père et cousin n'y a voulu et n'y veult entendre, dont nous sommes très desplaisant ; et pour ce que nous avons sceu que vous et ceux des pays de Brabant et Haynault, secourus de nostredit pere et cousin, de gens, argent, vivres et aultres choses à eus nécessaires pour faire la guerre à nostredit frère et à ceux du pays de Flandres, nous avons conclud et délibéré envoyer et mettre èsdits pays de Haynault et Brabant, une grosse armée pour aider à deffendre nostredit frère et cousin, ce que n'avons encoire volu faire sans vous en advertir et sçavoir se serez délibérés de continuer; par quoi vous prions et requérons que veuillez départir de plus favoriser ni donner aulcune aide, secours et confort à nostredit père et cousin le duc d'Austrice, de gens, argent, vivres, ne quelconque aultre chose, à l'encontre et au préjudice de nostredict frère et subjects d'icelui pays de Flandres, et de ce nous envoyez vos lettres et billets ; et ce faisant, et obéissant à nostredit frère comme à vostre seigneur estes tenus, nous vous soutiendrons, supporterons, garderons et deffendrons, en faveur de lui, comme ferons nos propres subjects; aultrement, quand vous donnerez audit duc d'Austrice secours contre nostredit frère et cousin et lesdits de Flandres, nous y pourvoyerons comme il appartiendra; et protestons devant Dieu et les hommes, que, si aulcun inconvénient ou dommage en advient à vous et audit pays, ce sera par vostre faulte et coulpe, et en serez cause.

»Donné à Rouan, le vingt-septième jour de mai. Ainsi *signé*, Charles, et de secret, Petit. »

CHAPITRE CXI.

Copie de la response que fit monseigneur le duc d'Austrice, par ses lettres envoyées au roy de France.

« Très hault, et très excellent et très puissant prince, mon très honoré seigneur et cousin, j'ai veu plusieurs lettres escrites par vous à mes subjects de mes pays et villes de Brabant et Haynault, par lesquelles vous plaict à moi noter de faire tort et injure à mon très cher et très amé fils le duc Philippe, et de faire la guerre à tort et contre raison à lui et à ceux de son pays de Flandres, en requérant lesdits de Brabant et Haynault, que dès lors en avant ils ne me facent aide d'argent, de gens ne de vivres, en déclarant que, se ainsi ne le font, vous y pourvoyerez comme il appartiendra. Sur quoi vous signifie que ne me sçay trop esmerveiller de telles et semblables lettres, et crois mieux qu'elles procèdent de mauvais conseil de gens qui désirent et contendent à nous mettre et finer en guerre l'un contre l'aultre, et plus pour leur prouffit particulier que du vostre ; car je ne me recorde pas de jamais avoir fait tort à prince ne à aulcun homme, quel qu'il soit, et par plus forte raison ne voudrois-je faire à mon fils ne à

28.

mes subjects; et povez entendre que ceulx qui vous conseillent en ceste partie, contendent plus à la destruction de mondit fils, que à son bien et honneur. Chacun sçait bien le tort que ceux de Flandres m'ont faict jusques à ceste heure, d'avoir destenu mon fils par force; toutesfois j'espère, moyennant l'aide de Nostre-Seigneur, de briefment le mettre hors de la captivité en laquelle il a esté détenu.

» Au regard des requestes que faites par vosdites lettres à mesdits subjects, elles vous peuvent plus tourner à honte que à moi dommage. Si vous prie que d'ores en avant vous veuillez déporter d'envoyer à mesdits subjects telles ou semblables lettres, car j'ai si bon espoir en Dieu, et en ma bonne querelle, que telles paroles ou lettres, ne aussi œuvres de faict ne me donneront crainte pour me abstenir de faire ce que je dois.

» Très hault, très excellent et très puissant prince, très honoré seigneur et cousin, je prie Nostre-Seigneur qu'il vous doinct bonne vie et longue, et bon et sain conseil. Escript en ma ville de Bruges, le vingt-cinquième jour de juing, l'an quatre-vingt cinq. Ainsi signé, et de secret, GOUDEBAULT. »

Supperscription

» A très excellent, et très puissant prince, mon très honoré seigneur et cousin, monseigneur le roi. »

CHAPITRE CXII.

La venue du seigneur des Querdes en la ville de Gand.

Le seigneur des Querdes, avec trente-six pièces d'artillerie à pouldre, arriva en Gand à cinq cents lances, accompagné de six ou sept mille hommes bien empoinct, tous aux despens dudit roi de France, sinon aulcuns lacquets des gens du duc d'Orléans et comte d'Angoulesme, que l'on vouloit aventurer, en nombre de deux mille piétons, et petit nombre de chevaulcheurs, qui furent aux despens des Flamens. Monseigneur le duc Philippe estoit lors en la ville de Gand, sous le régime de monseigneur Adolf de Clèves, seigneur de Ravestain, nepveu du bon duc Philippe. Icelui seigneur Adolf, accompagné d'aulcuns seigneurs de Haynault, et des nobles de son estat et famille, en prenoient diligente cure; et d'aultre part les seigneurs de Gand, eschevins et conseillers, y avoient grand regard, et entre les aultres, Guillaume Rin estoit l'un des plus advancés.

Quant ledit seigneur des Querdes fut arrivé, messire Jehan de Trazegnies, seigneur d'Irchoves, fut envoyé par monseigneur le duc Philippe vers ledit seigneur, pour lui dire que, s'il lui plaisoit venir vers monseigneur, il estoit heure; et avec ce lui dict : « Vous estes venu furni de deux cordes » en votre arc : l'une pour la paix, et l'autre pour » la guerre ; » et ledit seigneur des Querdes lui respondit, sur tout ce qu'il tenoit de Dieu, qu'il vouldroit avoir faict la paix, et jamais homme ne lui en sceuyst gré.

Il fut receu du duc Philippe fort honnestement selon son eage ; auquel duc il fit de grandes offres ; et estoit merveille d'ouyr les couleurs de ses persuasions. Il induisit les Flamens de mesner le duc Philippe aux champs, afin de prendre l'air, et que le peuple le veist, pour en estre resjouy ; de quoi le commun mal se contenta. Et jaçoit ce que ledit des Querdes fusist noté et suspicionné à le vouloir emmener, si n'en fit-il nul semblant.

Les lacquets desquels il avoit la suite, firent grands mesus et cruelles insolences en Flandres, tant de bouter feux, comme d'enforcer femmes. Les plaintes en vinrent aux Flamens, qui prièrent audit seigneur, que lui et les siens se retirassent en Tournésis, laquelle chose il fit en partie pour ce que famine le contraindit, mais la plus-part de ses engiens volans, douze cents hallebardes, autant de salades, d'arcs et de paledos demourèrent en la comté de Flandres ; et s'obligea de les rendre au bon plaisir du roy. Il se partit de Gand, le jour de Saint-Barnabé, et avant son partement renvoya chapeaux plains d'or et d'argent partout où ses gens avoient esté logés, pour les satisfaire, afin que nuls d'iceulx n'en fissent doléances. Il requist avoir aulcuns prisonniers en Gand, mais la loi ne s'y voulut consentir ; et après qu'il fut parti de la ville assez soubdainement pour tirer vers Tournay, il renvoya à Gand Charles ou Loys de la Neufville, son lieutenant, pour avoir aulcuns engiens, mais ils lui furent deniés.

CHAPITRE CXIII.

La mort de sire Guillaume de Arrenberghe, *alias* La Barbe.

Le mardi de Penthecouste, sire Guillaume de Arrenberghe, se trouva avec le duc de Lorraine, à Masières sur Meuse ; et machinèrent ensemble, comme couroit le bruict et renommée, de mettre aulcuns troubles entre le père et le fils ; c'est à entendre monseigneur le duc d'Austrice et son fils monseigneur Philippe, tellement que ledit seigneur Guillaume debvoit livrer au duc de Lorraine certaines places ès frontières de Liège, pour subjuguer les Brabanchons et aultres ; plus fut accusé d'avoir perpétré de sa main plusieurs énormes et exécrables meurdres, tant en la personne de son compère monseigneur Loys de Bourbon, evesque de Liège, comme en maistre Richard, son secrétaire, vuidant hors de l'église de Saint-Tron, et aultres hideux et détestables cas dont le record attediéroit les oreilles des escoutans ; et mesmes quinze jours après la journée de Houlongne, en plain conseil assemblé pour le bien du pays, occit un maistre de Liège nommé Courte-Joye, et fit tuer par ses complices messire Quentin, chevalier, lequel doucement remonstroit la désertion du pays et la puissance d'Austrice et de Bourgogne.

Le duc Maximilien, adverti de ces maléfices et aultres qui seroient longs à réciter, manda au seigneur de Montigny, frère de monseigneur le comte de Hornes, qu'il se mist au dessus dudit seigneur Guillaume, et le menast exécuter en la ville de Maëstricht.

Le seigneur de Montigny se partit de Vallenchiennes après la lecture du mandement ; il amassa aulcuns compagnons autour de Gaesbecq, puis s'en alla à Leau et de illec à Sainct-Tron ; et se joindit avec les seigneurs de Hornes et l'evesque de Liège, les deux frères, auxquels il déclara sa charge secretement ; et illec estoit ledit messire Guillaume avec lesdits frères, qui guères ne se doubtoit de la malefortune qui lui advint depuis. Après qu'ils eurent coinqué, beu et mangé ensemble et fait grande chère, sortirent des portes pour aller à l'esbat, où le seigneur de Montigny avoit planté une petite embusche pour prendre ledit Barbe.

Iceulx seigneurs étans ensemble, et messire Guillaume au milieu d'eux, commencèrent à parler de chevaulx ; et firent attines l'un à l'aultre ; le seigneur de Montigny et la Barbe à savoir lequel de leurs deux chevaulx courreroit le plus fort. Chacun d'eulx descendit de son cheval pour y faire monter les pages; et quant la Barbe fut descendu, le seigneur de Montigny le saisit ou fit saisir prisonnier, et lui monstra certain mandement qu'il avoit receu du duc d'Austrice pour ce faire. Le seigneur Guillaume, fort estonné, demanda où il le vouloit mener, et il respondit à Maëstricht; et la Barbe dit: « Je suis mort »! requérant qu'il fut mené devant le duc d'Austrice, ce qui ne lui fut pas accordé; mais le menèrent audit Maëstricht, le vendredi dix-septième jour de juin; et le lendemain, environ six heures du matin, fut jugé à estre décapité par la loi de la ville, et fut mené devant l'hostel du Heaulme pour faire l'exécution.

L'évesque de Liège, le seigneur de Hornes et leur frère de Montigny, estoient en leurs hostels pour estre présents à ladite descollation. Après qu'il fut confessé et administré en tel cas, il jetta son mantel jus et ses pantouffles de cà de là, et se jetta à genoux sur un drap noir; il pria à ses confesseurs qu'ils dissent pour lui chacun un *Ave Maria*; puis quant il eut les cheveux troussés, il fut décapité et reçut rétribution condigne selon ses mérites. Son corps fut honorablement recueilli, environné de quatorze torces et porté en terre à l'église.

La mort venue à la cognoissance de ceulx de la cité de Liège, donnèrent horrible esveil; et comme gens furibons et pleins de mauvais esprits, couroient parmi les rues, pour trouver gens différents à leur langue, pour en prendre vengeance. Ils trouvèrent un mercier de la ville de Trecht, innocent de ladite mort, et lequel nonobstant, ils despeschèrent. Un josne prestre priant gens pour estre à sa première messe, le dimanche en snivant, fut occis en ceste fureur. Femmes, enfants, jeunes et vieux, estrangers résidans illecq, furent en très grand danger de leur vie ; et ne povoient refrener leur grand ire, tellement que sire Robert de la Marche, frère dudit sire Guillaume executé, leur dict hault et clerc : « Cessez, cessez, » nous n'en voulons prendre quelque vengeance. »

CHAPITRE CXIV.

Préparation de la paix entre monseigneur d'Austrice et les Flamens.

Les Flamens voyans que fort estoient indignés de monseigneur d'Autriche et de ses princes, comtes, barons et chevaliers pour la détention de leur prince et seigneur naturel, commencèrent à mitiguer leur ire. Aulcuns tendoient à la paix, les aultres à la guerre. Nonobstant, de trente-deux mestiers en Gand ne furent que les deux ou trois incitans les autres à discorde. Les naviers qui sont un gros membre desdits mestiers, ne desiroient que la paix, car en temps de guerre ne peuvent guères gagner. Aultres demandans le hutin, comme

Guillaume Rhin et ses complices, voulurent engager et vendre les joyaux du duc Philippe pour payer et soulder les François, dont il despleut à Mathieu Payart, grand-doyen, et aux hommes de bonne volunté.

Ledit Guillaume fut envoyé querre par le bastard de Fiennes, en la ville d'Alost, où il estoit. Il fut amené en Gand et angoiseusement torturé. Le principal point pourquoi il fut jugié à mort, estoit pour qu'il avoit rompu l'accord qui s'estoit trouvé en la ville de Tenremonde, où monseigneur le duc avoit envoyé treize chevaliers de la Thoison-d'Or, avec les députés de Flandres, pour trouver bon appoinctement; et à ceste cause, le premier eschevin de Gand, convaincu de semblable crime, et ledit Guillaume, furent décapités en commun spectacle, sur le marché. Et pria ledit Guillaume, ains avoir receu le coup mortel, que, lui mort, chacun sans murmure se retirast en son hostel, et qu'il souffisoit se lui seul espandoit son sang pour les aultres coupables du mesme délict. Sire Adrien de Rassenghen et aultres de sa bande, furent mis en prison, et le lendemain desprisonnés par aulcuns mutins qui se pacifièrent; et se ledit Guillaume Rhin eust peu vivre encoire un jour, il estoit respité comme les aultres. Toutefois, ledit sire Adrien, Coperle et aultres, non asseurés de mutinations populaires, se tirèrent en la ville de Tournay pour refuge, où ils furent recoeillis.

Le comte de Romont, principal capitaine des

Flamens, se tenoit en garnison en la ville d'Alost, avecq trois cents François. Il demanda passage par Gand, pour retourner avec les François.

Le passage lui fut refusé; et s'en alla par Gaure, avecq le seigneur des Querdes, qui séjournoit auprès de Tournay, à son premier logis, hors la porte Saint-Martin. Ceux de la ville ne leur firent guaires de gratuité, car ils tindrent les portes fort closes et bien serrées; et quand ledit seigneur des Querdes eut illecq esté trois jours ou quatre, il se deslogea, lui et son armée, le quinzième de juing, et tira à Habourdin, à Saint-Éloy, à Saint-Pol et à Hesdin.

Huict ou neuf jours après, monseigneur le duc d'Austrice, accompagné de la pluspart de ses nobles, fut receu de ceulx de la ville de Bruges fort honorablement, monstrant léal et bon courage de parvenir au bien de paix. Illecq s'estoient retirés plusieurs grands personnages tenans la ligue des Flamens, qui furent détenus prisonniers, et leurs biens confisqués. Monseigneur Philippe eut en sa main madame de Romont sa sœur, et leurs biens, ensemble la maison, qui fut maistre Jehan Gros; le seigneur de Bevres avoit prisonnier le seigneur de la Vere; monseigneur le comte de Nassou avoit les biens du seigneur de la Gruthuyse; et le seigneur des Pierre, fils dudit seigneur de la Gruthuyse, et beau-frère du seigneur des Querdes, rendit le chasteau de Lille, et conduisit ses biens hors de la ville, parmi que les gonverneurs d'icelle lui payeroient trois mille escus.

Ces choses considérées, ensemble plusieurs raisons qui à ce les mouvoient, les trois membres de Flandres se inclinèrent au bien de la paix ; et à leur entendemert firent un libelle à manière de traité d'appoinctement, duquel la teneur s'ensuit :

« Les trois membres et estats du pays et comté de Flandres, recognoissent monseigneur d'Austrice, père et mambour de monseigneur le duc Philippe son fils, et en ceste qualité lui laisseront le gouvernement de la personne de sondit fils et dudict pays ; le tiendront tel, et lui feront en la ville de Gand tel serment, en tel lieu et ainsi qu'il appartient, après qu'il aura faict le serment pertinent.

» Moyennant ce, mondit seigneur d'Austrice confirmera tous priviléges, droicts, coustumes et usages dudit pays, aussi bien les généraulx que les particuliers. »

« Monseigneur d'Austrice confirmera tous octrois, rémissions, reliefs, grâces et aultres cas de justice expédiés par ceux qui ont le gouvernement dudit pays, ou par aulcuns particuliers, officiers de loi, depuis le trespas de feue de bonne mémoire, madame sa compagne, et aussi bien depuis que tous cas ont esté expédiés sous le nom de monseigneur son fils que par avant. »

» Ceux de Flandres améneront monseigneur Philippe au-devant de monseigneur son père, jusques au dehors de la porte par laquelle il entrera en Gand, et illecq le présenteront ès mains de monseigneur son dit père, lequel illecq proumettra non mener son dit fils hors de Flandres, jusques à ce que par les estats des pays sera ce conclu aultrement ; et amènera monseigneur en ladite ville de Gand tel nombre de gens qu'il a mené en la ville de Bruges, pour la garde de sa personne.

» Que d'oresenavant le pays de Flandres demeurera entier, de tel ressort et de telle manière qu'il estoit devant la guerre.

» Que tous officiers ayans accoustumé de compter à ville, ressortiront et retourneront illecq, comme d'ancien temps ils ont faict.

» Tous bannis et aultres qui se sont absentés de Flandres, à cause qu'ils ont tenus le parti de mondit seigneur d'Austrice, ou lui ont esté favourables, pourront retourner audit pays, sans à cause de leur bannissement ou absentement povoir estre aulcunement reprins ;

» Se aulcuns différents ou trouble s'ourdoit pour sçavoir se aulcuns sont bannis ou absentés pour la cause dicte ou par méfaicts ou délicts, l'interprétation de ce en est réservée à mondit seigneur d'Austrice et son conseil ordonné en Flandres.

« Touchant messire Jehan de Blois ; messire Loys d'Enghen, seigneur de Hestesgate ; messire Philippe Duchesne, seigneur de Gernibus ; messire Augustin de Bouchenne ; Wouter de Wesebech ; maistre Jehan Lob Gerardus, et aultres bannis de Brabant, mondit seigneur sera content de mettre à néant le ban prononcé contre eux par coutumace, et ce qui s'en est ensuivi, moyennant qu'ils debvront estre à destroict des cas dont mondit seigneur, ou son procureur en Brabant pour lui les imposeront, sans leur faire mention d'aulcuns cas touchant à la guerre ne au pays de Flandres.

» Touchant la somme de deniers requise par mondit seigneur d'Austrice, pour les dommages et pesans frais, et choses par lui soustenues par la guerre, ceulx de Flandres, considérans lesdits dommages, frais et intérests, et ayans aussi regret à la désolation dudit pays, accorderont et consentiront à mondit seigneur d'Austrice une raisonnable somme de deniers à lever sur tout ledit pays, selon les transports, en trois ans, dont le premier payement et tiers eschera au jour de Noël prochain, l'aultre tiers audit jour en un an, et le troisième au Noël ensuivant.

» Au regard de madame la douagière, sa mercy requérant, certaine raisonnable somme lui sera accordée pour ses dommages, et à tels termes que devant.

» Moyennant ces choses, monseigneur d'Austrice est content donner absolution générale, et excepter les seigneurs de l'Ordre, certaines personnes baillées par escript et aultres qui se sont rendus fuytifs depuis le septième de ce mois, et qui sont chargiés et rendus fuytifs, en double d'estre rendus prisonniers, lesquels seront tenus d'estre à droict de tel juge comme à eulx appartient, selon les droicts et priviléges du pays, et en ce que l'on trouve par droict les biens de chacun d'eux debvoir estre confisqués, ou y employer iceulx biens à refaire les maisons et places qui en Flandres sont démolies par la guerre, et ce, par l'ordonnance de mondit seigneur d'Austrice.

» Chascun retournera à ses biens tels qu'il les trouvera, aussi bien en Flandres que dehors.

» Et moyennant ces choses, mondit seigneur d'Austrice sera content de faire bonne, ferme et seure paix, pour lui et pour tous aultres pays estans en son obéissance, comme père et mambourg de mondit seigneur son fils, d'une part, et les habitans dudit pays de Flandres, pour eux et tous aultres ayans leur parti d'autre part, et de ce bailler ses lettres scellées en forme pertinente.

» Ainsy faict et conclud par les trois estats et membres du pays de Flandres, le vingt-huitième de juing. »

CHAPITRE CXV.

L'entrée de monseigneur Maximilian, duc d'Austrice dedans la ville de Gand.

Par un jeudi, septième de febvrier, fut publié en Gand, par le duc d'Austrice, Philippe, comte de Flandres, que chacun se mist en poinct et préparast pour accompagner monseigneur le duc Philippe, et aller à l'encontre de son père, monseigneur le duc d'Austrice, et que tous bastons de deffense fussent mis jus, sur grosse amende. Et quant vint à deux heures de l'après-disner, monseigneur le duc Philippe, le seigneur de Ravestain, le grand bastard de Bourgogne, le seigneur de Bevres, son fils, et aultres illustres et notables personnages issirent hors de Gand, et s'arrestèrent à une église, où vint parler à eux messire Olivier de la Marche, pour dresser les besoignes, et leur dire ce qu'ils avoient à faire. Aulcunes escriptures furent baillées et leues au long devant le duc d'une part, puis mondit seigneur Philippe s'achemina à l'encontre de monseigneur d'Austrice; et quand le fils perceut le père, il osta son chapeau, et à l'approche firent ensemble les honneurs; et quand vint au joindre, ils accolèrent et baisèrent l'un l'aultre, dont les cœurs de ceulx qui les voyoient furent tant esprins de joye, qu'ils en ploururent à grosses larmes.

Par avant estoient entrés en Gand, en très belle ordonnance, et tous à pied, monseigneur le comte de Nassou, le seigneur de Montigny, le seigneur de Palmes, et aultres conducteurs de six mille Allemans, marchans en front huit ensemble.

Les Ganthois voyans monseigneur d'Austrice, se mirent tous à genoux, les testes nues, autant d'espace que lesdictes lettres furent leues; et entrèrent dedans la ville par la porte de Bruges, environ six heures au soir, le père et le fils, monseigneur Philippe, à sa dextre, environ la teste de son cheval, à la selle du cheval de son père; et descendirent à la Wale, où il y avoit aulcunes histoires ès rues tapissées à l'environ. Le lendemain, furent faicts les serments à l'église de Saint-Jehan, pour entretenir paix, comme dessus est escripte.

Et monseigneur d'Austrice fit chevalier Mathis Payard, grand doyen de Gand, pour la relation qu'il avoit oy de sa personne, et lui donna une chaine d'or.

Le bastard Fienne, lequel avoit esté grand conducteur de la gendarmerie des Ganthois, s'approcha du duc, en requérant merci de ses mesus, et le duc, tousjours garni de grande humilité, lui bailla la main. Aulcuns prochains d'illecq demandèrent au duc s'il cognoissoit celui auquel il avoit baillé la main, et il dit que non; et lors lui fut dit que c'estoit le bastard Fienne, qui avoit par cy-devant faict forte guerre aux François; et le duc respondit : «Puisqu'il hayt les François, je lui pardonne. »

CHAPITRE CXVI.

La mutinerie en Gand, le duc illec estant, après avoir faict le serment de la paix.

Le lundi ensuivant, le onzième de juillet, environ douze heures au jour, quatre Allemans allèrent à la prison de la ville de Gand sur le marché au bled, pour ravoir trois ou quatre Allemans illecq prisonniers par ceulx de la ville, pour ce qu'ils avoient voulu esforcer la meschine de leur logis. Cesdits quatre Allemans de prime face prindrent les clefs de la servante qui estoit à la prison, et laquelle fut par eux enclose en une place. Ils ouvrirent deux huis et approchèrent lesdits prisonniers, sans plus avant povoir rien faire, car ladite servante cria si hault le meurdre, que plusieurs gens du devant et derrière de ladite prison, y arrivèrent incontinent pour voir que c'estoit, tellement que lesdits Allemans n'osèrent issir. Le peuple illecq venu devant la prison, informé du mesus assez estoient et fort troublés. Se tira vers la maison de la ville, où la loi estoit assemblée, et demanda justice desdits Allemans; et en ceste fureur, courut jusques au vieil marché, où gens s'assemblèrent jusques à six heures. Ce temps pendant, le duc se trouva à la maison de la ville, fort esmerveillé de ceste assemblée et nouvelle manière de faire, priant que Flamens se retirassent en leur logis; ce que ne voulurent faire, disans qu'ils ne demandoient rien au duc, mais vouloient avoir justice desdits Allemans. Le duc leur accorda, sans du tout les contenter; car environ six heures sur le soir, apportèrent leurs bannières sur le vieil marché, et lequel ils cloirent de charriots et fortifièrent de serpentines, veuglaires, taudis, pain et aultres instruments de guerre.

Le duc ce voyant, quérant sçavoir leur volonté, y envoya monseigneur l'évesque de Cambray, qui leur signifia que le duc estoit fort mal content d'eux; et les cuida pacifier par douces et aimables paroles, mais ils ne tindrent compte de ses remontrances. Environ dix heures en la nuict, se partirent de leur vieil marché, en bataille, atout leurs engiens, vers l'hostel du duc, et gaignèrent le pont emprès les Augustins, la place Sainte-Vierge et le pont où on coppe les testes. Ce partement venu à la cognoissance du duc, il fit assembler Allemans et aultres ses gens à la Wale, son hostel, et commanda à chacun d'eux qu'ils portassent l'enseigne de la croix Saint-Andrieu devant et derrière; et fut délibéré d'assaillir lesdits Ganthois et de mettre tout au feu et à l'espée; mais monseigneur Philippe de Ravestain et plusieurs bons personnages et bons bourgeois de Gand se ruèrent à genoux devant le duc. Se lui brisèrent sa volonté ; et du consentement du duc, allèrent vers lesdits Flamens, les cuidans appaiser, le seigneur de Beuvres et le comte de Chimay; mais ils furent reboutés et y perdirent plusieurs leurs chapeaux, manteaux, pantoufles et autres habillements, dont le duc fut mal content; et qui pis est, Ganthois firent sonner le gros Roland, c'est assavoir la cloche de l'effroi ; et adoncq envoya Allemans et Anglès en petit nombre pour les escarmoucher. Ils firent bon debvoir à tous quartiers ; et ruèrent gens et engiens en la rivière ; et furent aulcuns Flamens occis. Monseigneur le duc se disposa pour les combattre; et alors reculèrent Ganthois au vieil marché, et commencèrent à eux contenter, moyennant que l'on prendroit certains personnages d'une part et d'aultre pour les appaiser de leur injustice; si retirèrent leurs bannières en leurs maisons, environ six heures du matin, le mardi.

Ce mesme jour, le duc, accompagné de ses nobles, ensemble des Allemans en belle ordonnance, vint à l'hostel de la ville, environ neuf heures, là où après plusieurs et longues devises, vouloit avoir prisonniers les principaux qui avoient inventé ou estoient cause motivée de ceste armée et mutinage; et furent prins, ce mesme jour, cinq à six hommes que l'on constitua prisonniers.

Le duc remanda hastivement ses gens d'armes qui estoient en la ville et chasteau de l'Escluse, lesquels estoient réduits en l'obéissance et volonté de monseigneur Estienne du Chastart, garde du petit chasteau; *Item*, il remanda ses garnisons d'Ath, d'Enghien, Tenremonde et Audenarde; et environ le disner, monseigneur Philippe de Ravestain, accompagné de quatre cents Anglès, print l'hostel des arbalestiers situé devant l'hostel de la ville, auquel ils couchèrent la nuict en armes, et les Allemans se tirèrent en aultre quartier du vieil marché pour dompter lesdits Ganthois; et le duc d'Austrice renvoya et fit conduire, par le seigneur de Ravestain, monseigneur le duc Philippe son fils en lieu certain, à grosse compagnie, et fit refaire par les Ganthois mesmes, les cinq ponts qu'ils avoient rompus en temps de guerre, à l'environ de son hostel de la Wale, afin qu'il eut issue à sa volonté. Le duc d'Austrice renvoya son fils parmi la ville de Gand; si le mit sous la conduite de monseigneur et de madame de Ravestain; si se tint leur fils à Malines.

Les Ganthois avoient faict sur leur marché au poisson, à manière d'un perron de dix-huit à vingt pieds de hault, où estoient quatre lions, l'un portant les armes du roi, l'aultre du duc Philippe, le tiers de la comté de Flandres et le quart de la ville de Gand. Le duc fit en plain jour effacer les armes du roi et y mettre les siennes. Le duc fit mener l'artillerie de monseigneur des Querdes, pareillement celle de Gand à son hostel, à la Wale; et lui rendirent Ganthois sa tapisserie, sa croix, sa librairie et aultres joyaux montans à grandtrésor; et lui offrirent à payer en un an cent vingt et sept mille escus d'or.

Les mutineurs commenchans ce débat, furent torturés jusques au nombre de trente. Le samedi furent exécutés sept Ganthois, dont les deux eussent payé douze cents livres du gros.

Le duc estant en Gand, ambassades de toutes parts arrivoient; l'une estoit à Audenarde, où estoit le seigneur de Mont-Verrant et un président du parlement de par le roi de France; et les Ganthois estoient si terriblement remis que ceux du quartier de Saint-Banon portoient flesches et gantelets, allant au vin à la ville. Les Brugelois voloient que la rivière du Lys allast à leur ville ainsi que aultrefois avoit été proposé; aultres de Flandres mesmes voloient avoir aultre entrée que par les portes.

Le seigneur de la Gruithuise, pour racheter sa vie, paya trois cents mille escus, dont les cent furent donnés à monseigneur de Nassou, qui de son argent avoit secouru le duc Philippe monseigneur; le seigneur de Molenbais, et messire Jehan de Berghes prindrent la commission de appoincter aulcuns prisonniers Ganthois, dont aulcuns, environ quatre cents, se tenoient à Tournay, qui n'oscient attendre le coup. Le seigneur des Querdes avoit laissé en Flandres et à Lille douze cents hallebardes, autant de salades, hocquetons, arcs et trousses, et nombre de finance; et le seigneur de Montigny eut tout, et s'en alla en Liège avecq mille Allemans.

contre le frère de la susdite Barbe exécuté, qui fortifièrent aulcunes places.

CHAPITRE CXVI.

La réparation des Ganthois.

Le vendredi ensuivant, jour de la Magdelaine, environ trois heures, monseigneur le duc d'Austrice estant à la grande salle de son hostel en Gand, séant en un siège eslevé et orné le plus richement de jamais, accompagné des chancelliers de Bourgogne et de Brabant, de ses nobles, ensemble de plusieurs prélats et ambassadeurs de France, d'Angleterre et de Bretaigne, monseigneur de Liège, monseigneur de Cambray, l'évesque de Lion, venant de Bretaigne, Sibilensis, *alias* maistre Lucas et l'évesque de Salubrie, avec plusieurs chevaliers de la Thoison, Ganthois, c'est assavoir les grands et les petits, bailly, les eschevins des deux bancqs, les doyens, jurés et bourgeois de la ville, tous habillés de noires robes deschaintes, les chefs nuds, s'inclinèrent devant le duc; et illecq, audience imposée, fut proposé par le chancelier de Brabant, en langue thioise, comment nonobstant plusieurs torts perpétrés par lesdits Ganthois, le duc les avoit receus à merci et fait paix, plus à leur honneur et avantage que au sien, dont ses princes ou barons s'estoient esbahis.

Item, comment illecq lui venu, s'estoient mis en armes contre lui et les siens, et volu tourner contre son hostel par trois quartiers, dont il avoit bien pensé mettre à totale ruine par feu et espée, ne fust la pitié qu'il avoit des églises, pareillement des bonnes personnes qui sont illecq habitans.

Item, il estoit et avoit esté content de furnir aux libelles que eux-mesmes ils avoient proposé et mis en avant.

Ce ouy par les Ganthois qui se retirèrent et parlèrent ensemble, fut répondu par le pensionnaire de Gand, nommé maistre Ghenard, après qu'il eut attribué au duc lettres des plus magnifiques que jamais, comment iceulx Ganthois confessoient avoir fourfaict corps et biens, et n'avoient tenu qu'à rien que de la bonne ville de Gand, l'on disist présentement : « Cy fut Gand! » et offrirent de furnir le libelle, et avec ce de mettre jus la confrairie de Saint-Jean, où il y avoit de sept à huit cents hommes, moyennant que la solemnité de l'église fusist faicte.

Avecq ce, présentèrent à monseigneur le duc un coffre où estoient neuf de leurs privilèges, lesquels mondit seigneur voloit avoir cassés, desquels principalement il en y avoit deux du roy Loys, pour les alliances avecq lui, l'aultre pour le ressort et appellation.

Item, un privilège que madame Marie leur avoit donné, en nouvelleté de sa seigneurie.

Item, la confirmation dudit privilège par le duc d'Austrice ; un privilége du roi présent, et confirmation de ceux de son père ; un privilège des alliances des Ganthois aux seigneurs de France, comme madame de Beaujeu et le seigneur des Querdes.

Enfin, deux aultres du duc Philippe, comte de Flandres.

Lesdits privilèges furent brisés et coppés par maistre Nicolas de Rastre, audiencier, les seaux rués jus et tout remis audit coffre. Monseigneur demanda quelque chose du traité de Gaure. Quant au merci, monseigneur dit que quand ils feroient leur debvoir, il responderoit; et Ganthois, les mains joinctes, crians merci à plaine voix, monseigneur leur pardonna, et leur proumit estre bon seigneur et léal touchant la minorité, mais qu'ils fussent bons et léaulx subjects, et les deffenderoit et garantiroit contre tous.

Le duc choisit huict hommes électeurs, et lesquels firent toute nouvelle loi, sans prendre nuls de ceux de la passée ; et les fit jurer sur la croix après que l'on les eut allé quérir; et fut faict un bancquet au duc, environ six heures, où on donnoit à boire à tous ceux qui boire voloient, et illecq fut la paix publiée. Le seigneur de Mervez fut faict souverain de Flandres, et le seigneur de la Motte grand bailli de Gand; et fut dressée une eschelle pour avoir et oster la teste de Guillaume Van Staghe, laquelle teste estoit d'airain, richement fondue et vivement pourtraicte à tout un riche capiteau dessus, pour ce qu'il avoit esté banni de Gand et avoit forfaict la teste, et ne le povoit-on avoir. On avoit faict de lui ceste représentation comme digne d'estre décollé. Ledit Guillaume estoit mesme en la ville de Gand au jour que la représentation fut ostée.

FIN DU TOME SECOND DES CHRONIQUES
DE JEAN MOLINET.

TABLE

DES

CHAPITRES CONTENUS DANS CE VOLUME.

                                                  Pages.

CHAP. XXXVII. La diligence que fit le roy Loys de France, après la desconfiture de Nancy, pour soi mettre au-dessus de la comté et ducé de Bourgogne........ 1

CHAP. XXXVIII. L'appoinctement de la comté de Bourgogne faict aux François...................... 6

CHAP. XXXIX. Les exploicts de guerre que firent sur les François, en la comté de Bourgogne, messire Claude et Guillaume de Vauldrey.................... 10

CHAP. XL. La descente du roi Loys en Picardie, Arthois et Boullenois, pour recouvrer aulcunes villes et places que tenoit en son vivant le duc Charles, que Dieu absolve !........................ 13

CHAP. XLI. La venue du roi de France et de son armée en la comté de Haynault...................... 20

CHAP. XLII. Le siége d'Avesnes.................. 37

CHAP. XLIII. Le reboutement des François à Aussonne, et la prinse de Rochefort par messire Claude de Vauldrey.................................. 44

CHAP. XLIV. Le siége de Dole, la prinse de Grey et l'emprinse faicte par Allemans et Bourguignons sur la ville de Digeon........................... 48

TABLE.   463
Pages.

Chap. lv. Comment les chasteaux de Boussu et de Trelon furent reprins sur les François.............. 143

Chap. lvi. Comment, à la venue de monseigneur le duc d'Austrice à Crespy, les François doubtans le siége, habandonnèrent la ville de Condé et la bruslèrent....................................... 146

Chap. lvii. Comment aulcunes compagnies de l'armée du duc d'Austrice firent une course devant la ville de Quesnoy.. 150

Chap. lviii. Comment les François vuidèrent la comté de Haynault, d'Austrevant, de Cambrésis et de Tournesis...................................... 152

Chap. lix. Comment madame Marye, duchesse d'Austrice, espouse au duc Maximilian, accoucha de son premier enfant, en la ville de Bruges, et du baptesme d'iceluy qui se feit à Saint-Donat.............. 156

Chap. lx. Trèves accordées pour un an entre le roy de France et monseigneur le duc d'Austrice......... 163

Chap. lxi. De l'horrible conspiration et meurtre qui advint en ce temps en la ville de Florence........ 178

Chap. lxii. Comment aulcuns mutins de la ville de Gand s'eslevèrent contre messeigneurs de la justice... 185

Chap. lxiii. La prinse du chasteau de Soles, de Bohain et de Beaurevoir.......................... 187

Chap. lxiv. Comment François mirent grande peine d'embler la ville de Douay...................... 192

Chap. lxv. La reddition de Verton faicte à monseigneur le comte de Chimay, lieutenant-général de monseigneur le duc d'Austrice au pays de Luxembourg... 196

Pages.

Chap. xlv. Comment la maison de Bourgogne fut en grande tribulation pour le trespas du duc Charles à la journée de Nancy........ 54

Chap. xlvi. Confédération matrimoniale entre très hault et très puissant prince monseigneur l'archiduc d'Austrice et très redoubtée princesse madamoiselle de Bourgogne............................ 81

Chap. xlvii. Exploicts de guerre de digne mémoire advenus en ce temps à l'honneur de la maison de Bourgogne.................................. 99

Chap. xlviii. Comment Phelippes, monseigneur de Clèves, Jacques Galliot, les Allemans et les Englès et la garnison de Vallenchiennes, ruèrent jus à Crespin les François de la garnison de Quesnoy...... 108

Chap. xlix. Comment messire Frédéric de Witem, monseigneur de Barbenchon et le Veau de Bouzenton ruèrent jus les François de la garnison de Chimay.. 112

Chap. l. Comment monseigneur le comte de Chimay, par eschellement, reprint la ville de Chimay sur les François............................... 115

Chap. li. Comment le duc d'Austrice, Maximilien, fut faict chevalier, et tint la feste et solemnité de la Thoison-d'Or en sa ville de Bruges.............. 116

Chap. lii. Comment, pendant le temps que monseigneur le duc d'Austrice tenoit la feste de la Thoison en la ville de Bruges, le roy de France tenoit siége devant la ville de Condé................. 128

Chap. liii. Reddition faicte aux François d'aucuns chasteaux séans autour de Condé.............. 138

Chap. liv. Rencontre des François, de Flamens et d'Anglès, au dommage des François........... 141

TABLE.

	Pages.
CHAP. LXVI. La journée de la Viefville que l'on dict de Esquinegatte emprès Terrewanne.............	199
CHAP. LXVII. La destruction des chasteaulx de Malannoy et de Liette, ensemble aulcunes courses d'ung parti et d'aultre qui lors advinrent..............	224
CHAP. LXVIII. La nativité de madame Marguerite d'Austrice, ensemble aulcuns exploicts de guerre qui lors advinrent.................................	228
CHAP. LXIX. Comment les gens d'armes furent boutés hors de la comté de Haynault.................	230
CHAP. LXX. La dure oppression que les manans et habitans de Cambray eurent à souffrir pendant le temps de ceste guerre......................	235
CHAP. LXXI. Du voyage de Luxembourg et de la prinse d'aulcunes places à l'environ.................	239
CHAP. LXXII. Comment aulcuns Allemans qui se vouloient rendre et bouter en Rodemacq furent exécutés.	245
CHAP. LXXIII. Comment aulcuns Wallons comparèrent la tuison des Allemans......................	246
CHAP. LXXIV. Le siége de Rodes.................	248
CHAP. LXXV. Course faicte par Salezar, seigneur de Saint-Martin, devant la ville de Massefort........	27
CHAP. LXXVI. La destruction de Hennes............	27:
CHAP. LXXVII. La course faicte devant Utrecht, à la grande foulle et perte de ceulx de la ville........	273
CHAP. LXXVIII. La prinse de Oustre...............	275
CHAP. LXXIX. La prinse de Hornes................	276
CHAP. LXXX. La grande famine qui fut en ce temps au pays de Haynault, ensemble aulcuns incidents qui lors advinrent.............................	279
CHAP. LXXXI. Le siége de Beaumont; l'entrée du duc	

TABLE. 465

	Pages.
d'Austrice en la Haye, et la prinse de Dordrech..	282

Chap. LXXXII. La déception qui fut faite a Hesdin, sur espérance de reprendre le chastel que tenoit le seigneur des Querdes................. 284

Chap. LXXXIII. La feste de la Thoison-d'Or qui se tint à Bois-le-Duc................................ 289

Chap. LXXXIV. La nativité de François d'Austrice, second fils du duc Maximilien et de madame Marie son épouse.................................. 299

Chap. LXXXV. Le trespas de très illustre dame madame Marie de Bourgogne, seule fille de très preux et resplendissant prince le duc Charles de Bourgogne, et espouse de Maximilien, très victorieux duc d'Austrice.. 301

Chap. LXXXVI. La prinse de la ville de Bohain par les François.. 304

Chap. LXXXVII. Le siége de la ville d'Aire et la prinse d'icelle par les François sur les Bourguignons.... 306

Chap. LXXXVIII. La mort pitoyable et lamentable de monseigneur Loys de Bourbon évesque de Liége, duc de Bouillon et comte de Los................. 308

Chap. LXXXIX. L'armée qui se fit en Brabant pour prendre aulcunes villes du pays de Liége, ensemble le trespas de messire Philippe de Croy comte de Chimay.. 312

Chap. XC. Le traicté de la paix de l'an 1482........ 315

Chap. XCI. S'ensuict le traicté de la paix faicte entre le roy et monseigneur le duc d'Austrice............ 318

Chap. XCII. Le trespas et obsecque d'illustre et resplandissant seigneur monseigneur Pierre de Luxembourg, comte de Saint-Pol................ 362

Chroniques. *T. XLIV.*—J. Molinet. *II.*   30

Chap. xciii. La journée de Boulongne et la prinse de Bislen.. 365
Chap. xciv. De la notable ambassade de France, qui se trouva en la ville de Gand, pour parachever la paix.. 373
Chap. xcv. La réception et bien venue en France de madame la daulphine................................ 378
Chap. xcvi. Le siège et la reddition de la ville et cité d'Utrecht, et de la mort de messire Josse de Lalaing.. 382
Chap. xcvii. L'appoinctement de ceux d'Utrecht... 388
Chap. xcviii. Le trespas du roy Loys de France, onzième de ce nom; le sacre du roy Charles son fils, et son entrée à Paris.................................. 391
Chap. xcix. La mort de messire Lancelot de Bellamont... 398
Chap. c. L'extinction des deux fils du roy Édouard d'Angleterre, et le couronnement du roy Richard.. 400
Chap. ci. La mort du roy Richard d'Angleterre, et le couronnement de Henry, comte de Richemont.... 405
Chap. cii. La prinse de Tenremonde.................. 410
Chap. ciii. La prinse d'Audenarde..................... 413
Chap. civ. L'emprinse faicte à Grandmont par monseigneur de Ligne...................................... 418
Chap. cv. La prinse de Nievone....................... 421
Chap. cvi. La descente du saigneur des Querdes au pays de Tournésis.................................. 423
Chap. cvii. L'armée que fit le duc d'Austrice pour soi joindre aux François qui s'éloignoient, et pour combattre les Flamens................................... 425
Chap. cviii. La desfaite des Flamens devant Audenarde. 427

Chap. cix. L'emprinse que firent monseigneur d'Austrice et ses nobles devant la ville de Gand. 430

Chap. cx. Copie des lettres du roy de France, adressantes aux pays de Brabant et Haynault. 432

Chap. cxi. Copie de la response que fit monseigneur le duc d'Austrice, par ses lettres envoyées au roy de France. 435

Chap. cxii. La venue du seigneur des Querdes en la ville de Gand. 437

Chap. cxiii. La mort de Guillaume de Arrenberghe, *alias* La Barbe. 439

Chap. cxiv. Préparation de la paix entre monseigneur d'Austrice et les Flamens. 442

Chap. cxv. L'entrée de monseigneur Maximilian, duc d'Austrice, dedans la ville de Gand. 449

Chap. cxvi. La mutinerie en Gand, le duc illecq estant, après avoir faict le serment de la paix. 451

Chap. cxvii. La réparation des Ganthois. 456

FIN DE LA TABLE DU SECOND VOLUME DES CHRONIQUES DE J. MOLINET.

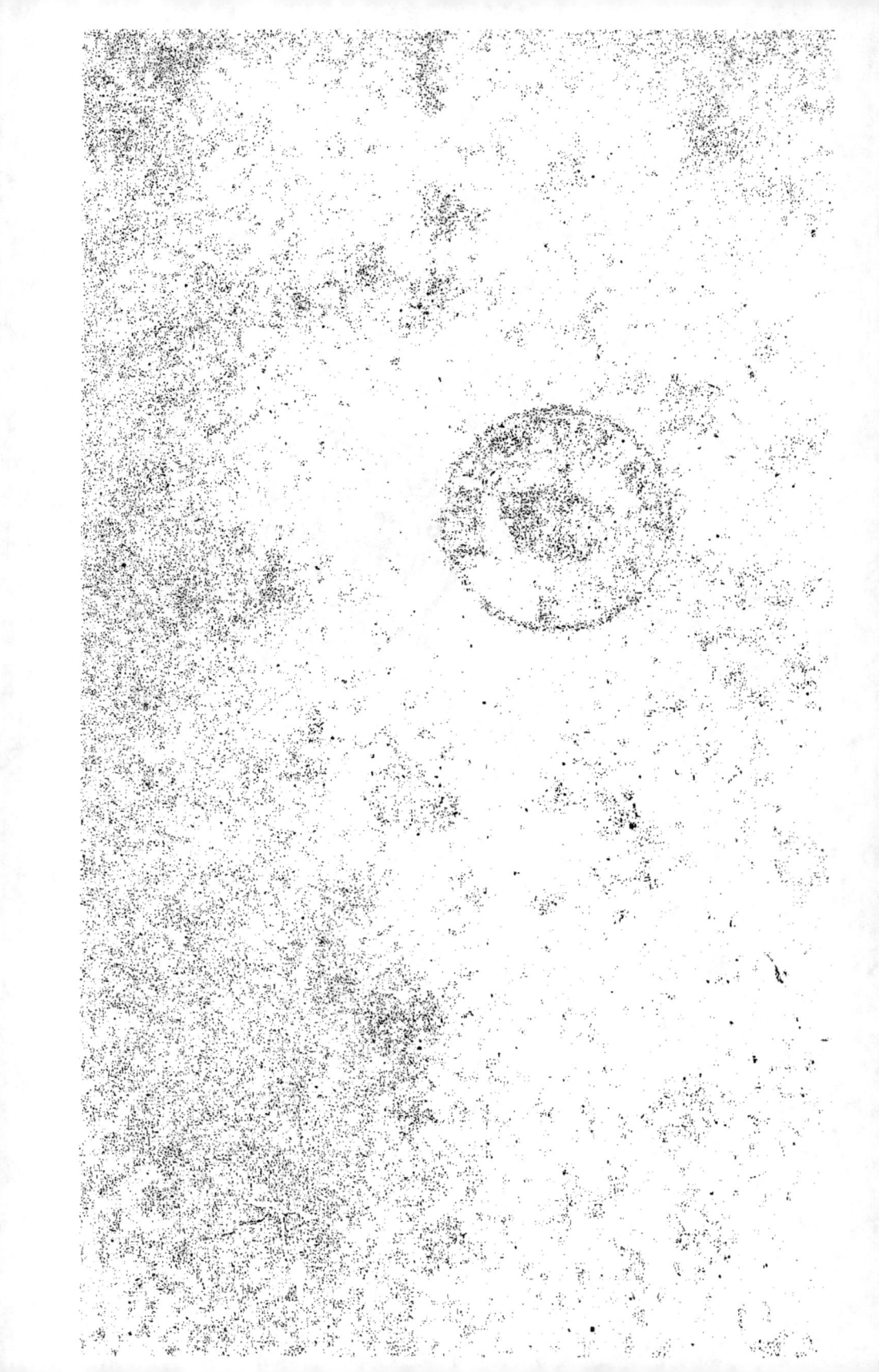

www.ingramcontent.com/pod-product-compliance
Lightning Source LLC
Chambersburg PA
CBHW070159240426
43671CB00007B/496